面向中小企业人才培养高职高专系列规划教材

行业会计实务

HANGYE KUAIJI SHIWU

柴庆娇◎主　编　张秋莉◎副主编　吴淑芳◎参编

北京师范大学出版集团
BEIJING NORMAL UNIVERSITY PUBLISHING GROUP
北京师范大学出版社

图书在版编目（CIP）数据

行业会计实务/柴庆娇主编. --北京:北京师范大学出版社，2017.1
（面向中小企业人才培养高职高专系列规划教材）
ISBN 978-7-303-17411-9

Ⅰ.①行… Ⅱ.①柴… Ⅲ.①部门经济－会计－教材 Ⅳ.①F235

中国版本图书馆 CIP 数据核字(2013)第 315479 号

营销中心电话　010-62978190　62979006
北师大出版社科技与经管分社　www.jswsbook.com
电子信箱　jswsbook@163.com

出版发行：北京师范大学出版社 www.bnup.com
北京市海淀区新街口外大街 19 号
邮政编码：100875
印　　刷：三河市东兴印刷有限公司
经　　销：全国新华书店
开　　本：787 mm×1092 mm　1/16
印　　张：15.5
字　　数：325 千字
版 印 次：2017 年 1 月第 1 版第 2 次印刷
定　　价：29.80 元

策划编辑：邹英　包彤　　责任编辑：邹英　包彤
美术编辑：高霞　　装帧设计：高霞
责任校对：李菡　　责任印制：赵非非

前　　言

目前行业会计核算处于一个新的环境，财政部颁布的《小企业会计准则》，自2013年1月1日起在小企业范围内施行。浙江省也已于2012年12月1日正式启动“营改增”试点工作。与时下我国各大产业经济蓬勃发展相适应，行业会计专门教材的建设显得尤为重要。

本书系在各产业经济发展新形势下编写的，主要立足“中小企业”，结合小企业会计准则，以主要行业会计为基础，以就业为导向，体现“工学结合”，以“实用、够用”为原则，从理论和实践两大方面编写适合高职会计类专业技能型人才培养需要的内容体系。与企业会计领域已趋成熟化的“工业会计”不同，本书侧重行业特色，分别从基本内容、核算原理和核算方法等方面，突出各大行业主营业务核算的特殊性，并基于“工业会计”，将几个主要且常用的行业会计进行由此及彼、由表及里的比较分析，条理清晰、凸显差异，使理论与实践的结合更上一个台阶，从实用角度取得了丰硕成果。主编柴庆娇老师主持过科研课题《建造合同》理论与实践教学改革研究，也参与过科研课题《房地产价格统计问题探讨》的研究，所以本书也是编者长期进行相关教学与科研所形成的综合积累。

行业会计是对企业会计这一大范围做进一步的展开和具体化，各行业会计之间既有共性又有特性，本书重点阐述了各行业特殊业务的会计核算方法。这些特殊业务与该行业在产业经济中的地位紧密相连，其核算内容既是各行业会计的主要区别，也是各行业会计的特性所在。考虑实用性要求，本书共选择了四个主要行业：施工企业、房地产开发企业、商业企业和服务业企业，共形成四个行业会计模块：

□ 施工企业会计

□ 房地产开发企业会计

□ 商业企业会计

□ 服务业会计

其中柴庆娇老师编写了第一篇和第二篇，张秋莉老师编写了第三篇，吴淑芳老师参与编写了第四篇。本书的编写结合了最新政策，具体包括以下创新点与亮点：

1. 施工企业会计中突出了“建造合同”的内容，完善了工业企业会计“收入”核算体系，体现了与工业企业财务会计的有效对接。

2. 用比较的思路、项目化方法进行编写，核算思路令人耳目一新。比如房地产开发企业中的“投资性房地产核算”项目：其一是两种核算模式即成本模式与公允价值模式的比较；其二是工业企业与房地产开发企业的投资性房地产核算比较。

3. 服务业会计结合最新“营改增”政策。2013年浙江省纳入“营改增”试点，此次税制改革涉及了现代服务业，原营业税纳税人改征增值税后，其会计核算方法也相应改变，所以对服务业会计的纳税核算做了相应调整。

4. 小企业会计准则的具体结合。中小企业已经成为国民经济中的主要组成部分，如商业和服务业中很多都是小企业，本书结合小企业会计准则编写，带来了核算便利。

本书突出了能力培养这条主线，注重实用性，有机地融入了较多实例，有利于学生学以致用，具有一定的前瞻性和可操作性。本书可以作为高职院校会计专业教材，也可用作多元化经营企业财务人员的参考书。

本书在编写过程中结合了来自行业企业的实际素材，吸取了行业专家徐志龙老师(财务总监、注册会计师)提出的宝贵意见和建议，也得到了相关同行的大力支持，在此表示衷心的感谢！

限于编者的水平，教材若有疏漏或不当之处，恳请读者批评指正。

目 录

第一篇 施工企业会计

第二篇 房地产开发企业会计

第三篇 商品流通企业会计

第四篇　旅游饮食服务业会计

第一篇　施工企业会计

◇ **本篇知识点简介**

本篇是关于施工企业行业会计核算体系的介绍。

施工企业会计是会计学的一个分支，是应用于施工企业的一门专业会计。与工业企业相比，施工企业的主营业务活动及账务处理有明显的行业特色。同时，在会计科目的设置和经济业务的核算上也有所不同。《企业会计准则》的建造合同部分就是对施工企业会计核算的规范。

本篇的主要内容包括：

一、总论部分。主要介绍了施工企业的基础知识、施工企业会计的特点及施工企业会计科目的设置。

二、建造合同收入的确认与计量。具体介绍了建造合同的特征和分类、建造合同收入和成本的内容以及建造合同收入和合同费用的确认与计量三方面知识。

三、周转材料的核算。包括周转材料的初始计量、摊销和领用的具体核算过程。

四、临时设施的核算。在介绍临时设施基本内容的基础上，具体讲述了临时设施的搭建、摊销和清理的核算过程。

五、工程成本的核算。主要介绍了工程费用和工程成本的区别、工程成本的核算对象与核算程序以及工程实际成本的核算过程。

六、工程结算的核算。包括工程结算方式、工程价款结算的具体核算以及有关会计信息的披露方面的内容。

第一章
总论

●●●● 任务目标

1. 认识施工企业。
2. 了解基本建设程序。
3. 掌握施工企业会计。
4. 熟悉施工企业会计特点及特有会计科目。

第一节　施工企业及基本建设生产概述

伴随着经济建设的飞速发展，基本建设规模日趋扩大，建筑施工活动愈加频繁。全国建筑施工企业的数量也随着建设规模的扩大而不断增长。根据建造合同，建设单位和施工企业建立了合同关系，即发包人和承包人。在基本建设中，施工企业是生产责任人。

一、施工企业

施工企业又称建筑安装企业，它是国民经济中一个重要的生产部门，主要从事建筑工程、安装工程及其他专门工程的经济法人组织。它是一种生产型企业，包括各类建筑安装工程公司、机械化施工公司、基础工程公司、电力建设工程公司、市政工程公司、装修和装饰工程公司等。施工企业的基本经济活动是施工生产活动，通过施工生产活动，把各种建筑材料转变为具有特定用途的各类房屋和建筑物，把各种机器设备组装起来形成具有生产能力的各种实体。可以说，基本建设是通过施工企业的生产活动来实现的。

二、基本建设程序和基本建设产品

基本建设是指国民经济中各部门、各单位购置和建造新的固定资产的经济活动过程及相关工作，也就是形成新的固定资产的过程。它为国民经济各部门的发展和人民物质文化生活水平的提高建立了物质基础。基本建设通过新建、扩建、改建和重建等形式来完成，其中新建和扩建是最主要的形式。

基本建设的最终成果表现为固定资产的增加。但是，并非一切新增的固定资产都属于基本建设，而是有规定界限的，即对于那些低于规定的数量或价值的零星固定资产购置和零星土建工程，一般作为固定资产更新改造处理；对于用于各种专项拨款和企业基金进行挖潜、革新、改造项目，也不列入基本建设范围之内。

基本建设是一种宏观的经济活动，它通过建筑业的勘察、设计和施工等活动，以及其他有关部门的经济活动来实现。它横跨国民经济各部门，包括生产、分配、流通各个环节，既有物质生产活动，又有非物质生产活动。

(一)基本建设程序

基本建设是一种多行业与多部门密切配合的、综合性比较强的经济活动，涉及面广、环节多，因此必须遵循一定的建设程序。建设程序是指一个建设项目在整个建设过程中各项工作必须遵循的先后次序：该次序是客观存在的自然规律和经济规律的正确反映，是经过大量实践工作所总结出来的。

基本建设程序一般可以划分为计划任务书、设计和工程准备、施工和生产准备、竣工验收与交付使用四个阶段。在实际工作中通常又将其划分为项目建议书、可行性研究、计划任务书、设计文件、建设准备、全面施工准备、施工安装、竣工验收与交付使用八个环节。

1. 项目建议书

项目建议书是基本建设程序中最初阶段的工作，是投资决策前对拟建项目的轮廓设想，它主要从宏观上来考察项目建设的必要性。当项目建议书报送给决策机构批准后即可立项，进行可行性研究。

项目建议书的内容主要有：项目提出的依据和必要性；拟建规模和建设地点的初步设想；资源情况、建设条件、协作关系、引进国别和厂商等方面的初步分析；投资估算和资金筹措设想；项目的进度安排；经济效果和社会效益的分析等。

2. 可行性研究

根据国民经济发展规划及项目建议书，运用多种研究成果，对建设项目投资决策进行的技术经济论证，即可行性研究。通过可行性研究，观察项目在技术上的先进性和适用性，经济上的盈利性和合理性，建设的可能性和可行性等。可行性研究是决定一个项目投资与否的最重要的一个环节，该项工作一般由投资者委托工程咨询公司或工程设计机构来完成。

3. 计划任务书

计划任务书，又称设计任务书，是确定建设项目和建设方案的基本文件，也是编制设计文件的主要依据。所有的新建、扩建、改建项目都要按项目的隶属关系，由主管部门组织计划、设计，或由筹建单位提前编制计划任务书，再由主管部门审查上报。

4. 设计文件

设计文件是安排建设项目和组织施工的主要依据，一般由主管部门或建设单位委托设计单位编制。

一般建设项目的设计文件，按初步设计和施工图设计两个阶段进行。对于技术复杂且缺乏经验的项目，经主管部门指定，按初步设计、技术设计和施工图设计三个阶段进行。

5. 建设准备

建设准备即工程招投标。工程招标是指建设单位就拟建工程项目发出要约邀请，并对应邀提起要约参与竞争的承包商进行审查、评选，并择优做出承诺，从而确定工程项目建设承包人的活动。它是建设单位订立工程合同的准备活动。

工程投标是承包商针对建设单位的要约邀请，以明确的价格、期限、质量等具体条件，向建设单位发出要约，通过竞争获得经营业务的活动。工程招投标是承发包双方合同管理的第一步。

6. 全面施工准备

这是按照施工图设计和施工组织设计，由施工企业进行的第一项具体工作。

7. 施工安装

在施工过程中，施工企业必须遵循科学的施工程序，严格按照设计图纸和施工验收规范组织施工。在施工接近结束时，建设单位或投资者应为项目的及时投产使用进行准备，如生产设备的购置安装等。

8. 竣工验收与交付使用

建设项目竣工验收，是指建设项目按设计要求全部建成，达到竣工验收标准，移交给生产或使用单位。这是工程施工阶段的最后一项工作。

(二)基本建设产品的特点

基本建设产品的特点反映了建筑产品的特点，基本建设产品主要有如下特点：

1. 产品固定性

建筑产品和一般工业企业产品不同的是，建筑产品的位置是固定的，施工企业必须在合同中规定的地点进行施工。

2. 生产流动性

建筑产品位置的固定性，必然带来基本建设生产的流动性。施工企业的人员和施工机械生产，要随着建筑产品所在地点而迁移流动；在某项建筑产品的施工过程中，施工人员和施工机械要随着施工进度而变换相应的位置。

3. 产品多样性和单件性

建筑产品体积庞大，结构复杂，类型繁多，但每一项建筑产品均根据建设单位的实际需要进行单独设计、施工，是一个单件生产的产品。与一般工业企业反复、批量生产的产品不同。

4. 生产长期性和连续性

建筑产品由若干个分部分项工程构成，各部分的结构类型又不同，施工生产过程中要耗用大量的人力、物力和财力，再加上建筑产品的地点固定，必须按一定的顺序施工，且作业空间受到限制，均影响到施工进度。所以，建筑产品的生产少则数月，多则数年。建筑产品是长期持续不断的劳动过程的结果，只有到生产过程终了时才能形成一个有真正使用价值的产品。若生产过程的连续性中断，则会造成巨大的损失和浪费。

三、建筑和安装工程

1. 建筑工程

建筑工程包括建筑物、构筑物(永久性和临时性)的工建工程，采暖、通风、给排水、照明工程，动力、电信管线的铺设工程。另外，道路、桥梁的建设工程，农田水利工程，基础建造、场地平整、清理和绿化工程等也属于建筑工程。

2. 安装工程

安装工程是指生产、动力、电信、起重、运输、医疗、实验等设备的装配工程和安装工程，以及附属于被安装设备的管线铺设、保温、防腐、调试、运转试车等工作。

3. 建筑安装工程

建筑安装工程即附属于建筑物的安装工程，如采暖、通风空调、室内给排水、照明工程等，它是建筑物的组成部分。

四、建设项目

基本建设工程项目，简称建设项目，是指按一个总体设计组织施工，建成后具有完整的系统，可以独立地形成生产能力或者使用价值的建设工程。

1. 单项工程

单项工程是指具有独立性的设计文件，建成后可以独立发挥生产能力或使用效益的工程。例如，一个居民楼建成后可以居住，它的建造，就是一个单项工程。

2. 单位工程

单位工程是单项工程的组成部分，指具有独立的设计文件和独立的施工条件，但建成后不能独立发挥生产能力或使用效益的工程，例如，宿舍中的消防工程、电气照明工程、给排水工程、通风空调工程等均为单位工程。施工图预算一般都是以单位工程为基本单位编制的。

3. 分部工程

分部工程是单位工程的组成部分，指在单位工程中，按不同结构、不同工种、不同材料和机械设备而划分的工程。例如，在给排水安装工程中，管道安装、阀门安装、卫生器具安装等均为分部工程。

4. 分项工程

分项工程是分部工程的组成部分，指分部工程中按不同施工方法、不同材料、不同规格而进一步划分的最基本的工程项目。例如，给排水管道安装分部工程中，焊接钢管安装、铸铁钢管安装等均为分项工程。

五、工程预算

基本建设工程经过以上划分，便可从分项工程开始逐项计算其人工、材料、机械的消耗数量以及货币金额，经层层汇总后计算出整个建设项目的概、预算价值。

根据建标〔2003〕206 号关于印发《建筑安装工程费用项目组成》的通知，我国现行建筑安装工程费用包括直接费、间接费、利润和税金。

(一)直接费

直接费由直接工程费和措施费两项费用所组成。

直接工程费是指施工过程中耗费的构成工程实体的各项费用，包括人工费、材料费和施工机械使用费。

措施费是指为完成工程项目施工，发生于该工程施工前和施工过程中非工程实体项目的费用。包括环境保护费；文明施工费；安全施工费；临时设施费；夜间施工费；二次搬运费；大型机械设备进出场及安拆费；混凝土、钢筋混凝土模板及支架费；脚手架费；已完工程及设备保护费；施工排水、降水费。

(二)间接费

间接费由规费和企业管理费两项费用组成。

规费是指政府和有关权力部门规定施工企业必须缴纳的费用。包括工程排污费、工程定额测定费、社会保障费(养老保险费、失业保险费、医疗保险费)、住房公积金和危险作业意外伤害保险等。

企业管理费是指建筑安装企业组织施工生产和经营管理所需费用。包括管理人员工资、办公费、差旅交通费、固定资产使用费、工具用具使用费、劳动保险费、工会经费、职工教育经费、财产保险费、财务费、税金和其他费用。

(三)利润

利润是指施工企业完成所承包工程获得的盈利。在编制预算时，依据不同投资来源、工程类别实行差别利润率。

(四)税金

税金是指国家税法规定的应计入建筑安装工程造价内的营业税、城市维护建设税及教育费附加等。

第二节　施工企业会计的特点和内容

施工企业会计就是应用于施工企业的一种专业会计，它以货币为主要计量单位，采用专门的方法，对施工企业在施工生产经营过程中占用的财产物资和发生的劳动消耗进行系统的计算、记录、分析、报告和监督，并为有关方面提供财务状况和经营成果等经济信息的一种管理活动。

一、施工企业会计的特点

施工企业的会计核算同其他行业的会计核算相比，具有以下特点：

(一)成本核算对象的单件性

由于建筑安装工程各有不同的功能和结构，需要单独设计图纸，即使是根据同一标准设计进行施工的同类型、同规模的工程，也会因自然条件、交通条件、材料要求和物价水平的不同，造成施工过程中工料的不同。因此，建筑安装工程只能按照建设要求和单个图纸组织单件生产，不能像工业企业那样成批生产。施工生产的这一特性，决定了工程成本的核算应实行分批(定单)法，以每一独立编制施工图预算的单位工程为成本核算对象。

(二)核算周期的长期性

一项工程的实际施工成本和收益水平，只有当该工程竣工后，才能正确和完整地反映出来。而施工企业生产的建筑安装工程等产品，除了少部分工程造价低、耗费少以外，大多是体积庞大、造价高、耗费大的工程，因而施工周期较长，一般都需要跨年度施工，有的工程工期甚至长达几年、十几年。

(三)产成品和在产品划分的特殊性

工业企业会计核算中，产成品是指本企业已经完成全部生产过程，并已验收入库可供销售的产品；在产品是指没有完成全部生产过程，不能作为商品销售的产品。施工企业如果采用与工业企业相同的方法来划分产成品，则只有工程已经全部竣工，办理了竣工验收交付使用手续，才能算作产成品。但是，建筑安装工程施工具有周期较长的特点，按照这种划分方法，使得在长期的施工过程中，不能对工程进度、工程质量和工程成本进行有效的监督。所以对建筑安装产品，需要人为地划分产成品和在产品，即将工程进度达到预算定额的工作内容，且不需要在本企业内部进一步施工，可据以进行结算的分部分项工程，作为已完工程，即假定的"产成品"；将已投料施工，但尚未完成预算定额规定的全部工序和内容，而暂时无法进行结算的分部分项工程，作为未完施工，即"在产品"。

按照这种划分方法，施工企业可以及时对已完工程统计工程进度，进行工程价款结算，考核工程成本，计算财务成果。

建筑产品主要是指：(1)竣工工程，是指已全部完工的房屋和构筑物。(2)已完工程：是指已经完成预算定额规定的各项工作内容的分部分项工程。竣工工程和已完工程是建筑施工企业不需要进一步施工就可以交付建设单位验收付款的建筑产品。它们相当于工业企业的产成品。(3)未完施工工程：是指建筑施工企业已经投入了人工、材料、机械使用费等费用，但尚未完工的工程。它相当于工业企业的在产品。

(四)工程价款结算方式的多样性

由于建筑安装工程施工周期较长，资金占用量大，为了合理地解决工程所需资金的供应问题，工程价款结算可采用多种方式，包括：竣工后一次结算；按照工程形象进度，划分不同阶段进行结算；按期(月或季)对已完分部分项工程进行结算，竣工后清算等办法。此外，施工企业还可以根据工程承包合同规定，向发包单位预收工程备料款，以解决工程储备材料所需资金。

此外，施工企业会计的组织核算和管理工作应与企业生产经营的特点、规模的大小以及管理体制相适应。

大中型施工企业一般实行建筑企业集团、股份公司、工程项目部或有限责任公司、分公司、工程项目部三级管理体制。会计上也要设置相应的会计机构和人员组织会计核算，公司是独立核算单位，一般设财务会计部。主要任务是以《企业会计制度》为指导确定本企业的会计政策，处理公司管理部门的日常会计业务，指导和监督所属单位的会计信息，全面核算企业各项经济指标。分公司是内部独立核算单位，一般设财会科，主要任务是组织和指导各工程项目部的成本核算。归集和分配分公司发生的施工管理费用，汇总计算工程成本，定期向公司报送财务会计报告等。工程项目部一般配备成本核算员，负责本项目部日常经济业务的核算和工程直接费的计算。

小型施工企业一般实行两级管理，公司直接领导工程项目部的工作。因此，一般在公司设置财会科，全面核算企业的各项经济指标。在各工程项目部配备成本核算员，负责日常施工生产费用的核算和工程直接成本的计算。

二、施工企业会计的内容

施工企业会计就是运用于施工企业施工生产活动的一种责任会计，它反映施工企业生产经营活动的全过程。

施工企业的生产经营活动主要包括供应过程、施工生产过程和完工工程结算过程三个阶段。

(一)供应过程

供应过程是施工生产经营活动的准备阶段。企业用货币资金购买施工生产所需的各种材料物质，形成必要的物质储备。同时施工企业还需招募劳动力，购置施工生产设备、建造生产生活用房等。

(二)施工生产过程

施工生产过程是施工企业生产经营活动的中心环节。在施工过程中，领用的物质材料不断投入施工生产，形成在建工程；同时，企业还要用货币资金支付职工工资和其他生产费用。随着施工生产过程的进行，在建工程逐步完工，施工企业即可与建设单位结算工程价款。

(三)完工工程结算过程

完工工程结算过程是施工企业生产经营活动的最终环节。在这一过程中，施工企业将已完工程与建设单位进行工程价款的结算，收回工程价款。

施工企业生产经营活动的各个阶段，会发生各种经济活动，这些经济活动是施工企业会计的内容。

三、施工企业会计科目

为了全面、系统地反映和监督各项会计要素的增减变动情况，分门别类地为会计信息使用者提供必需的会计核算资料，有必要对会计要素做进一步分类，设置若干会计科目，并据以开设账户，以取得各种会计指标。

会计科目是按照经济内容对会计要素进一步分类形成的项目，是设置账户、登记账簿、分类汇总会计信息的工具。

(一)设置要求

设置会计科目时应遵循以下原则：

1. 设置会计科目必须结合会计对象的特点

为了正确使用会计科目，各施工单位在设置会计科目时，要根据自身经济业务的特点，确定设置哪些会计科目。

2. 设置会计科目要做到统一性与灵活性相结合

所谓统一性，是指根据《企业会计制度》的要求，对会计科目的核算内容进行统一规定，便于会计核算指标在一定范围内综合汇总。所谓灵活性，是指在保证提供统一核算指标的前提下，企业可根据各自的具体情况，适当合并或增补某些会计科目。为了便于对不同时期的会计核算指标进行对比分析，会计科目必须保持相对稳定。

(二)会计科目

根据财政部 2003 年颁布，2004 年 1 月 1 日起执行的《施工企业会计核算办法》和 2006 年颁布的《企业会计准则》，施工企业应设置的会计科目如表 1-1 所示。

表 1-1 施工企业会计科目表

顺序号	编号	名 称	顺序号	编号	名 称
		一、资产类			二、负债类
1	1001	库存现金	52	2001	短期借款
2	1002	银行存款	53	2101	交易性金融负债
3	1012	其他货币资金	54	2201	应付票据
4	1101	交易性金融资产	55	2202	应付账款
5	1121	应收票据	56	2203	预收账款
6	1122	应收账款	57	2211	应付职工薪酬
7	1123	预付账款	58	2221	应交税费
8	1131	应收股利	59	2231	应付利息
9	1132	应收利息	60	2232	应付股利
10	1141	应收补贴款	61	2241	其他应付款
11	1142	* 内部往来	62	2314	代理业务负债
12	1143	* 备用金	63	2401	递延收益
13	1221	其他应收款	64	2501	长期借款
14	1231	坏账准备	65	2502	应付债券
15	1321	代理业务资产	66	2701	长期应付款
16	1401	材料采购	67	2702	未确认融资费用
17		* 采购保管费	68	2711	专项应付款
18	1402	在途物资	69	2801	预计负债
19	1403	原材料	70	2901	递延所得税负债
20	1404	材料成本差异			三、共同类
21	1405	库存商品	71	3101	衍生工具
22	1406	发出商品	72	3201	套期工具
23	1408	委托加工物资	73	3202	被套期项目
24	1411	周转材料			四、所有者权益类
25	1471	存货跌价准备	74	4001	实收资本
26	1501	持有至到期投资	75	4002	资本公积
27	1502	持有至到期投资减值准备	76	4101	盈余公积
28	1503	可供出售金融资产	77	4103	本年利润
29	1511	长期股权投资	78	4104	利润分配
30	1512	长期股权投资减值准备	79	4201	库存股
31	1521	投资性房地产			五、成本类
32	1531	长期应收款	80	5001	生产成本
33	1532	未实现融资收益	81	5101	制造费用
34	1551	委托贷款	82	5301	研发支出
35	1552	* 拨付所属资金	83	5401	工程施工
36	1601	固定资产	84	5402	工程结算
37	1602	累计折旧	85	5403	机械作业
38	1603	固定资产减值准备			六、损益类
39	1604	在建工程	86	6001	主营业务收入
40	1605	工程物资	87	6051	其他业务收入
41	1606	固定资产清理	88	6101	公允价值变动损益
42	1607	临时设施	89	6111	投资收益
43	1608	临时设施摊销	90	6301	营业外收入
44	1609	临时设施清理	91	6401	主营业务成本
45	1701	无形资产	92	6402	其他业务成本
46	1702	累计摊销	93	6403	营业税金及附加
47	1703	无形资产减值准备	94	6601	销售费用
48	1711	商誉	95	6602	管理费用
49	1801	长期待摊费用	96	6603	财务费用
50	1811	递延所得税资产	97	6701	资产减值损失
51	1901	待处理财产损益	98	6711	营业外支出
			99	6801	所得税费用
			100	6901	以前年度损益调整

注："*"为施工企业特有的会计科目。

根据施工企业生产经营活动的特点，施工企业应该按照新制度的规定，设置和使用会计科目。在不影响会计核算要求和会计报表指标汇总以及对外提供统一的财务会计报告的前提下，可以根据实际情况增减或合并某些会计科目。明细科目的设置，除新制度已有规定外，在不违反统一会计核算的前提下，施工企业可以根据需要自行确定。对于会计科目的名称，施工企业可以根据本企业的具体情况，在不违背会计科目使用原则的基础上，确定适合本企业的会计科目名称。表 1-1 中标 * 号科目为施工企业特有的科目，“内部往来”“备用金”“采购保管费”“拨付所属资金”“上级拨入资金”可根据施工企业的实际情况进行增减。

第二章
建造合同收入的确认与计量

任务目标

1. 熟悉建造合同的特征与分类。

2. 熟悉建造合同收入与成本。

3. 掌握建造合同收入和合同费用的确认原则。

4. 掌握建造合同结果能够可靠地估计情况下合同收入和合同费用确认方法及会计核算。

5. 掌握建造合同结果不能够可靠地估计情况下合同收入和合同费用确认方法及会计核算。

第一节 建造合同的特征与分类

一、建造合同的概念和特征

建造合同是一种特殊类型的经济合同。根据《企业会计准则——建造合同》，建造合同是指为建造一项或者数项在设计、技术、功能、最终用途等方面密切相关的资产而订立的合同。其中，所建造的资产主要包括房屋、道路、桥梁、水坝等建筑物，以及船舶、飞机、大型机械设备等。

建造合同不同于一般的材料采购合同和劳务合同，而是有其自身的特征，主要表现在：(1)先有买方(客户)后有标底(资产)，建造资产的造价在签订合同时已经确定；(2)资产的建设期长，一般都要跨越一个会计年度，有的甚至长达数年；(3)所建造的资产体积庞大，造价高，如房屋建筑和大型机械设备，且一般需要大量的资金投入，对客户来说，须列入资本预算范围；(4)建造合同一般为不可取消的合同，由于建造合同所涉及的资产具有建设周期长和投资规模大等特点，一旦合同当事人撤销合同，必将给对方造成较大损失。

二、建造合同的分类

按照合同价款确定方法的不同，建造合同可分为两类：一类是固定造价合同，另一类是成本加成合同。

(一)固定造价合同

固定造价合同是指按照固定的合同价或固定单价确定工程价款的建造合同，即在签订合同时，工程造价是预先定好的，固定的；合同签订后，承包方要按合同的约定，按时间按质量完成合同内容。

【例 2-1】某建造承包商与一客户签订了一项建造合同，为客户建造一栋办公大楼，合同规定建造大楼的总造价为 2 000 万元。该项建造合同即为固定造价合同。

【例 2-2】某建造承包商与一客户签订了一项建造合同，为客户建造一条 100 公里长的公路，合同规定每公里单价为 600 万元。该项建造合同也是固定造价合同。

(二)成本加成合同

成本加成合同是以合同允许或其他方式议定的成本为基础，加上该成本的一定比例或定额费用来确定工程价款的建造合同。

【例 2-3】某建造承包商与一客户签订了一项建造合同，为客户建造一台大型机械设备，双方约定以建造该设备的实际成本为基础，合同价款以实际成本加成 3%确定。该合同就属于成本加成合同。

固定造价合同和成本加成合同的主要区别在于合同风险的承担者不同。前者的风险主要由建造承包方承担。在固定造价合同中，由于工程价款已经确定，使发包人的成本得以固定，承包人的利润大小取决于建造合同实际成本的大小，因此建造合同风险主要由建造合同承包人承担。后者的风险主要由发包方承担。因为在成本加成合同中，由于加成率或者定额费用固定，建造合同成本越大，建造承包人的利润相应也越大，导致建造成本也越高，因此建造合同风险主要由建造合同发包人承担。

第二节 建造合同收入与成本

施工企业是众多企业类型中的一种，与工业企业相比，它具有突出的行业特征，主要表现在其主营业务核算上，包括主营业务收入的核算和主营业务成本的核算。

一、建造合同收入

建造合同收入包括合同中规定的初始收入和因合同变更、索赔、奖励等因素而形成的收入。施工企业合同收入应以收到或应收的工程价款计量。其中，工程价款是指建造合同的总金额或总造价。

需要指出的是，因合同变更、索赔、奖励等因素而形成的收入不构成合同双方在签订合同时已在合同中商定的合同总金额(即初始收入)。建造承包商(即施工企业)不能随意确认这部分收入，只有在符合收入确认条件时才能构成合同总收入。

(一)合同中规定的初始收入

合同中规定的初始收入，即建造承包商与客户在双方签订的合同中最初商定的合同总金额，它构成了合同收入的基本内容。

(二)因合同变更、索赔、奖励等因素而取得的收入

这部分收入是在执行合同过程中由于合同变更、索赔、奖励等原因而形成的追加收入，只有在符合规定条件时才能构成合同总收入。如果不同时具备以下两个条件，则不予以确认：

1. 客户能够认可因合同变更、索赔、奖励等因素而增加的收入，并同意向建造承包商支付。

2. 收入能够可靠地计量。

【例 2-4】某建造承包商与一客户签订了一份金额为 1 000 万元的建造合同，建造一座电站。合同规定的建设期为20×9 年12 月1 日至2×11 年 12 月1 日。同时，合同还规定，发电机由客户采购，于 2×11 年 9 月 1 日前交付建造承包商安装。在合同执行过程中，客户并未在合同规定的时间将发电机交付建造承包商。根据双方谈判的情况，客户同意向建造承包商支付延误工期款 80 万元(索赔收入)。

【解析 2-4】本例是索赔款形成收入的情形。根据索赔款形成收入的确认条件，建造承包商可以在 2×11 年将因索赔而增加的 80 万元收入确认为合同收入的组成部分，即 2×11 年该项建造合同的总收入为 1 080 万元。假如客户只同意支付延误工期款 40 万元，则只能将 40 万元计入该项合同总收入，即 2×11 年该项建造合同的总收入应为 1 040 万元。假如客户不同意支付任何延误工期款，则不能将索赔款计入合同总收入。

【例 2-5】某建造承包商与一客户签订了一项合同金额为 9 000 万元的建造合同，建造一座跨海大桥。合同规定的建设期为 20×5 年 12 月 20 日至 20×7 年 12 月 20 日。该大桥的主体工程于 20×7 年 8 月已基本完工，工程质量符合设计标准，并有望提前 3 个月完工。客户同意向建造承包商支付提前竣工奖 100 万元。

【解析 2-5】本例是发生奖励款的情形，它是工程达到或超过规定的标准时，客户同意支付给建造承包商的额外款项。根据奖励款所形成收入的确认条件，该建造承包商可以确认奖励款形成的收入为 100 万元。

二、建造合同成本

建造合同成本包括从合同签订开始至合同完成为止所发生的、与执行合同有关的直接费用和间接费用。

直接费用，是指为完成合同所发生的、可以直接计入合同成本核算对象的各项费用支出。直接费用包括四项费用：耗用的人工费用、耗用的材料费用、耗用的机械使用费和其他直接费用(指可直接计入合同成本的费用)。

间接费用是企业下属的施工单位或生产单位为组织生产和管理施工生产活动所发生的费用，包括临时设施摊销费用、施工及生产单位管理人员薪酬、固定资产折旧费及修理费、物料消耗、低值易耗品摊销、水电费、办公费、差旅费、财产保险费、工程保修费、排污费等。

直接费用在发生时直接计入合同成本；间接费用应在期末按系统、合理的方法分摊计入合同成本。常见的用于间接费用分摊的方法有人工费用比例法和直接费用比例法。

第三节 建造合同收入及合同费用的确认与计量

建造合同收入及合同费用的确认与计量遵循以下原则：(1)如果建造合同的结果能够可靠地估计，企业应当根据完工百分比法在资产负债表日确认合同收入和费用。(2)如果建造合同的结果不能可靠地估计，则施工企业不能采用完工百分比法来确认计量当期的合同收入和合同费用，应当区别以下情况处理：合同成本能够收回的，合同收入根据能够收回的实际合同成本加以确认，合同成本在其发生的当期作为合同费用；合同成本不可能收回的，应当在发生时立即作为合同费用，不确认合同收入。

一、建造合同的结果能够可靠地估计时合同收入和合同费用的确认方法

(一)建造合同的结果能够可靠地估计的标准

固定造价合同的结果能够可靠地估计的标准。应同时具备以下条件：(1)合同总收入能够可靠地计量；(2)与合同相关的经济利益能够流入企业；(3)在资产负债表日合同完工进度和为完成合同尚需发生的成本能够可靠地确定；(4)为完成合同，已经发生的合同成本能够清楚地区分和可靠地计量，以便实际合同成本能够与以前的预计成本相比较。

成本加成合同的结果能够可靠地估计的标准。应同时具备以下条件：(1)与合同相关的经济利益能够流入企业；(2)实际发生的合同成本能够清楚地区分并且能够可靠地计量。

(二)完工百分比法

当建造合同的结果能够可靠地估计时，企业应采用完工百分比法确认合同收入和合同费用。

运用完工百分比法确认收入关键是要确定合同完工进度。合同完工进度可以按累计实际发生的合同成本占合同预计总成本的比例、已经完成的合同工作量占合同预计总工作量的比例、已完合同工作的比例等方法确定。

1. 投入衡量法

投入衡量法，是指根据累计实际发生的合同成本占合同预计总成本的比例确定合同完工进度。这是确定完工进度较常用的方法。其计算公式为：

合同完工进度＝累计实际发生的合同成本÷合同预计总成本×100％

上式中的“合同预计总成本”并非最初预计的总成本，而是根据累计实际发生的合同成本和预计为完成合同尚需发生的成本计算确定的。因此，各年确定的“合同预计总成本”不一定相同。

【例 2-6】某建筑公司与客户签订了一项总金额为 1 800 万元的建造合同，合同规定的建设期为三年。20×1 年实际发生合同成本 600 万元，年末预计为完成合同尚需发生成本 900 万元；20×2 年实际发生合同成本 680 万元，年末预计为完成合同尚需发生成本 320 万元。

【解析 2-6】根据投入衡量法计算完工进度的原理，则：

第一年合同完工进度＝600÷(600＋900)＝40％

第二年合同完工进度＝(600＋680)÷(600＋680＋320)×100％＝80％

需要注意的是，采用上述方法确定合同完工进度时，累计实际发生的合同成本不包括

与合同未来活动相关的成本(如已领未用材料的成本等)以及在分包工程完工前预付给分包单位的款项。

2. 产出衡量法

产出衡量法，是指根据已完成的合同工程量占合同预计工程量的比例确定完工进度。适用于合同工程量容易确定的建造合同，如道路工程、土石方工程、砌筑工程等。其计算公式为：

合同完工进度＝(已经完成的合同工程量÷合同预计工程量)×100％

【例 2-7】某市政工程公司与客户签订了一项修建一条 300km 公路的建造合同，合同总金额为 3 000 万元，工期为三年。第一年修建了 90km，第二年修建了 120km。

【解析 2-7】根据产出衡量法计算完工进度的原理，则：

第一年合同完工进度＝90÷300×100％＝30％

第二年合同完工进度＝(90＋120)÷300×100％＝70％

3. 实地测量法

实地测量法是在无法根据上述两种方法确定完工进度时采用的一种技术测量方法。采用该方法并非由施工企业自行随意测定，而是由专业人员到现场进行科学测定。这种方法主要适用于一些特殊合同，如水下施工合同等。

如上所述，确定了建造合同的完工进度后，企业可用下列公式计算各期的合同收入和合同费用：

当期确认合同收入＝合同总收入×完工进度－以前会计年度累计已确认的收入

当期确认合同毛利＝(合同总收入－合同预计总成本)×完工进度－以前会计年度累计已确认的毛利

当期确认合同费用＝当期确认的合同收入－当期确认的合同毛利－以前会计年度预计损失准备

【例 2-8】某建筑公司签订了一项合同总金额为 1 000 万元的固定造价合同，合同规定的工期为 3 年。假定经计算，第一年完工进度为 30％，第二年完工进度已达 80％，经测定，前两年的合同预计总成本均为 800 万元。第三年工程全部完成，累计实际发生合同成本 750 万元。

【解析 2-8】根据上述资料计算各期确认的合同收入和费用如下：

第一年确认的合同收入＝1 000×30％＝300(万元)

第一年确认的合同毛利＝(1 000－800)×30％＝60(万元)

第一年确认的合同费用＝300－60＝240(万元)

相关账务处理如下：

借：主营业务成本	2 400 000	
工程施工——合同毛利	600 000	
贷：主营业务收入		3 000 000

第二年确认的合同收入＝(1 000×80％)－300＝500(万元)

第二年确认的合同毛利＝(1 000－800)×80％－60＝100(万元)

第二年确认的合同费用＝500－100＝400(万元)

相关账务处理如下：

借：主营业务成本　　4 000 000

　　工程施工——合同毛利　　1 000 000

　　贷：主营业务收入　　5 000 000

第三年确认的合同收入＝1 000－(300＋500)＝200(万元)

第三年确认的合同毛利＝(1 000－750)－(60＋100)＝90(万元)

第三年确认的合同费用＝200－90＝110(万元)

相关账务处理如下：

借：主营业务成本　　1 100 000

　　工程施工——合同毛利　　900 000

　　贷：主营业务收入　　2 000 000

需要注意的是，公式中的完工进度实际上是累计完工进度。因此，企业在应用上述公式计算当期合同收入和费用时，应分以下不同情况进行处理：

(1)对当年开工当年未完工的建造合同，“以前会计年度累计已确认的收入”和“以前会计年度累计已确认的毛利”均为零。

(2)对以前年度开工本年仍未完工的建造合同，企业可直接运用上述公式计量和确认当期收入和费用。

(3)对以前年度开工本年完工的建造合同，当期计量和确认的合同收入等于合同总收入扣除以前会计年度累计已确认的收入后的余额，当期计量和确认的合同毛利等于合同总收入扣除实际合同总成本减以前会计年度累计已确认的毛利后的余额。

(4)对当年开工当年完工的建造合同，当期计量和确认的合同收入，等于该项合同的总收入，当期计量和确认的合同费用，等于该项合同的实际总成本。

【例 2-9】某建筑公司与客户签订了一项总金额为 1 520 万元的建造合同，工程已于 20×5 年7 月 3 日开工，20×7 年 7 月完工。该项合同在 20×5 年末预计总成本为 1 200 万元。20×6 年，客户提出变更部分设计，经双方协商，客户同意追加投资 80 万元。20×6 年末，预计工程总成本为 1 280 万元。该建造合同的其他有关资料如表 2-1 所示。

表 2-1　建造合同相关资料　　单位：万元

	20×5 年	20×6 年	20×7 年
累计实际发生成本	240	960	1 280
已结算工程价款	192	800	608
实际收到价款	160	640	800

【解析 2-9】根据建造合同结果能够可靠地估计的情况下合同收入和合同费用的确认方法，有关计算及账务处理如下：

(1)计算各年完工进度

20×5 年完工进度＝240÷1 200×100％＝20％

20×6 年完工进度＝960÷1 280×100％＝75％

(2)20×5 年相关账务处理：

①当期实际发生合同成本时：

借：工程施工——合同成本　　2 400 000

　　贷：应付职工薪酬(原材料等)　　2 400 000

②记录已结算的工程价款时：

借：应收账款　　1 920 000

　　贷：工程结算　　1 920 000

③记录已收的工程价款时：

借：银行存款　　1 600 000

　　贷：应收账款　　1 600 000

④当年合同收入和合同费用确认如下：

应确认的合同收入＝1 520×20％＝304(万元)

应确认的合同毛利＝(1 520－1 200)×20％＝64(万元)

应确认的合同费用＝304－64＝240(万元)

借：主营业务成本　　2 400 000

　　工程施工——合同毛利　　640 000

　　贷：主营业务收入　　3 040 000

(3)20×6 年相关账务处理：

①实际发生合同成本时：

借：工程施工——合同成本　　7 200 000

　　贷：应付职工薪酬(原材料等)　　7 200 000

②记录已结算的工程价款时：

借：应收账款　　8 000 000

　　贷：工程结算　　8 000 000

③记录已收的工程价款时：

借：银行存款　　6 400 000

　　贷：应收账款　　6 400 000

④当年合同收入和合同费用确认如下：

应确认的合同收入＝(1 520＋80)×75％－304＝896(万元)

应确认的合同毛利＝(1 600－1 280)×75％－64＝176(万元)

应确认的合同费用＝896－176＝720(万元)

借：主营业务成本　　200 000

　　工程施工——合同毛利　　1 760 000

　　贷：主营业务收入　　8 960 000

(4)20×7 年相关账务处理：

①实际发生合同成本时：

借：工程施工——合同成本　　3 200 000

　　贷：应付职工薪酬(原材料等)　　3 200 000

②记录已结算的工程价款时：

借：应收账款　6 080 000

　　贷：工程结算　6 080 000

③记录已收的工程价款时：

借：银行存款　8 000 000

　　贷：应收账款　8 000 000

④当年合同收入和合同费用确认如下：

应确认的合同收入＝1 600－304－896＝400(万元)

应确认的合同毛利＝1 600－1 280－64－176＝80(万元)

应确认的合同费用＝400－80＝320(万元)

借：主营业务成本　3200 000

　　工程施工——合同毛利　800 000

　　贷：主营业务收入　4 000 000

⑤工程完工时将“工程施工”科目的余额与“工程结算”科目的余额对冲

借：工程结算　16 000 000

　　贷：工程施工——合同成本　12800 000

　　　　工程施工——合同毛利　3 200 000

《建造合同》规定，如果建造合同总成本超过合同预计总收入，建筑施工企业应将预计损失立即确认为当期费用。预计损失的确认与计量充分体现了谨慎性要求。谨慎性要求企业会计人员在面临不确定性因素的情况下，保持必要的职业谨慎，合理核算可能发生的损失和费用，即不得多计资产或收益，少计负债和费用。在将预计损失确认为当期费用时，应将预计损失总额分为两部分核算。一部分为已施工的工程应负担的损失，确认时借记“主营业务成本”账户，贷记“主营业务收入”和“工程施工——合同毛利”账户；一部分为未施工工程应负担的损失，确认时借记“资产减值损失——合同预计损失准备”账户，贷记“存货跌价准备——合同预计损失准备”账户。

【例 2-10】某造船企业与一客户签订了一项总金额为 5 800 000 元的固定造价合同，承建一艘船舶。工程已于 20×5 年 2 月开工，预计 20×7 年 8 月完工。最初预计的工程总成本为 5 500 000 元；至 20×6 年年底，由于钢材价格上涨等因素调整了预计总成本，预计工程总成本已达到 6 000 000 元。该造船企业于 20×7 年 6 月提前两个月完成了合同，工程质量优良，客户同意支付奖励款 200 000 元。建造该船舶的其他有关资料见表 2-2 所示。

表 2-2　建造合同有关资料　　单位：元

	20×5 年	20×6 年	20×7 年
至目前为止已发生的成本	1 540 000	4 800 000	5 950 000
完成合同尚需发生的成本	3 960 000	1 200 000	—
已结算合同价款	1 740 000	2 960 000	1 300 000
实际收到价款	1 700 000	2 900 000	1 400 000

【解析 2-10】根据建造合同结果能够可靠地估计的情况下合同收入和合同费用的确认方

法，有关计算及账务处理如下：

(1)企业20×5年对本建造合同的账务处理：

①登记发生的合同成本时：

借：工程施工——合同成本　　1 540 000

　　贷：应付职工薪酬(原材料等)　　1 540 000

②登记已结算的合同价款时：

借：应收账款　　1 740 000

　　贷：工程结算　　1 740 000

③登记实际收到的合同价款时：

借：银行存款　　1 700 000

　　贷：应收账款　　1 700 000

④确认和计量当年的合同收入和合同费用，并登记入账：

20×5年的完工进度=1 540 000÷(1 540 000+3 960 000)×100%=28%

20×5年应确认的合同收入=5 800 000×28%=1 624 000(元)

20×5年应确认的毛利=(5 800 000−1 540 000−3 960 000)×28%

=84 000(元)

20×5年应确认的合同费用=1 624 000−84 000=1 540 000(元)

借：工程施工——合同毛利　　84 000

　　主营业务成本　　1 540 000

　　贷：主营业务收入　　1 624 000

(2)企业20×6年对本建造合同的账务处理：

①登记发生的合同成本时：

借：工程施工——合同成本　　3 260 000

　　贷：应付职工薪酬(原材料等)　　3 260 000

②登记已结算的合同价款时：

借：应收账款　　2 960 000

　　贷：工程结算　　2 960 000

③登记实际收到的合同价款时：

借：银行存款　　2 900 000

　　贷：应收账款　　2 900 000

④确认和计量当年的合同收入和合同费用，并登记入账：

20×6年的完工进度：4 800 000÷(4 800 000+1 200 000)×100%=80%

20×6年应确认的合同收入=5 800 000×80%−1 624 000

=3 016 000(元)

20×6年应确认的毛利=(5 800 000−4 800 000−1 200 000)×80%−84 000

=(−160 000)−84 000=−244 000(元)

20×6年应确认的合同费用=3 016 000−(−244 000)=3 260 000(元)

20×6年应确认的合同预计损失=(4 800 000+1 200 000−5 800 000)×(1−80%)

=40 000(元)

在20×6年年底，由于该合同预计总成本6 000 000元大于合同总收入5 800 000元。预计发生损失总额为200 000元，因已在“工程施工——合同毛利”中反映了－160 000元(84 000－244 000)的亏损，因此，应将剩余的、为完成工程将发生的预计损失40 000元确认为当期损失。

借：主营业务成本 3 260 000
　　贷：主营业务收入 3 016 000
　　　　工程施工——合同毛利 244 000

同时，

借：资产减值损失——合同预计损失 40 000
　　贷：存货跌价准备——合同预计损失准备 40 000

(3)企业20×7年对本建造合同的账务处理：

①登记发生的合同成本时：

借：工程施工——合同成本 1 150 000
　　贷：应付职工薪酬(原材料等) 1 150 000

②登记已结算的合同价款时：

借：应收账款 1 300 000
　　贷：工程结算 1 300 000

③登记实际收到的合同价款时：

借：银行存款 1 400 000
　　贷：应收账款 1 400 000

④确认和计量当年的合同收入和合同费用，并登记入账：

20×7年应确认的合同收入＝(5800 000＋200 000)－(1 624 000＋3 016 000)
＝1 360 000(元)

20×7年应确认的毛利＝[(5 800 000＋200 000)－5 950 000]－(84 000－244 000)
＝210 000(元)

20×7年应确认的合同费用＝1 360 000－210 000－40 000＝1 110 000(元)

借：主营业务成本 1 110 000
　　存货跌价准备——合同预计损失准备 40 000
　　工程施工——合同毛利 210 000
　　贷：主营业务收入 1 360 000

⑤20×7年工程全部完工，应将“工程施工”科目的余额与“工程结算”科目的余额相对冲：

借：工程结算 6 000 000
　　贷：工程施工——合同成本 5 950 000
　　　　工程施工——合同毛利 50 000

二、建造合同的结果不能可靠地估计时合同收入与合同费用的确认方法

如果施工承包合同的结果不能可靠地估计，施工企业不能采用完工百分比法来确认计量当期的合同收入和合同费用，应当区别以下情况处理：

1. 合同成本能够收回的，合同收入根据能够收回的实际合同成本加以确认，合同成本在其发生的当期作为合同费用。

【例 2-11】某建筑公司与客户签订总造价为 1 000 万元的建造合同，建设期为 3 年。第一年实际发生工程成本 350 万元，双方均能按照合同规定履行义务，但在年末施工企业不能可靠估计工程的完工进度。

【解析 2-11】在这种情况下，该建筑公司不能按照完工百分比法确认合同收入和合同费用。但是客户能够按照合同规定履约付款，当年发生的合同成本能够收回。因此，该建筑公司应将当年发生的成本金额同时等额确认为当年的收入和费用。编制会计分录如下：

借：主营业务成本　　3 500 000

　　贷：主营业务收入　　3 500 000

2. 合同成本不能收回的，应当在发生时立即作为费用确认，不确认收入。

【例 2-12】某建筑公司与客户签订了一项总金额为 400 万元的建造合同，建设期为二年。第一年企业实际发生工程成本 260 万元，但当年与客户只办理工程款 100 万元。由于客户发生财务危机而面临破产清算，导致后续工程款可能难以收回。

【解析 2-12】在这种情况下，该建筑公司应将已办理结算的 100 万元确认为当年的收入。编制会计分录如下：

借：主营业务成本　　2 600 000

　　贷：主营业务收入　　1 000 000

　　　　工程施工——合同毛利　　1 600 000

第三章
周转材料的核算

●●●● 任务目标

1. 熟悉周转材料的特点与分类。
2. 掌握不同方式周转材料取得的核算。
3. 熟悉周转材料的摊销方法。
4. 掌握周转材料已提摊销额调整的核算。
5. 掌握周转材料领用的核算。

第一节　周转材料的特点与分类

周转材料是指企业在施工生产过程中能够多次使用并可基本保持原来形态而逐渐转移价值的材料，如模板、挡板等。

一、周转材料的特征

施工企业的周转材料大多直接从外部购买，也有由本单位用自制材料自制而成或委托外单位加工制成。周转材料具有类似固定资产和类似存货的双重特征。

(一)类似固定资产

周转材料能够参加生产过程，不改变自身实物形态，其价值是逐渐地转移到工程成本中去的。有的在使用中需要进行修理，报废时还有残值。

(二)类似存货

周转材料虽然保持材料形态，但在施工生产过程中却起着劳动资料的作用。周转材料种类较多，用量较大，使用频繁，经常需要补充和更换。

因此，同低值易耗品一样，会计上一般把它归入到存货类进行管理和核算。故“周转材料”科目余额也相应列入资产负债表中的“存货”项目。

二、周转材料的分类

周转材料按其在施工中的用途，可分为以下几类：

1. 模板：指浇灌混凝土用的钢、木或钢木组合的模型板，以及配合模板使用的支撑材料和滑模材料等。按固定资产管理的固定钢模和现场固定大型模板不包括在内。

2. 挡板：指土方工程使用的挡土板等，包括支撑在内。

3. 架料：指搭脚手架用的竹竿、钢管(包括扣件)、竹跳板等。

4. 其他：除上述各类之外，作为流动资产管理的其他周转材料。如塔吊使用的轻轨、枕木等(不包括附属于塔吊的钢轨)。

三、周转材料的核算账户

为了核算和监督周转材料的购入、领用、摊销和结存情况，企业应设置“周转材料”账户，其借方核算企业库存和在用的各种周转材料的计划成本或实际成本；贷方核算周转材料的摊销价值及盘亏、报废、毁损等减少的周转材料价值；期末借方余额反映企业所有在库周转材料的计划成本或实际成本，以及在用周转材料的摊余价值。

本账户应下设“在库周转材料”“在用周转材料”“周转材料摊销”三个明细账户。“在库周转材料”的明细核算与“原材料”相同，“在用周转材料”和“周转材料摊销”应按其类别和使用部门或工程设置明细账，进行明细核算。

第二节 周转材料的初始计量

周转材料应当按照成本进行初始计量。周转材料成本包括采购成本、加工成本和其他成本。企业购入、自制、委托外单位加工完成并验收入库的周转材料，可比照“原材料”的核算方法，在“在库周转材料”明细账户中核算。

一、外购的周转材料

通过购买而取得的周转材料的初始成本由采购成本构成。周转材料的采购成本，包括购买价款、相关税费、运输费、装卸费、保险费以及其他可归属于周转材料采购成本的费用。

企业外购的周转材料，由于结算方式和采购地点的不同，材料入库和货款的支付在时间上不一定完全同步，相应的账务处理也有所不同。

本章以下例题如无特别说明，均假定企业采用实际成本法对周转材料进行日常核算。

【例 3-1】甲施工企业为一般纳税人，20×7 年 6 月 15 日购入一批架料，取得的增值税专用发票上注明价款为 20 000 元，增值税额为 3 400 元。

【解析 3-1】(1)假定发票等结算凭证已经收到，货款已经通过银行转账支付，架料已运到并已验收入库。据此，应做如下账务处理：

借：周转材料——在库周转材料	20 000	
应交税费——应交增值税(进项税额)	3 400	
贷：银行存款		23 400

(2)假定购入材料的发票等结算凭证已收到，货款已经银行转账支付，但材料尚未运到。则甲企业应于收到发票等结算凭证时进行如下账务处理：

借：在途物资　20 000

　　应交税费——应交增值税(进项税额)　3 400

　　贷：银行存款　23 400

在上述材料到达并入库时，进行如下账务处理：

借：周转材料——在库周转材料　20 000

　　贷：在途物资　20 000

(3)假定购入的材料已经运到，并已验收入库，但发票等结算凭证尚未收到，货款尚未支付。6月末，甲企业应按暂估价入账，假定其暂估价为18 000元，应进行如下账务处理：

借：周转材料　18 000

　　贷：应付账款——暂估应付账款　18 000

7月初将上述会计分录原账冲回：

借：应付账款——暂估应付账款　18 000

　　贷：周转材料　18 000

在收到发票等结算凭证，并支付货款时：

借：周转材料——在库周转材料　20 000

　　应交税费——应交增值税(进项税额)　3 400

　　贷：银行存款　23 400

二、通过进一步加工而取得的周转材料

通过进一步加工而取得的周转材料的成本由采购成本、加工成本以及为使周转材料达到目前场所和状态所发生的其他成本构成。

1. 委托外单位加工的周转材料

委托外单位加工完成的周转材料，以实际耗用的原材料或者半成品、加工费、运输费、装卸费等费用以及按规定应计入成本的税金，作为实际成本。其在会计处理上主要包括拨付加工物资、支付加工费用和税金、收回加工物资和剩余物资等几个环节。

【例3-2】甲施工企业委托乙企业加工周转材料一批。发出原材料成本20 000元，支付的加工费为7 000元(不含增值税)，周转材料加工完成并已验收入库，加工费用等已经支付。双方适用的增值税税率为17%。

【解析3-2】假设甲企业按实际成本核算，有关账务处理如下：

(1)发出委托加工材料时：

借：委托加工物资　20 000

　　贷：原材料　20 000

(2)支付加工费用和税金时：

应交增值税税额＝7 000×17%＝1 190(元)

借：委托加工物资　7 000

　　应交税费——应交增值税(进项税额)　1 190

贷：银行存款 8 190

(3)收回加工后的周转材料时：

借：周转材料——在库周转材料 27 000

贷：委托加工物资 27 000

2. 自制周转材料的核算

【例 3-3】甲建筑公司某项目部，自制一批周转材料完工并验收入库，其实际成本共计 30 000 元。

【解析 3-3】编制会计分录如下：

借：周转材料——在库周转材料 30 000

贷：生产成本 30 000

第三节 周转材料的摊销

由于周转材料在生产过程中能够多次周转使用，因此，它的价值应随同其损耗程度，逐渐转移、摊销计入工程成本或有关费用。

一、周转材料的摊销方法

周转材料的摊销方法，根据各类周转材料的不同情况，一般有以下几种。

1. 一次摊销法

一次摊销法，是指在领用周转材料时，将其全部价值一次计入工程成本或有关费用。这种方法一般应限于易腐、易糟的周转材料，如安全网等。

2. 分期摊销法

分期摊销法，是指根据周转材料的预计使用期限，将其价值分期计入工程成本或有关费用。其计算公式如下：

周转材料每月摊销额＝周转材料账面价值×(1－预计残值率)÷预计使用期限

这种方法适用于脚手架、跳板、塔吊轻轨、枕木等磨损与使用期限有关的周转材料。

【例 3-4】某工程领用跳板一批，计划成本 4 000 元，预计残值占计划成本的 10%，预计使用期限为 12 个月。

【解析 3-4】跳板的月摊销额＝4 000×(1－10%)÷12＝300 (元)

3. 分次摊销法

分次摊销法，是指根据周转材料预计使用次数，将其价值分次计入工程成本或有关费用。其计算公式如下：

周转材料每次摊销额＝周转材料账面价值×(1－预计残值率)÷预计使用次数

本期摊销额＝周转材料每次摊销额×本期使用次数

这种方法一般适用于预制钢筋混凝土构件时所使用的定型模板、挡板等能分清使用次数的周转材料。

【例 3-5】某工程本期领用模板一批，计划成本 8 000 元，预计残值占计划成本的 10%，预计使用 6 次。本期使用 2 次。

【解析 3-5】每次摊销额＝8 000×(1－10%)÷6＝1 200 (元)

本期摊销额＝1 200×2＝2 400（元）

4. 定额摊销法

定额摊销法，是指根据实际完成的实物工程量和预算定额规定的周转材料消耗定额计算本期摊销额。其计算公式如下：

周转材料本期摊销额＝实际完成的实物工程量×单位工程量的周转材料消耗定额

这种方法一般适用于各种模板等周转材料。

【例 3-6】某工程本月完成现浇梁混凝土工程 200 立方米，每立方米模板消耗定额为 15 元。

【解析 3-6】模板本期摊销额＝15×200＝3 000（元）

对于以上各种摊销方法，企业具体采用哪一种要根据实际情况确定。所采用的摊销方法一经确定，不应随意变更。但无论采用哪种摊销方法(一次摊销法除外)，由于都具有预计因素，平时计算的摊销额都不可能与实际损耗价值完全一致，所以，须在年度终了或工程竣工时，对周转材料进行盘点，根据实际损耗调整已提摊销额，以保证工程成本和有关费用的正确性。

二、周转材料摊销额的调整

在工程竣工和年度终了时，对在用周转材料进行盘点和清查，其结果有三种，一种是降低成色，一种是报废，一种是短缺。对这三种情况的周转材料的已提摊销额都要进行调整。凡是不足应提摊销额的，要补提摊销额，对于多提的摊销额要冲回，以期达到对成本的正确调整。

应补提摊销额＝应提摊销额－已提摊销额

下面以计划成本法为例进行说明。

1. 应提摊销额的计算

(1)降低成色周转材料应提摊销额＝降低成色周转材料计划成本×(1－确定的成色百分比)

【例 3-7】甲工程年终盘点，有一批模板计划成本 10 000 元，现此模板还有三成新。

【解析 3-7】该批模板应提摊销额＝10 000×(1－30%)＝7 000(元)

(2)报废周转材料应提摊销额＝报废周转材料计划成本－残值

【例 3-8】乙工程报废一批架料，计划成本 5 200 元，残值 200 元。

【解析 3-8】该批架料应提摊销额＝5 200－200＝5 000(元)

(3)短缺周转材料应提摊销额＝短缺周转材料计划成本

2. 已提摊销额的计算

$$\text{周转材料已提摊销额}=\text{降低成色、报废或短缺周转材料计划成本}\times(\text{该类周转材料账面已提摊销额累计}\div\text{该类周转材料账面计划成本总额})$$

【例 3-9】甲工程短缺一批模板，计划成本 2 500 元，模板账面已提摊销额为 20 000 元，账面计划成本为 50 000 元。

【解析 3-9】短缺模板已提摊销额＝2 500×(20 000÷50 000)＝1 000(元)

第四节　周转材料领用的核算

领用的周转材料，应分别不同情况进行处理：采用一次摊销方法的周转材料，领用时应将其价值一次全部计入成本，借记“工程施工”等账户，贷记“周转材料——在库周转材料”账户；采用其他摊销方法的周转材料，在领用时，按计划成本或实际成本，借记“周转材料——在用周转材料”账户，贷记“周转材料——在库周转材料”账户。

按规定方法计提在用周转材料的摊销额时，借记“工程施工”等账户，贷记“周转材料——周转材料摊销”账户。

周转材料报废、短缺时，按已提摊销额借记“周转材料——周转材料摊销”账户，按入库残料价值借记“库存材料”账户，按应补提的摊销额借记“工程施工”等账户，按计划成本或实际成本贷记“周转材料——在用周转材料”账户。

现举例说明周转材料按计划成本计价时的账务处理。

【例 3-10】甲工程领用库存的新架料一批，计划成本 13 000 元。

【解析 3-10】甲工程领用库存的新架料，会计处理为：

借：周转材料——在用周转材料——架料　　13 000

　贷：周转材料——在库周转材料——架料　　13 000

【例 3-11】甲工程领用库存的安全网(一次摊销)计划成本 1 500 元，材料成本差异率为 1%。

【解析 3-11】甲工程领用库存的安全网，会计处理为：

借：工程施工——合同成本——甲工程　　1 515

　贷：周转材料——在库周转材料　　1 500

　　材料成本差异——周转材料　　15

【例 3-12】甲工程按规定的摊销法，计提本期架料应提摊销额 600 元。

【解析 3-12】计提本期架料摊销，会计处理为：

借：工程施工——合同成本——甲工程　　600

　贷：周转材料——周转材料摊销——架料　　600

【例 3-13】甲工程将不需要的模板退回仓库，计划成本 4 600 元，估计成色 75%，在用模板计划成本为 10 000 元，账面已提摊销 3 000 元。

【解析 3-13】相关的账务处理为：

(1)模板退回仓库时：

借：周转材料——在库周转材料——模板　　4 600

　贷：周转材料——在用周转材料——模板　　4 600

(2)对已提摊销额进行调整，会计处理为：

应提摊销额＝4 600×(1－75%)＝1 150(元)

已提摊销额＝4 600×(3 000÷10 000)＝1 380(元)

应补提摊销额＝1 150－1 380＝－230(元)

借：工程施工——合同成本——甲工程　　230

　贷：周转材料——周转材料摊销——模板　　230

【例 3-14】甲工程竣工盘点，发现短缺架料 300 元，假设甲工程在用架料账面余额为 5 000元，在用架料账面累计摊销额为 4 000 元，材料成本差异率为 1%。

【解析 3-14】相关会计处理如下：

(1)对已提摊销额进行调整：

应提摊销额＝计划成本＝300(元)

已提摊销额＝300×4 000÷5 000＝240(元)

应补提摊销额＝300－240＝60(元)

借：工程施工——合同成本——甲工程　60

　　贷：周转材料——周转材料摊销　60

(2)注销短缺架料账面价值：

借：周转材料——周转材料摊销——架料　300

　　贷：周转材料——在用周转材料——架料　300

(3)月末分摊成本差异：

借：工程施工——合同成本——甲工程　3

　　贷：材料成本差异——周转材料　3

【例 3-15】甲工程报废挡板一批，计划成本 5 000 元，残值 400 元，已验收入库，材料的成本差异率为－2%，挡板账面计划成本 20 000 元，已提摊销额 15 000 元。

【解析 3-15】相关会计处理如下：

(1)对已提摊销额进行调整：

应提摊销额＝5 000－400＝4600(元)

已提摊销额＝5 000×(15 000÷20 000)＝3 750(元)

应补提摊销额＝4 600－3 750＝850(元)

借：工程施工——合同成本——甲工程　850

　　贷：周转材料——周转材料摊销——挡板　850

(2)残料入库，并结转报废挡板计划成本：

借：库存材料　400

　　周转材料——周转材料摊销——挡板　4 600

　　贷：周转材料——在用周转材料——挡板　5 000

(3)月末分摊成本差异：

借：材料成本差异——周转材料　100

　　贷：工程施工——合同成本——甲工程　100

第四章

临时设施的核算

任务目标

1. 熟悉临时设施类型。
2. 掌握临时设施购置和搭建的核算。
3. 熟悉临时设施的摊销方法。
4. 掌握临时设施计提摊销的核算。
5. 掌握临时设施清理的核算。

第一节 临时设施的基本内容

一、临时设施及其分类

临时设施，是指施工企业为保证施工和管理的正常进行而建造的各种临时性生产、生活设施，如房屋、建筑物和其他设施等。临时设施是施工企业其他资产的重要组成部分。

施工企业之所以需要搭建临时设施，是由建筑安装工程的固定性和建筑施工的流动性引起的。为了保证施工的顺利进行，每当施工队伍进入新的建筑工地时，必须搭建一些临时设施。这些临时设施在工程完工以后，就失去了它原来的作用，必须拆除或做其他处理。

临时设施通常可分为大型临时设施和小型临时设施两类。

(一)大型临时设施

1. 施工人员的临时宿舍。
2. 食堂、浴室、医务室、图书馆、理发室和托儿所等现场临时性文化福利设施。
3. 施工单位及附属企业在现场的临时办公室。
4. 现场各种临时仓库和施工机械设备库。
5. 临时铁路专用线、轻便轨道、塔式起重机路基、临时道路、厂区刺网、围墙等。

6. 施工过程中应用的临时给水、排水、供电、供热和管道等。

7. 施工现场的混凝土构件预制厂、混凝土搅拌站、钢筋加工厂、木材加工厂以及配合单位的附属加工厂等临时性建筑物。

(二)小型临时设施

1. 现场施工和警卫安全用的小型临时设施，如作业棚、休息棚、茶炉棚、化灰池、施工用不固定的水管、电线、宽三米以内的便道、临时刺网等。

2. 保管器材用的小型临时设施，如简易料棚、工具储藏室等。

3. 行政管理用的小型临时设施，如工地收发室等。

二、临时设施的搭建

施工企业在施工现场所使用的临时设施一般有两种情况。

1. 施工企业向建设单位或总包单位收取临时设施包干费，搭建施工所需的临时设施

在城市和近郊的一般工程，施工现场所需临时设施的建造资金，由施工企业根据施工图预算所列的工程直接费和间接费组成，按照各地区规定的临时设施取费率计算，并列入工程预算造价，向建设单位或总包单位收取，用于搭建施工所需的各种临时设施。收取的临时设施费，由施工企业包干使用。施工企业应合理搭建各种临时设施，保证施工生产和管理工作的正常进行。

2. 由建设单位或总包单位提供

在边远地区或工期较长的大型工程项目建设中，如水电站工程，施工所需的临时设施一般由建设单位提供，或由施工企业作为承包工程进行建造，建成后产权归建设单位所有，在施工期间建设单位按工程合同规定借给施工企业使用，临时设施的建造费用由建设单位直接支付，并分摊计入建设成本。这种情况下的临时设施，不属于施工企业的临时设施核算范围。

临时设施在施工生产过程中发挥着劳动资料的作用，其实物形态大多与作为固定资产的永久性房屋、建筑物相类似，但由于其建筑标准较低，一般为临时性或半永久性建筑物，不具有永久使用的性质，多数在其自然寿命终了前就需要拆除清理，所以它与固定资产又有所不同。2003 年财政部发布的《施工企业会计核算办法》将其单独列为临时设施进行核算。

第二节　临时设施的核算

一、账户的设置

为了核算临时设施的购建及其摊销情况，施工企业应设置以下账户：

(一)“临时设施”账户

“临时设施”账户核算，属于资产类账户。该账户借方登记企业购建各种临时设施的实际成本；贷方登记企业出售、拆除、报废的不需用或不能继续使用的临时设施的实际成本；月末借方余额反映企业现有临时设施的实际成本。本科目应按临时设施种类和使用部门进行明细核算。

(二)"临时设施摊销"账户

"临时设施摊销"账户，属于资产类账户，是"临时设施"账户的备抵账户，核算企业对临时设施计提的累计摊销额。该账户贷方登记企业按月计提摊入工程成本的临时设施摊销额；借方登记企业出售、拆除、报废、毁损和盘亏临时设施的已提摊销额；月末贷方余额反映企业在用临时设施的已提摊销额。本账户只进行总分类核算，不进行明细分类核算。

(三)"临时设施清理"账户

"临时设施清理"账户，属于资产类账户，核算企业因出售、拆除、报废和毁损等原因转入清理的临时设施价值及其在清理过程中所发生的清理费用和清理收入等。该账户借方登记出售、拆除、报废和毁损临时设施的净值以及发生的清理费用；贷方登记收回出售临时设施的价款和清理过程中取得的残料价值或变价收入；期末借方余额反映临时设施清理后的净损失，如为贷方余额，则反映临时设施清理后的净收益。临时设施清理工作结束后，应将净损失或净收益分别转入"营业外支出"和"营业外收入"账户。本账户期末余额反映尚未清理完毕的临时设施的价值以及清理净收入(清理收入减去清理费用)。本科目应按被清理的临时设施名称设置明细账，进行明细核算。

二、临时设施的核算

(一)购建临时设施

企业对于购入的临时设施，应按购入时的实际支出，借记"临时设施"账户，贷记"银行存款"等账户。对于通过建筑安装活动建造完成的临时设施，在建造过程中发生的各种支出，先通过"在建工程"账户核算，即发生费用时，借记"在建工程"账户，贷记"原材料""应付职工薪酬"等账户；建造完工交付使用时，按建造期间发生的实际成本，借记"临时设施"账户，贷记"在建工程"账户。

【例 4-1】企业在机械厂厂房工程施工现场附近购入一处旧房，作为临时办公用房，总房款 80 000 元，以银行存款支付。

【解析 4-1】企业购入旧房用作临时办公用房应作为临时设施核算，会计处理为：

借：临时设施	80 000	
贷：银行存款		80 000

【例 4-2】企业因承包工程需要，在施工现场搭建一处临时材料库。领用材料计划成本 24 000 元，发生人工费用 4 000 元，以银行存款支付其他费用 2 000 元，本月材料成本差异率 2%，搭建完工随即交付使用。

【解析 4-2】临时材料库应作为企业临时设施来核算，相关会计分录如下：

(1)搭建时发生各项支出：

借：在建工程——临时设施工程	30 480	
贷：原材料		24 000
应付职工薪酬		4 000
材料成本差异		480
银行存款		2 000

(2)完工交付使用时：

借：临时设施——临时库房	30 480	

贷：在建工程　　30 480

(二)临时设施摊销

企业各种临时设施，应根据其服务年限和服务对象，合理地确定摊销期限，将其价值分期摊入工程成本。

由于临时设施的使用期限一般较长，在使用过程中又基本保持其原有的实物形态，因此，其价值也应逐渐地、陆续地转移到受益的工程成本中去，即应将临时设施的价值采用摊销的方法分期计入受益的工程成本。因此施工企业的各种临时设施应当在工程建设期间内按月进行摊销，摊销方法可采用工作量法，也可按工期法，一般按工期法摊销。当月增加的临时设施，当月不摊销，从下月起开始摊销；当月减少的临时设施，当月继续摊销，从下月起停止摊销。

按工期法摊销的计算公式为：

临时设施月摊销额＝临时设施原值×(1－预计净残值率)÷预计使用期限(月)

由于临时设施一般在工程完工后需要拆除，因此计提临时设施的摊销额时，其预计使用年限不得超过工程的施工期限，即临时设施的摊销期限应按照其耐用期限与工程的施工期限中较短的一方确定。在实际工作中，对于价值较低的临时设施，也可以采用一次摊销法，直接计入受益的工程成本，以简化核算手续。如果临时设施为两个以上的工程成本核算对象服务，还应按照一定的分配标准，将临时设施的价值在各个工程成本核算对象之间分配。

企业按月计提的临时设施摊销额，借记“工程施工”等账户，贷记“临时设施摊销”账户。

【例 4-3】施工企业在施工现场使用的临时设施价值 20 000 元，预计净残值率为 5%，企业按该工程的施工期进行摊销，该工程工期为 10 个月。

【解析 4-3】临时设施每月摊销额＝20 000×(1－5%)÷10＝1 900(元)

会计处理如下：

借：工程施工——合同成本(临时设施摊销)　　1 900

贷：临时设施摊销　　1 900

(三)临时设施清理

企业出售、拆除、报废不需用或不能使用的临时设施，应转入清理。转入清理的临时设施，按临时设施账面净值，借记“临时设施清理”账户，按已提摊销额，借记“临时设施摊销”账户，按其账面原值，贷记“临时设施”账户；出售、拆除过程中发生的变价收入和残料价值，借记“银行存款”“原材料”账户，贷记“临时设施清理”账户；发生的清理费用，借记“临时设施清理”账户，贷记“银行存款”等账户；清理后若发生净损失，借记“营业外支出”账户，贷记“临时设施清理”账户；若发生净收益，借记“临时设施清理”账户，贷记“营业外收入”账户。

【例 4-4】某施工企业将一座不能继续使用的临时工棚拆除，原价 10 000 元。在拆除中分配人工费用 200 元，残料回收 400 元，已入库。该临时设施已提摊销额 9 200 元。

【解析 4-4】相关会计处理如下：

(1)将拆除的临时设施转入清理：

借：临时设施清理　　800

临时设施摊销 9 200

贷：临时设施 10 000

(2)发生清理费用：

借：临时设施清理 200

贷：应付职工薪酬 200

(3)残料回收：

借：原材料 400

贷：临时设施清理 400

(4)结转清理后的净损失：

借：营业外支出 600

贷：临时设施清理 600

第五章
工程成本的核算

任务目标

1. 理解施工费用和工程成本的区分。
2. 熟悉施工费用的不同分类。
3. 掌握人工费用计入工程成本的核算方法。
4. 掌握材料费用计入工程成本的核算方法。
5. 掌握机械使用费计入工程成本的核算方法。
6. 掌握其他直接费、间接费用计入工程成本的核算方法。

建筑安装企业的施工过程，既是建筑产品的形成过程，同时又是活劳动和物化劳动的消耗过程。施工企业在日常建筑工程施工过程中发生各种消耗的货币表现，我们称为工程施工费用。工程施工费用是按照会计期间进行归集的，若将工程施工费用按各工程为对象进行归集，就构成各项工程的工程施工成本，又称工程成本。工程成本是按照工程项目为对象进行归集的。在归集中，不能归入某工程施工对象的，则为期间费用，一次计入当期损益。

工程成本的核算，就是对施工企业在一定时期发生的施工费用进行归集、分配和工程成本形成的核算，是施工企业成本核算的主要内容。

第一节　施工费用和工程成本的分类

费用与成本是关系比较密切的一组概念，它们之间既有一定的联系，又有很大的差别，弄清它们的区别和联系是核算工程成本的一个重要前提。

费用是指企业为承包工程、销售商品、提供劳务等日常活动所发生经济利益的流出。成本是指企业为工程施工、生产产品、提供劳务而发生的各种耗费。企业要进行生产经营活动必然相应地发生一定的费用，费用中能予以对象化的部分就是成本，即制造成本，不能予以对象化的部分就是期间费用，全部计入当期损益。

一、工程施工费用的分类

施工企业在生产中发生的费用是多种多样的，为了便于考核施工费用构成及其升降原因，寻求降低成本费用，提高企业盈利能力的途径，必须对费用进行合理的分类。

(一)按经济内容分类

1. 外购材料。是指施工企业为进行施工生产经营活动而耗用的从外部购入的原材料及主要材料、半成品、辅助材料、包装物、修理用备件和低值易耗品等。

2. 外购动力。是指施工企业为进行施工生产经营活动而耗用的由外部购入的各种动力，包括电力、热力和蒸汽等。

3. 工资。是指施工企业为进行施工生产经营活动而支付的职工工资。

4. 工资附加费。是指施工企业根据规定按照工资总额一定比例计提的职工福利费、工会经费和教育附加等。

5. 折旧费。是指施工企业按照规定方法计提的固定资产折旧费。

6. 固定资产修理费。是指施工企业为修理固定资产而发生的修理费用。

7. 租赁费。是指施工企业从外部租入租赁设备所支付的租赁费和租入周转材料待摊销费用。

8. 利息支出。是指企业为借入施工生产经营资金而发生的利息支出(扣除利息收入)。

9. 税金。是指施工企业发生的各种费用性税金，如房产税、车船使用税、印花税、土地使用税等。

10. 其他支出。是指不属于以上各要素的费用支出，如邮电费、差旅费、劳动保护费等。

这种分类方法可以反映施工企业在一定时期内发生了哪些施工费用，发生了多少施工费用。计算和分析各个时期各项费用占全部费用的比重，为编制和考核材料供应计划、工资计划提供资料，但施工费用按照经济内容进行分类不能反映各种费用在施工生产中的用途。

(二)按经济用途分类

施工费用按照经济用途分类，可以分为生产成本和期间费用两大类。生产成本是指构成产品实体、计入产品成本的那部分费用。

1. 施工企业的生产成本

施工企业的生产成本就是指工程成本，是施工企业为生产产品、提供劳务而发生的各种施工生产费用，包括人工费、材料费、机械使用费、其他直接费和间接费用五个成本项目。

(1)人工费。是指企业从事建筑安装工程施工人员的工资、奖金、职工福利费、工资性质的津贴、劳动保护费等。

(2)材料费。是指施工过程中耗用的、构成工程实体的原材料、结构件的费用，修理用备件费用，有助于工程形成的其他材料费用以及低值易耗品和周转材料的摊销。

(3)机械使用费。是指施工过程中使用自有机械设备所发生的机械使用费和租用外单位机械设备的租赁费，以及施工机械安装、拆卸和进出场费。

(4)其他直接费。是指施工过程中发生的，除上述直接材料、直接人工、机械使用费以外的其他直接费用，如材料二次搬运费、临时设施摊销费、检验实验费、工程定位复测费、场地清理费等。

(5)间接费用(现场经费)。是指企业下属各施工单位，即内部现场作业层，为组织和管理施工所发生的全部支出。包括现场管理人员工资、奖金、职工福利费、行政管理用固定资产折旧费与修理费、物料消耗、低值易耗品摊销、取暖费、水电费、办公费、差旅交通费、财产保险费、季节性停工费或窝工损失等。

工程成本按照是否需要在各个合同之间分配又可以分为直接费用和间接费用。

直接费用在发生时应直接计入合同成本，包括耗用的人工费用、材料费用、机械使用费和其他直接费用。间接费用应在期末按照系统、合理的方法分摊计入合同成本。

2. 期间费用

施工企业的期间费用，是指企业当期发生的，与具体工程没有直接联系，必须从当期收入中得到补偿的费用。由于期间费用的发生仅与当期实现的收入相关，因而应当直接计入当期损益。施工企业的期间费用主要包括管理费用、财务费用和营业费用。

(1)管理费用。是指施工企业行政管理部门为组织和管理施工生产经营流动而发生的各种费用。主要包括公司经费、工会经费、待业保险费、劳动保险费、董事会经费、中介机构费、咨询费、诉讼费、业务招待费、房产税、车船使用税、技术转让费、矿产资源补偿费、无形资产摊销、职工教育经费、研究开发费、排污费、存货盘盈或盘亏、计提存货跌价准备和坏账准备等。

(2)财务费用。是指为筹集经营所需资金而发生的本期应负担的净利息支出和汇兑损失以及手续费支出。

(3)销售费用。是指在销售过程中发生的各种费用，主要包括应当由施工企业承担的运输费、装卸费、包装费、维修费、展览费、差旅费、广告费、代销手续费、销售服务费，以及专设销售机构的人员工资、奖金、福利费、折旧费、修理费、物料消耗等。

二、工程成本的种类

工程成本按其用途，有实际成本、预算成本、计划成本之分。

工程实际成本，是根据工程施工生产中实际发生的生产费用按成本计算方法计算的工程成本。由于工程实际成本反映的是工程施工生产中实际发生的生产费用，因此它只包括人工费、材料费、机械使用费、其他直接费和间接费用五个成本项目，不包括管理费用和财务费用，属于工程施工成本。按施工成本计算工程实际成本，便于分清施工单位的成本责任，在企业中贯彻经济责任制。

工程预算成本，是指以施工图为根据，按照全国或地区统一制定的预算定额和规定的取费标准计算的工程成本。由于预算定额是建筑生产部门平均定额，所以据以计算的预算成本，也是建筑生产部门的平均成本，它是计算工程造价的主要依据。由于工程预算成本用以计算工程造价，因此，它不仅包括间接费用，而且还包括管理费用和财务费用，属于工程完全成本。

工程计划成本，是根据企业制定的施工定额和各项费用开支标准，并考虑了降低工程成本措施的经济效益而算得的工程成本。它反映企业应达到的工程成本水平，作为企业内部控制工料及其他费用，考核责任成本的依据。

第二节　工程成本核算对象与核算程序

一、工程成本核算对象的确定

工程成本核算对象，是指在成本核算时，确定归集和分配生产费用的具体对象，即生产费用承担的客体。成本核算对象的确定，是设立工程成本明细账、归集和分配生产费用、正确计算工程成本的前提。

由于建筑产品用途的多样性，带来了设计、施工的单件性。每一建筑工程都有其独特的形式、结构和质量标准，需要一套专用的设计图纸，在建造时需要采用不同的施工方法和施工组织。即使采用相同的标准设计，由于建造地点的不同，在地形、地质、水文以及交通等方面也会有差异。具体的成本核算对象应主要根据企业生产的特点加以确定，同时还应考虑成本管理上的要求。按照分批(定单)法原则，施工项目成本一般应以每一独立编制施工图预算的单位工程为成本核算对象，但也可以按照承包工程项目的规模、工期、结构类型、施工组织和施工现场等情况，结合成本管理要求，灵活划分成本核算对象。

实际成本核算中，确定工程成本核算对象，一般有以下几种方法：

1. 在一般情况下，应以每一独立编制施工图预算的单位工程为成本核算对象。

2. 对于个别规模大、工期长的单位工程，可按分部工程划分成本核算对象。

3. 对于同一建设项目、同一施工地点、结构类型相同、开竣工时间接近的几个单位工程，可以合并为一个成本核算对象。

4. 对承建规模较小和比较零星的工程，可以以建设单位为成本核算对象。

二、工程成本核算程序

工程成本核算程序，是指施工企业及其所属各施工单位在进行工程成本核算时一般采取的步骤和顺序。按照工程成本核算内容的详细程度不同，可以分为工程成本的总分类核算程序和工程成本的明细分类核算程序两个方面。

(一)工程成本核算的账户设置

为了总括地核算和监督建筑安装工程施工过程中各项施工费用的发生、归集和分配情况，正确计算工程成本，施工企业应设置“工程施工”“机械作业”账户。

1.“工程施工”账户

“工程施工”账户，属于成本类科目，核算企业进行建筑安装工程施工所发生的各项费用支出，并确定各个成本核算对象的实际成本。该账户借方登记施工过程中发生的人工费、材料费、机械使用费、其他直接费和应分摊的间接费用等各项施工费用，以及确认的工程毛利；贷方登记已确认的工程亏损，以及工程合同完成后结转的已竣工工程的实际成本；期末借方余额反映工程自开工之日起到本期末已发生的工程成本的累计数。工程合同完成后，该账户与“工程结算”账户对冲后结平。“工程施工”账户应按确定的工程成本核算对象和成本项目设置明细账，并按规定的成本项目分设专栏，进行明细分类核算。同时，该账户还应设置“合同成本”和“合同毛利”两个明细账户。

(1)合同成本。该明细账户核算各项工程施工合同发生的实际成本，一般包括施工企业在施工过程中发生的人工费、材料费、机械使用费、其他直接费、间接费用等。该科目应按成本核算对象和成本项目进行归集。

属于人工费、材料费、机械使用费和其他直接费的直接成本费用，直接计入有关工程成本。间接费用可先在"工程施工——合同成本——间接费用"进行核算，月份终了，再按一定分配标准，分配计入有关工程成本。"工程施工——合同成本——间接费用"科目用来核算施工单位为组织和管理施工生产活动所发生的各项费用。

(2)合同毛利。该明细账户核算各项工程施工合同确认的合同毛利。施工企业在确认合同收入和合同费用时，应按照"主营业务收入"账户和"主营业务成本"账户的差额借记或贷记该账户。期末，该账户借方余额反映尚未完工工程施工合同成本和合同毛利。其一般核算程序为：

①施工企业进行施工生产中，发生各项费用时：

借：工程施工——合同成本

　　贷：应付工资

　　　　原材料等

②按规定确认工程合同收入、费用时：

借：主营业务成本

　　工程施工——合同毛利

　　贷：主营业务收入

或：

借：主营业务成本

　　贷：主营业务收入

　　　　工程施工——合同毛利

③合同完工结清"工程施工"和"工程结算"账户时：

借：工程结算

　　贷：工程施工

2."机械作业"账户

"机械作业"账户，属于成本类科目，核算施工企业及其内部独立核算的施工单位、机械站和运输队使用自有施工机械和运输设备进行机械作业(包括机械化施工和运输作业以及机械出租业务等)所发生的各项费用。该账户借方登记机械作业过程中实际发生的各项费用，贷方登记按受益对象分配结转的机械作业成本，期末一般无余额。

需要注意的是，施工企业及其内部独立核算的施工单位，从外单位或本企业其他内部独立核算的机械站租入施工机械，按照规定的台班费定额支付的机械租赁费，应直接计入"工程施工——机械使用费"科目中，不通过该账户核算。

(二)施工费用的归集与分配

工程成本核算就是将施工过程中发生的各项费用要素，根据审核无误的原始凭证上所确定的用途，采用一定的处理程序，按照经济用途归集和分配进入工程施工成本中。具体归集和分配程序如下：

1. 施工企业对本期施工过程中发生的直接费用，如直接材料、直接人工等，首先应按其用途和发生的地点归集到有关成本、费用科目，借记"工程施工——合同成本"总账和相应的明细账。

2. 为工程施工服务所发生的间接费用则需先单独归集，月末再进行分配。归集时，先计入“机械作业”“工程施工——合同成本——间接费用”等账户的借方，待月末按相应方法分配进入各受益对象。

3. 在会计期末，将归集在“机械作业”科目中的各项费用，按照受益对象和受益数量进行分配，计入“工程施工——合同成本”和“工程施工——合同成本——间接费用”账户。

4. 将“工程施工——合同成本——间接费用”科目归集的施工间接费用，按一定的方法分配进入各工程成本项目，借方登记“工程施工——合同成本”账户，贷方登记“工程施工——合同成本——间接费用”账户。

5. 经过以上步骤，就将所有施工中发生的费用全部归集到“工程施工——合同成本”账户及其各成本核算对象，若期末施工企业按照合同规定的价款结算办法需结算已完工程成本时，则贷方登记“工程施工——合同成本”账户，借方登记“工程结算”。

第三节 工程实际成本的核算

目前，多数施工企业实行了施工项目管理，与此相适应，在成本核算上，公司负责全面的成本和会计核算工作，指导项目经理部建立与健全成本管理制度，核算公司本身的管理费用、财务费用等期间费用，汇总整个企业的施工生产成本，审核汇总项目经理部的财务报表和竣工成本决算，全面进行企业的成本分析。项目经理部核算工程的直接费用和间接费用，并计算工程的实际成本，编制财务报表和竣工决算，进行成本分析，按时向公司提供成本核算资料。

建筑产品的生产周期较长，何时结算一次成本就成为一个问题。会计制度要求按照工程成本结算时间与工程价款结算时间一致的原则，根据不同工程价款结算方式，按期(指工程结算期)结算已完工程成本。现行工程价款结算方式主要有竣工后一次结算、分段结算和分期(月或季)结算等。必须指出，企业不论定期或不定期结算已完工程成本，当月发生的生产费用必须在会计结算期按照成本核算对象和成本项目进行归集与分配。

一、工程成本核算的账户设置

为了反映和计算各项建筑安装工程的实际成本，项目经理部应设置“工程施工”总分类账户。该账户借方反映工程施工过程中发生的直接计入工程成本的直接费用，以及按照一定的方法分配计入工程成本的间接费用，贷方反映结转的已完工程的实际成本。余额一般在借方，表示期末未完工程的实际成本。

在“工程施工”总分类账户下，应按成本核算对象设置“工程施工明细账”，并按规定的成本项目分设专栏进行明细核算，同时还应反映期末未完工程、已完工程的实际成本，以便为工程价款结算提供依据。

二、成本项目的核算

工程实际成本由人工费、材料费、机械使用费、其他直接费和间接费用五个成本项目构成。

(一)人工费的核算

工程成本中的人工费，是指施工过程中直接从事建筑安装工程施工的建筑安装工人以及在施工现场直接为工程制作构件和运料、配料等人员的工资、奖金、职工福利费、工资性质的津贴、劳动保护费等，主要包括内包人工费和外包人工费。内包人工费是指按照两层分开后企业所属的劳务分公司(内部劳务市场自有劳务)与项目经理部签订的劳务合同结算的全部工程价款。类似于外包工合同定额结算支付办法，按月结算计入成本核算对象；外包人工费按项目经理部与劳务基地(内部劳务市场和外来劳务)或直接与外单位施工队伍签订的包清工合同，以当月验收完成的工程实物量，计算出定额工日数乘以合同人工单价确定人工费，并按月计入成本核算对象。

1. 人工费的核算方法

结算的人工费入账时，借记“工程施工——合同成本——××工程——人工费”账户，贷记“应付职工薪酬”账户。

实行计件工资制度的，企业支付的工资一般都能分清是为哪个工程所发生的，因此，可以根据“工程任务单”和“工资结算汇总表”直接计入各工程成本核算对象的“人工费”成本项目。借记“工程施工——合同成本——××工程——人工费”账户，贷记“应付职工薪酬”账户。

实行计时工资制度的，企业支付的计时工资如果能够分清受益对象，就可以采用和计件工资制度下同样的方法，直接将人工费计入“工程施工”账户中去。难以分清受益对象的，应采用一定的方法分配计入受益的各工程成本核算对象。

2. 人工费用的分配

在计时工资制下，计入工程成本的建筑安装工人工资，其计算公式如下：

$$\text{某施工单位当月建筑安装工人日平均工资}=\frac{\text{该施工单位当月建筑安装工人计时工资总额}}{\text{该施工单位当月建筑安装工人实际工日总数}}$$

注：上式中的建筑安装工人计时工资总额，包括标准工资、奖金、工资性津贴等项目。

$$\text{某工程成本核算对象应负担的计时工资数}=\text{该工程成本核算对象当月实施耗用的工日数}\times\text{某施工单位当月建筑安装工人日平均工资}$$

企业职工福利费、工会经费、劳动保护费等项目也要采取相类似的方法进行分配。

【例 5-1】A 建筑公司下一个项目部，本年度同时承建甲和乙两项建筑工程，本月应付建筑安装工人的工资总额为 200 000 元，本月建筑安装工人的实际工日总数为 4 000 个工日，其中：甲工程实际耗用 2 500 个工日，乙工程实际耗用 1 500 个工日。

【解析 5-1】甲工程和乙工程本月应分配的工资费用可计算如下：

项目部工人的平均工资＝200 000÷4 000＝50(元/工日)

甲工程应当分配的人工费＝2 500×50＝125 000(元)

乙工程应当分配的人工费＝1 500×50＝75 000(元)

根据上述计算结果，编制会计分录如下：

借：工程施工——合同成本——甲工程——人工费	125 000	
工程施工——合同成本——乙工程——人工费	75 000	
贷：应付职工薪酬		200 000

【例 5-2】某建筑工程公司本年度承包了食品厂的加工车间和职工宿舍两项工程。两项工程在同一施工地点，同时施工，为此企业成立了一个项目经理部。现以该项目经理部为例，说明其工程成本的核算过程。其中，加工车间工程采取按月结算工程价款，职工宿舍工程采取竣工后一次结算工程价款。本月发生的人工费资料如下：

①内包人工费 73 000 元，其中加工车间工程为 57 000 元，职工宿舍工程为 16 000 元。

②外包人工费 38 100 元，其中加工车间工程为 32 240 元，职工宿舍工程为 5 860 元。

【解析 5-2】根据以上资料，做如下会计处理：

借：工程施工——合同成本——车间——人工费	89 240	
工程施工——合同成本——宿舍——人工费	21 860	
贷：应付职工薪酬		111 100

按工资总额的 14%计提应付福利费：

借：工程施工——合同成本——车间——人工费	12 493.60	
工程施工——合同成本——宿舍——人工费	3 060.40	
贷：应付职工薪酬		15 554

(二)材料费的核算

工程成本中的材料费，是指施工过程中耗用的构成工程实体的原材料、辅助材料、构配件、零件、半成品的费用和周转材料的摊销及租赁费用，不包括需要安装设备的价值。

1. 材料的内容

施工企业的材料一般可以分为以下几类：

(1)主要材料。是指用于工程或产品并构成产品实体的各种材料，包括黑色金属材料(如钢材等)、有色金属材料(如铜材、铝材等)、木材(如原条、原木、方材、板材等)、硅酸盐材料(如水泥、砖、瓦、石灰、砂、石等)、小五金材料(如合叶、圆钉、螺丝钉、镀锌铅丝)等、陶瓷材料(如瓷砖、瓷洗手盆、坐便器等)、电器材料(如电灯、电线、电缆等)、化工材料(如油漆材料)等。

(2)结构件。是指经过吊装、拼砌和安装就能构成房屋建筑物实体的各种金属的、钢筋混凝土的、混凝土的和木质的结构物、构件和砌块等。如钢窗、木门、铝合金门窗、塑钢门窗、钢木屋架、钢筋混凝土预制件(如预制板、预制梁)等。

(3)机械配件。是指施工机械、生产设备、运输设备等各种机械设备替换、维修用的各种零件和配件，以及为机械设备准备的备品、备件。如曲轴、活塞、轴承、齿轮、阀门等。

(4)其他材料。是指不构成工程或产品实体，但有助于工程或产品的形成，或便于施工生产进行的各种材料，如燃料、油料、饲料、擦拭材料、氧气、速凝剂、催化剂、润滑油、冷冻剂、爆炸材料、防腐材料、强索等。

2. 材料的核算

施工企业核算材料费，需设置“材料采购”“原材料”“采购保管费”和“材料成本差异”等科目。这里说明一下“采购保管费”科目的运用，其他科目的使用与工业企业相同。

“采购保管费”科目，属于资产类科目，用来核算企业材料物资供应部门为采购、验收、保管和收发材料物资所发生的各种费用。其借方登记企业实际发生的各项采购保管费；贷方登记企业月末分配计入各类材料物资采购成本的采购保管费。采用实际分配率分配采购保管费的企业，本科目期末应无余额。采用计划分配率分配采购保管费的企业，期末借方余额反映实际发生数大于计划分配数的差额。年度终了，经过调整后，本科目应无余额。采用实际成本进行材料日常核算的企业，如果采购保管费是直接分配计入当月各用料对象的，则本科目的期末借方余额反映企业库存材料物资应负担的采购保管费。本科目应按采购保管费的费用项目设置明细账，进行明细分类核算。下面以计划成本法为例对材料进行核算。

(1)购入材料

【例 5-3】XYZ 建筑公司某项目部，购入水泥 100 吨，支付价款 28 000 元，支付运杂费 500 元，以银行存款支付；采用计划分配率分配采购保管费，费率为 2%；水泥已填制收料凭证验收入库，计划单价 300 元。

【解析 5-3】相关会计处理如下：

①支付价款及运杂费：

借：材料采购——主要材料　28 500

　　贷：银行存款　28 500

②分配采购保管费：

借：材料采购——主要材料　570

　　贷：采购保管费　570

③结转水泥的实际成本、计划成本及成本差异：

借：原材料——主要材料　30 000

　　贷：材料采购——主要材料　29 070

　　　　材料成本差异——主要材料　930

【例 5-4】XYZ 公司某项目部，购入红砖 80 千块，支付价款 10 500 元，运杂费 250 元，银行存款支付；采购保管费分配采用计划分配率，费率为 2%；红砖已填制收料凭证验收入库，计划单价 130 元/千块。

【解析 5-4】相关会计处理如下：

①支付价款及运杂费：

借：材料采购——主要材料　10 750

　　贷：银行存款　10 750

②分配采购保管费：

借：材料采购——主要材料　215

　　贷：采购保管费　215

③结转水泥的实际成本、计划成本及成本差异：

借：原材料——主要材料　10 400

　　材料成本差异——主要材料　565

　　贷：材料采购——主要材料　10 965

(2)发出材料

建筑施工企业采用计划成本计价，在对发出材料物资成本核算的同时，需要对发出材料物资应分摊的成本差异进行结转。发出材料应负担的成本差异，必须按月分摊。

如果企业采用的是本月材料成本差异率则适用于月末集中结转成本差异，如果采用的是上月材料成本差异率则两者都适用。根据企业会计制度的规定，计算方法一经确定，则不能随意变动。

日常分项结转成本的核算。随着领料业务的发生，平时根据发生的每项领料业务的凭证编制记账凭证进行账务处理，起到及时核算和监督材料耗费的作用。

【例 5-5】XYZ 建筑公司，工程领用水泥 100 吨，计划单位成本 300 元。

【解析 5-5】编制会计分录如下：

借：工程施工——合同成本——材料费　　30 000

　　贷：原材料——主要材料　　30 000

【例 5-6】工程领用 120mm 厚空心板 1 000 立方米，计划单位成本 550 元。

【解析 5-6】编制会计分录如下：

借：工程施工——合同成本——材料费　　550 000

　　贷：原材料——结构件　　550 000

【例 5-7】公司办公楼维修领用黄砂 3 立方米，计划单位成本 20 元。

【解析 5-7】编制会计分录如下：

借：管理费用——维修费　　60

　　贷：原材料——主要材料　　60

【例 5-8】工程领用钢筋 100 吨，计划单位成本 3 500 元。

【解析 5-8】编制会计分录如下：

借：工程施工——合同成本——材料费　　350 000

　　贷：原材料——主要材料　　350 000

【例 5-9】现场管理部门材料试验领用擦拭材料，计划成本 100 元。

【解析 5-9】编制会计分录如下：

借：工程施工——合同成本——材料费　　100

　　贷：原材料——其他材料　　100

【例 5-10】公司的钢材仓库维修领用红砖 2 千块，计划每千块成本 150 元。

【解析 5-10】编制会计分录如下：

借：采购保管费——维修费　　300

　　贷：原材料——主要材料　　300

如果企业采用本月材料成本差异率，则在月末，分摊本月发出材料的成本差异。

【例 5-11】月末，分摊本月发出材料的成本差异，其资料见表 5-1。

表 5-1 发出材料成本差异分配表

10 月 31 日 单位：元

受益对象	主要材料(−1%)		结构件(2%)		其他材料(−2%)		合 计	
	计划成本	成本差异	计划成本	成本差异	计划成本	成本差异	计划成本	成本差异
工程施工	380 000	−3 800	550 000	11 000			930 000	7 200
现场管理部门					100	−2	100	−2
采购保管费	300	−3					300	−3
管理费用	60	−0.6					60	−0.6
合计	380 360	−3 803.6	550 000	11 000	100	−2	930 460	7 194.4

【解析 5-11】编制会计分录如下：

①结转本月发出材料的节约差：

借：材料成本差异——主要材料 3 803.6

材料成本差异——其他材料 2

贷：工程施工——合同成本——材料费 3 800

工程施工——间接费用 2

管理费用 0.6

采购保管费 3

②结转本月发出材料的超支差：

借：工程施工——合同成本——材料费 11 000

贷：材料成本差异——结构件 11 000

月末集中结转成本的核算，在平时对发生的领料业务不需要按照每张领料凭证作账务处理，等到月末，将本月发生的各种发料凭证进行全部汇总，编制发出材料汇总表，然后根据发出材料汇总表结转发出材料的计划成本和成本差异。

【例 5-12】XYZ 建筑公司某项目部，在月末根据领料单汇总编制的发出材料汇总表，其材料发出的成本结转和成本差异结转如上表 5-1 所示。

【解析 5-12】编制会计分录如下：

①本月发出主要材料：

借：工程施工——合同成本——材料费 380 000

管理费用 60

采购保管费——维修费 300

贷：原材料——主要材料 380 360

②本月发出结构件：

借：工程施工——合同成本——材料费 550 000

贷：原材料——结构件 550 000

③本月发出其他材料：

借：工程施工——间接费用 100

贷：原材料——其他材料 100

④结转本月发出材料的节约差：

借：材料成本差异——主要材料 3 803.6

材料成本差异——其他材料 2

贷：工程施工——合同成本——材料费 3 800

工程施工——间接费用 2

管理费用 0.6

采购保管费 3

⑤结转本月发出材料的超支差，做会计分录如下：

借：工程施工 11 000

贷：材料成本差异——结构件 11 000

施工企业的材料，除主要用于工程外，还用于固定资产等专项工程，以及其他非生产性耗用，因此，进行材料费核算，必须严格划分施工生产耗用的界限，只有直接用于工程的材料才能计入工程成本的“材料费”项目中。

施工工程用的材料品种繁多，数量较大，领用次数也比较频繁，因此，企业必须建立健全材料物资的收、发、领、退等管理制度，制定统一的定额领料单、领料单、大堆材料耗用计算单、集中配料耗用计算单、周转材料摊销分配表、退料单等自制原始凭证，并按照不同的情况进行材料费的归集和分配，按成本核算对象编制“材料耗用汇总表”，据以计入成本。借记“工程施工——合同成本——××工程——材料费”账户，贷记“原材料”“材料成本差异”等账户。

(三)机械使用费的核算

施工企业使用自有的施工机械和运输设备进行机械化施工和运输作业，称为机械作业。机械作业过程中发生的机械台班费和租入施工机械的租赁费，以及按规定支付的机械安装、拆卸和进出场费等，即为机械使用费。

使用本单位自有施工机械所发生的各项费用，先通过“机械作业”科目核算，借记“机械作业”账户，贷记“银行存款”“原材料”“应付职工薪酬”“累计折旧”等账户。月终分配计入工程合同成本，借记“工程施工”账户，贷记“机械作业”账户。

1. 机械使用费的归集

【例 5-13】某施工企业自有载重汽车 3 辆，20×7 年 5 月发生下列费用：(1)本月领用燃料 4500 元；(2)本月应付汽车司机的工资 7 200 元，计提福利费 1 008 元；(3)用现金发放司机的劳动保护费 800 元；(4)计提本月载重汽车的折旧额 5 100 元；(5)本月以银行存款支付汽车维修费 1 400 元；(6) 本月以现金支付养路费 1 000 元。

【解析 5-13】编制会计分录如下：

(1)本月领用燃料：

借：机械作业 4 500

贷：原材料 4 500

(2)本月应付工资及福利费：

借：机械作业 8 208

贷：应付职工薪酬　　8 208

(3)发放劳动保护费：

借：机械作业　　800

　　贷：应付职工薪酬　　800

(4)计提折旧：

借：机械作业　　5 100

　　贷：累计折旧　　5 100

(5)支付汽车维修费：

借：机械作业　　1 400

　　贷：银行存款　　1 400

(6)支付养路费：

借：机械作业　　1 000

　　贷：库存现金　　1 000

2. 机械使用费的分配

施工企业进行机械作业发生的各项费用通过“机械作业”归集以后，凡是能够分清受益工程成本核算对象的，应直接计入各受益工程成本核算对象的“机械使用费”成本项目；凡是不能分清受益工程成本核算对象的，则应采用适当的方法分配计入各受益工程成本核算对象的“机械使用费”成本项目。机械使用费的分配方法主要有机械台班分配法、完成产量分配法和计划成本分配法。

(1)机械台班分配法

机械台班分配法，是指按照各受益对象使用的机械台班数和台班实际成本分配机械作业成本的一种方法。其计算公式如下：

$$\text{机械台班实际成本}=\text{某种机械实际发生的作业成本}\div\text{该种机械实际完成的工作台班}$$

$$\text{某受益对象分配额}=\text{该受益对象实际使用台班数}\times\text{机械台班实际成本}$$

【例 5-14】甲施工企业的挖土机 20×7 年 6 月份实际发生的作业成本为 48 000 元，实际工作 240 台班，其中 A 项目使用 150 台班，B 项目使用 90 台班。

【解析 5-14】按机械台班数分配法分配机械作业成本，计算过程如下：

挖土机实际台班成本＝48 000÷240＝200(元/台班)

A 项目应分配的机械作业成本＝150×200＝30 000(元)

B 项目应分配的机械作业成本＝90×200＝18 000(元)

会计处理为：

借：工程施工——合同成本——A 项目(机械使用费)　　30 000

　　工程施工——合同成本——B 项目(机械使用费)　　18 000

　　贷：机械作业——挖土机　　48 000

(2)完成产量分配法

完成产量分配法，是指按各受益对象完成产量比例分配机械作业成本的一种方法。其计算公式如下：

$$\text{单位产量作业成本分配率}=\text{某种机械实际发生的作业成本}\div\text{该种机械实际完成的产量}$$

$$\text{某受益对象分配额}=\text{该受益对象使用该种机械完成的产量}\times\text{单位产量作业成本分配率}$$

【例 5-15】承例 5-14，假定挖土机实际完成的工程量为 4 000 立方米，其中 A 项目完成的工程量为 2 500 立方米，B 项目完成的工程量为 1 500 立方米。

【解析 5-15】按完成产量分配法分配机械作业成本，计算过程如下：

单位产量作业成本分配率＝48 000÷(2 500＋1 500)＝12(元/立方米)

A 项目应分配的机械作业成本＝2 500×12＝30 000(元)

B 项目应分配的机械作业成本＝1 500×12＝18 000(元)

会计处理为：

借：工程施工——合同成本——A 项目(机械使用费)　　30 000

　　工程施工——合同成本——B 项目(机械使用费)　　18 000

　　贷：机械作业——挖土机　　48 000

(3)计划成本分配法

计划成本分配法，是指按各种机械设备的台班计划成本和各受益对象实际使用的台班数量分配机械作业成本的一种方法。实际发生的机械作业成本和按计划成本分配的金额之间的差额，再按各受益对象已分配金额的比例进行调整。其计算公式如下：

$$\text{某受益对象机械作业计划成本分配额}=\text{该受益对象使用机械的台班数}\times\text{该机械计划台班成本}$$

$$\text{某受益对象机械作业成本调整额}=\text{该受益对象已分配的作业计划成本}\times(\text{机械作业成本分配差额}\div\text{按计划分配的金额之和})$$

$$\text{某受益对象机械作业实际成本分配额}=\text{该受益对象机械作业计划成本分配额}+\text{该受益对象机械作业成本调整额}$$

【例 5-16】承例 5-14，假定台班计划单价为 210 元。

【解析 5-16】按计划成本分配法分配机械作业成本，计算过程如下：

A 项目机械成本计划分配额＝150×210＝31 500(元)

B 项目机械成本计划分配额＝90×210＝18 900(元)

按计划成本分配总额＝31 500＋18 900＝50 400(元)

A 项目机械成本调整额＝31 500×[(48 000－50 400)÷50 400]＝－1500(元)

B 项目机械成本调整额＝18 900×[(48 000－50 400)÷50 400]＝－900(元)

A 项目实际机械成本分配额＝31 500－1500＝30 000(元)

B 项目实际机械成本分配额＝18 900－900＝18 000(元)

会计处理为：

借：工程施工——合同成本——A 项目(机械使用费)　　30 000

　　工程施工——合同成本——B 项目(机械使用费)　　18 000

　　贷：机械作业——挖土机　　48 000

(四)其他直接费的核算

工程成本中的其他直接费是指直接用于工程施工，但不属于材料费、人工费、机械使用费的各项费用。包括在施工过程中发生的材料的二次搬运费、临时设施摊销费、生产工具用具使用费、检验试验费、工程定位复测费、工程点交费、场地清理费以及冬雨季施工增加费、夜间施工增加费等。

其他直接费的核算，企业可以根据费用发生时的具体情况进行处理：

1. 凡是费用发生时能分清成本受益对象的，发生时可直接计入各成本核算对象的成本中，借记“工程施工——合同成本——××工程——其他直接费”账户，贷记有关账户。

2. 若受益对象不止一个，项目经理部可增设“其他直接费”账户。费用发生时，借记“其他直接费”账户，贷记有关账户；期末按一定的分配标准，分配计入有关工程成本时，借记“工程施工——合同成本——××工程——其他直接费”账户，贷记“其他直接费”账户。

3. 其他直接费用的分配方法

凡不能明确受益对象，需要在几个受益对象之间分配的，可以采用以下方法：

(1)生产工时(工日)法

生产工时(工日)法是以生产工时(工日)为基础分配其他直接费的方法。其计算公式如下：

$$\text{其他直接费分配率}=\text{发生的其他直接费总额}\div\text{各受益对象实耗工时(工日)数}$$

$$\text{某受益对象应负担的其他直接费}=\text{某受益对象实耗工时(工日)数}\times\text{其他直接费分配率}$$

这种方法一般适用于费用发生的大小与生产工时的多少成正比例的情况。例如，生产工具的摊销费、特殊工种培训费等。

(2)工料机费用比例法

工料机费用比例法是以各成本核算对象实际发生的人工费、材料费和机械使用费三项之和为基础分配其他直接费的方法。其计算公式如下：

$$\text{其他直接费分配率}=\text{其他直接费用实际发生数}\div\text{各受益对象实际发生的工料机费用之和}$$

$$\text{某受益对象应负担的其他直接费}=\text{某受益对象实际发生的工料机费用数}\times\text{其他直接费分配率}$$

这种方法一般适用于费用发生的大小与生产工时关系不大的其他直接费的分配。例如，现场材料的二次搬运费、检验试验费、工程定位复测、工程点交和场地清理费等。

(3)其他直接费预算成本分配法

其他直接费预算成本分配法是以其他直接费预算成本或其他直接费单项预算成本为基础分配其他直接费的一种方法。计算公式为：

$$\text{其他直接费分配率}=\text{发生的其他直接费总额}\div\text{各受益对象其他直接费预算成本之和}$$

$$\text{某受益对象应负担的其他直接费}=\text{某受益对象其他直接费预算成本}\times\text{其他直接费分配率}$$

这种方法一般适用于费用发生的大小与生产工时或工料成本关系不大的其他直接费的分配。例如，冬雨季施工增加费、夜间施工增加费等。

【例 5-17】XYZ 建筑公司，A 工程本月发生临时设施摊销费 3 000 元，二次搬运费 5 000元，以银行存款支付。

【解析 5-17】编制会计分录如下：

借：工程施工——合同成本——A 工程——其他直接费　　8 000
　　贷：临时设施摊销　　3 000
　　　　银行存款　　5 000

【例 5-18】本月加工车间工程发生材料二次搬运费 1 800 元，职工宿舍工程发生场地清理费 900 元。

【解析 5-18】编制会计分录如下：

借：工程施工——车间——其他直接费　　1 800
　　工程施工——宿舍——其他直接费　　900
　　贷：银行存款　　2 700

(五)间接费用的核算

工程成本中的间接费用是指企业各项目经理部为施工准备、组织和管理施工生产所发生的全部支出，包括现场项目管理人员的工资奖金、职工福利费、行政管理用固定资产折旧费及修理费、物料消耗、低值易耗品摊销、取暖费、水电费、办公费、差旅费、财产保险费、工程保修费、劳动保护费、排污费及其他费用。

1. 间接费用的归集

间接费用是施工企业所属各施工单位为组织和管理施工生产活动所发生的共同性费用，一般难以分清具体的受益对象。如果项目经理部只有一个成本核算对象，费用发生时可直接计入成本核算对象的成本中，借记"工程施工——合同成本——××工程——间接费用"账户，贷记有关账户。如果项目经理部同时有几个成本核算对象，费用发生时，借记"工程施工——合同成本——间接费用"账户，贷记有关账户；期末一般按一定的分配标准，分配计入有关工程成本时，借记"工程施工——合同成本——××工程——间接费用"账户，"工程施工——合同成本——间接费用"账户。

【例 5-19】食品厂项目经理部本月发生工资支出 15 000 元，应付福利费 2 100 元，购买办公用品 5 000 元，提取固定资产折旧 4 480 元，低值易耗品摊销额 6 000 元，本月应分摊的财产保险费 20 000 元。

【解析 5-19】编制会计分录如下：

借：工程施工——合同成本——间接费用　　52 580
　　贷：应付职工薪酬　　17 100
　　　　银行存款　　5 000
　　　　累计折旧　　4 480
　　　　周转材料——摊销　　6 000
　　　　预付账款——待摊费用　　20 000

2. 间接费用的分配

间接费用的分配标准是根据不同的工程类型和施工地区的具体情况计算确定的。对于建筑工程一般是按预算直接费用的一定比例计取间接费用的，因此，实际发生的间接费用一般应以各工程实际发生的直接费成本为分配标准；设备安装工程一般是按预算人工费的一定比例计取间接费用的，因此，实际发生的间接费用一般应以各工程实际发生的人工费成本为分配标准。

间接费用分配的原则是以本期各受益对象为费用承担者，按照一定的标准进行分配。

(1)建筑工程间接费用的分配方法。

建筑工程间接费用的分配一般采用直接费用比例法，即以各建筑工程成本核算对象实际发生的直接费用为基数分配间接费用的一种方法。其计算公式如下：

$$\text{建筑工程的间接费用分配率}=\frac{\text{全部建设工程本期分配的间接费用总额}}{\text{全部建筑工程本期实际发生的直接费用成本总额}}\times 100\%$$

$$\text{某建筑工程成本核算对象应分配的间接费用}=\text{该建筑工程的成本核算对象本期实际发生的直接费成本}\times\text{建筑工程的间接费用分配率}$$

(2)安装工程间接费用的分配方法。安装工程间接费用的分配一般采用人工费用比例法，即以各安装工程成本核算对象实际发生的人工费用为基数分配间接费用的一种方法。其计算公式如下：

$$\text{安装工程的间接费用分配率}=\frac{\text{全部安装工程本期应分配的间接费用总额}}{\text{全部安装工程本期实际发生的人工费用总额}}\times 100\%$$

$$\text{某安装工程成本核算对象应分配的间接费用}=\text{该安装工程成本核算对象本期实际发生的人工费用}\times\text{安装工程的间接费用分配率}$$

【例 5-20】承例 5-19，月末根据工程施工明细账可知：车间工程直接费为 750 000 元，宿舍车间工程直接费为 301 600 元，按车间和宿舍工程的直接成本分配间接费用，编制间接费用分配表，如表 5-2 所示。

表 5-2　间接费用分配表

6 月 30 日

成本核算对象	工程直接费	分配率	应分配金额(元)
车间	750 000		37 500
宿舍	301 600		15 080
合计	1 051 600	0.05	52 580

【解析 5-20】根据“间接费用分配表”，做如下会计处理：

借：工程施工——合同成本——车间——间接费用　　37 500

　　工程施工——宿舍——间接费用　　15 080

　　贷：工程施工——合同成本——间接费用　　52 580

【例 5-21】XYZ 建筑公司第二项目部本月实际发生的间接费用总额为 122 010 元。假设本月份只有甲工程和乙工程两项建筑工程的施工任务，没有发生对外销售产品、劳务、作业等业务。甲工程发生的直接费用是 728 280 元，乙工程发生的直接费用是 491 820 元。

【解析 5-21】本月实际发生的全部间接费用，可采用直接费用比例法直接分配计入各建筑工程成本核算对象。则甲工程和乙工程本月应负担的间接费用可计算如下：

间接费用分配率＝122 010/(728 280＋491 820)×100％＝10％

甲工程应当承担的间接费用＝728 280×10％＝72 828（元）

乙工程应当承担的间接费用＝491 820×10％＝49 182（元）

编制会计分录如下：

借：工程施工——合同成本——甲工程——间接费用　　72 828

　　工程施工——合同成本——乙工程——间接费用　　49 182

　　贷：工程施工——合同成本——间接费用　　122 010

第六章
工程结算

●●●● 任务目标

1. 熟悉不同的工程价款结算方式。
2. 掌握已完工程成本的计算。
3. 掌握工程价款结算的核算。
4. 熟悉建造合同在会计报表中应披露的内容。

第一节　工程价款结算方式

工程价款结算是指建筑施工企业因承包建筑安装工程，按承包合同的规定，向发包单位交付已完工程并收取工程价款的一种结算行为。通过工程价款结算取得的收入，称为工程价款结算收入。

一、现行建筑施工企业工程价款结算的方式

(一)按月结算方式

按月结算是指工程价款实行旬末或月中预支，月终结算，竣工后清算的方式。跨年度施工的工程，在年终进行工程盘点，办理年度结算。

(二)分段结算

分段结算是指按工程形象进度划分的不同阶段(部位)结算工程价款的方式。当年不能竣工工程的单项工程或单位工程，按工程形象进度，划分不同阶段进行结算。分段结算可以按月向发包单位预支工程进度款。

(三)竣工后一次结算

竣工后一次结算是指在单项工程或建设项目全部竣工后结算工程价款的方式。采用竣工后一次结算方式的，在施工过程中不办理工程结算，但按月可以向发包单位预支工程进度款，竣工后一次结算。工程竣工后，按规定的内容和程序，会同有关人员编制竣工工程决算

表，并据以编制工程价款结算单(参考表 6-4 表格格式)，送发包单位，据以办理结算。

(四)结算双方约定并经开户银行同意的其他结算方式

二、已完工程成本结算

施工企业应根据工程合同确定的工程价款结算办法，按时结算已完工程成本，向建设单位收取工程价款，由于工程价款的结算方式不同，已完工程的含义和实际成本的计算方法也不同。

(一)实行工程项目竣工后一次结算的已完工程实际成本的计算

实行工程项目竣工后一次结算工程价款方式时，已完工程即指已经甲、乙双方验收和办理竣工决算并交付使用的工程项目。在这种情况下，施工过程中发生的各项成本费用，随时计入各成本核算对象的成本项目，进行工程成本的明细核算。竣工时，工程成本明细分类账中登记的工程成本累计总额，就是竣工工程的实际成本。

(二)实行按期结算工程价款的已完工程实际成本计算

采取按期结算工程价款方式时，已完工程是指已经完成预算定额规定的全部工序施工内容，在本企业不需要再进行加工的分部分项工程。分部分项工程是构成工程项目的基本要素，也是编制工程预算的最基本的计量单位，规定有一定的工作内容和质量标准。虽然这部分工程不是竣工工程，也不具有完整的使用价值，但企业也不需要再进行任何施工活动，可以确定它的工程数量和质量，故能够将其作为已完工程计算它的实际成本，并按合同价格向建设单位收取工程价款。相反，凡在期末尚未完成预算定额规定的全部工序与内容的分部分项工程称为未完施工，这部分未完施工不能向建设单位收取工程价款。

本期已完工程实际成本的计算公式为：

$$\text{本期已完工程实际成本}=\text{期初未完施工实际成本}+\text{本期成本费用发生额}-\text{期末未完施工实际成本}$$

上述公式中，期初未完施工实际成本和本期成本费用发生额可直接从工程施工有关明细分类账中取得，“期末未完施工实际成本”需要按一定的方法计算取得。一般情况下，期末未完工程量在全期工程量中所占比重较小，而且期初、期末未完工程的数额变化不大，为了简化成本核算手续，通常可以把期末未完工程的预算成本，视同它的实际成本，不分摊间接费用，其计算公式为：

$$\text{期末未完工程预算成本}=\text{期末未完工程折合成已完工程实物量}\times\text{该分部分项工程预算单价}$$

在实际工作中，期末未完工程预算成本的计算，是在期末对施工现场进行实地盘点的基础上，通过编制未完施工盘点单(见表 6-1)进行计算的。

【例 6-1】车间工程期未经现场盘点，编制未完施工盘点单如表 6-1 所示。

表 6-1 未完施工盘点单

单位工程名称	分部分项工程		已做工序					其中		
	名称	预算单价	工程名称或内容	占分部分项工程百分比	已完数量	折合分部分项工程量	预算成本	人工费	材料费	机械使用费
甲工程	墙面抹石灰砂浆	4	抹一遍	50%	4 000	2 000	8 000	2 400	4 800	800
合计							8 000	2 400	4 800	800

三、工程备料款和进度款的拨付

(一)工程价款预支核算的依据

建筑施工企业预支工程款时，应根据工程进度填列工程价款预支账单，送交发包单位签证后，送交开户银行办理收款手续。预支的款项应在月末或竣工结算时抵冲应收的工程款。工程价款预支账单格式见表 6-2。

表 6-2　工程价款预支账单

发包单位名称：　　　　　　　　　　　　　　　　　　　　年　　月　　日

单位：元

某项工程项目名称	合同造价	本旬(或半月)完成数	本旬(或半月)预支工程款	本月预支工程款	应扣预收工程款	实支数额	说明

施工企业：　　　　　　　　　　　　　　　　　　　　（签章）

财务负责人：　　　　　　　　　　　　　　　　　　　（签章）

(二)工程价款结算的依据

建筑施工企业于月终完成合同规定的内容或工程竣工办理工程价款结算时，需要根据统计部门提供的已完工程月报表中实际完成的工程量，依据中标标书或施工图预算所列工程单价和有关取费标准，计算已完工程的价款，填列工程价款结算账单，送交发包单位审查签证后，送交开户银行办理收款手续。

已完成工程月报表以及工程价款结算账单格式分别见表 6-3、表 6-4。

表 6-3　已完工程月报表

发包单位名称：　　　　　　　　　　　　　　　　　　　　年　　月　　日

单位：元

单项工程项目名称	合同造价	建筑面积	开竣工日期		实际完成数		备注
			开工日期	竣工日期	至上月已完工程累计	本月份已完工程	

施工企业：　　　　　　　　　　　　　　　（签章）

编制日期：　　　　　　　　　　　　　　　年　　月　　日

表 6-4 工程价款结算账单

发包单位名称： 年 月 日

单位：元

单项工程项目名称	合同造价	本期应收工程款	应扣款项			本期实收工程款	备料款余额	本期止已收工程款累计	备注
			合计	预收工程款	预收备料款				

施工企业： （签章）

财务负责人： （签章）

建筑施工企业不论采用何种工程价款结算方式，无论工期长短，其施工期间的工程价款总额一般不得超过工程承包合同价值的95%。结算双方可以在5%的范围内协商确认工程尾款比例，并在工程合同中明确。工程尾款待工程竣工之后再进行结算。如果建筑施工企业已向发包单位出具履约保函或其他保证的，可以不留工程尾款。

第二节 工程价款结算的核算

一、工程价款结算的核算应设置的主要总分类账户

(一)“工程施工”账户

该账户用于核算建造合同成本和合同毛利。实际发生的合同成本和确认的合同毛利计入本账户的借方，确认的合同亏损计入本账户的贷方，合同完成后，与“工程结算”账户对冲后结平。具体核算方法在前面已经介绍。

(二)“工程结算”账户

该账户核算企业(建造承包商)根据建造合同约定向业主(建设单位)办理工程价款结算的累计金额。其贷方登记已经开出工程价款结算账单与建设单位办理了结算的工程款，借方在合同完成前不予登记，期末贷方余额反映在建合同累计已办理结算的工程价款。合同完成时，与“工程施工”账户对冲后结平。

企业向业主(建设单位)办理工程价款结算，按应结算的金额，借记“应收账款”等账户，贷记该账户。合同完工时，应将本科目余额与相关工程施工合同的“工程施工”账户对冲，借记该账户，贷记“工程施工”账户。

该账户可按建造合同进行明细核算。

(三)应收账款

用来核算应收和实际收到的工程结算款。预收的备料款也在该账户进行核算。向业主开出工程价款结算单办理结算时，借记该账户，贷记“工程结算”账户，实际收到工程结算款时，借记“银行存款”账户，贷记该账户。收到预收备料款时，也贷记该账户。期末，该

账户借方余额反映已开出工程价款结算单办理结算但尚未实际收到的工程款项。

（四）主营业务收入

属于损益类账户，用以核算施工企业当期确认的建造合同收入。其贷方登记当期确认的工程合同收入，借方登记期末转入“本年利润”账户的收入，期末结转后应无余额。

（五）主营业务成本

属于损益类账户，用以核算施工企业当期确认的建造合同费用。其借方登记当期确认的工程合同成本，贷方登记期末转入“本年利润”账户的费用，期末结转后应无余额。

（六）主营业务税金及附加

属于损益类账户，用以核算施工企业当期按规定应缴纳的营业税、城市维护建设税和教育费附加。企业按规定计算出应负担的营业税、城市维护建设税和教育费附加，通过“主营业务税金及附加”账户核算。期末，企业应将该账户余额转入“本年利润”账户，结转后该账户应无余额。

（七）存货跌价准备——合同预计损失准备

属于资产类账户。施工企业应在“存货跌价准备”科目下设置“合同预计损失准备”明细科目，核算工程施工合同计提的损失准备。如果合同总成本超过合同预计总收入，建筑施工企业应将预计损失立即确认为当期费用，借记“资产减值损失”账户，贷记“存货跌价准备——合同预计损失准备”账户。

合同完工确认合同收入和合同费用时，企业应转销合同预计损失准备，按照确认的工程合同费用，借记“主营业务成本”账户，按确认的工程合同收入，贷记“主营业务收入”账户。按其差额借记或贷记“工程施工——合同毛利”账户；同时，按相关工程施工合同预计损失准备，借记“存货跌价准备——合同预计损失准备”账户，贷记“资产减值损失”账户。期末，“存货跌价准备——合同预计损失准备”科目贷方余额反映尚未完工工程施工合同已计提的损失准备。

二、工程价款结算的核算

【例 6-2】XYZ 建筑公司按工程合同规定，填列工程价款预支账单向发包单位 A 公司收取上半月的工程进度款 200 000 元，已收妥入账。

【解析 6-2】编制会计分录如下：

借：银行存款　　200 000

　　贷：预收账款——A 公司　　200 000

【例 6-3】月末，XYZ 建筑公司根据本月已完工程月报表，提出工程价款结算账单与发包单位 A 公司办理本月已完工程结算，应收取本月已完工程价款 450 000 元，按规定扣还本月预收的工程进度款 200 000 元。

【解析 6-3】编制会计分录如下：

借：应收账款——A 公司　　250 000

　　预收账款——A 公司　　200 000

　　贷：工程结算　　450 000

【例 6-4】收到银行转来 A 公司支付工程价款 250 000 元的收账通知单。

【解析 6-4】编制会计分录如下：

借：银行存款　　250 000

　　贷：应收账款——A 公司　　250 000

【例 6-5】XYZ 建筑公司通过银行向分包公司拨付本月工程进度款 60 000 元。

【解析 6-5】编制会计分录如下：

借：预付账款——预付分包公司工程进度款　　60 000

　　贷：银行存款　　60 000

【例 6-6】公司与发包单位办妥预支工程进度款的手续，由发包单位(业主)向分包公司直接拨付钢材一批，价值 40 000 元，抵付工程进度款。

【解析 6-6】编制会计分录如下：

借：预付账款——分包公司工程进度款　　40 000

　　贷：预收账款——A 公司　　40 000

【例 6-7】月末，公司根据分包公司提出的工程价款结算账单，经过审核后应付分包公司本月已完工程价款 210 000 元，同时应抵扣本月预付账款 100 000 元。

【解析 6-7】编制会计分录如下：

借：工程施工——合同成本　　210 000

　　贷：应付账款——分包公司工程款　　110 000

　　　　预付账款——分包公司进度款　　100 000

【例 6-8】公司开出转账支票，向分包公司支付本月已完工程款 110 000 元。

【解析 6-8】编制会计分录如下：

借：应付账款——分包公司工程款　　110 000

　　贷：银行存款　　110 000

第三节　有关会计信息的披露

一、有关会计信息的披露内容

需要披露的有关事项主要包括下列内容：

①在建合同工程累计已发生的成本和累计已确认的毛利(或亏损)；

②在建合同工程已办理结算的价款金额；

③当期确认的合同收入和合同费用的金额；

④确定合同完工进度的方法；

⑤合同总金额；

⑥当期已预计损失的原因和金额；

⑦应收账款中尚未收到的工程进度款。

二、资产负债表、利润表和会计报表附注中分别应披露的信息

【例 6-9】XYZ 建筑公司签订了一项总金额为 200 万元的固定造价合同，合同规定工期为 2 年。最初预计成本为 180 万元，第一年实际发生 126 万元，年末，预计为完成合同尚需发生 84 万元。开出账单金额为 84 万元，实际收到 63 万元。

【解析 6-9】按该合同的结果能够可靠地按估计的情况进行处理，该公司应在年末进行的会计处理如下：

(1)第一年的账务处理如下：

①反映实际发生的合同成本 126 万元：

借：工程施工——合同成本　　1 260 000

　　贷：原材料、应付职工薪酬等　　1 260 000

②开出账单结算工程价款 84 万元：

借：应收账款　　840 000

　　贷：工程结算　　840 000

③收到工程价款 63 万元：

借：银行存款　　630 000

　　贷：应收账款　　630 000

④确认和计量当年的合同收入、合同费用：

第一年合同完工进度＝126÷(126＋84)×100％＝60％

第一年合同收入＝200×60％＝120(万元)

第一年合同毛利＝[200—(126＋84)] × 60％＝－6(万元)

第一年合同费用＝120－(－6)＝126(万元)

第一年预计合同损失＝(210－200)×(1－60％)＝4(万元)

编制会计分录如下：

借：主营业务成本　　1260 000

　　贷：主营业务收入　　1 200 000

　　　　工程施工——合同毛利　　60 000

同时，合同预计损失 4 万元：

借：资产减值损失——合同预计损失准备　　40 000

　　贷：存货减价准备——合同预计损失准备　　40 000

⑤根据当年收入计算并应缴纳营业税、城市维护建设税和教育费附加：

营业税＝1 200 000× 3％＝36 000(元)

城市维护建设税＝36 000×7％＝2 520(元)

教育费附加＝36 000×3％＝1 080(元)

编制会计分录如下：

借：主营业务税金及附加　　39 600

　　贷：应交税费——营业税　　36 000

应交税费——城市维护建设税 2 520

应交税费——教育费附加 1 080

⑥年末，结转损益类账户：

借：主营业务收入 1 200 000

贷：本年利润 1 200 000

借：本年利润 1 299 600

贷：主营业务成本 1 260 000

主营业务税金及附加 39 600

(2)第一年，建造合同的有关信息在会计报表中做如下披露：

在资产负债表中披露的信息是：

①应收账款：根据“应收账款”账户期末余额填列，金额为 210 000 元(840 000－630 000)。

②已完工尚未结算款项：根据“工程施工”账户余额减“工程结算”账户余额后的差额 360 000 元(1 260 000－60 000－840 000)在流动资产类项目中填列。

在利润表中披露的信息是：

①主营业务收入：根据“主营业务收入”账户的本年贷方发生额填列，金额为1 200 000元。

②主营业务成本：根据“主营业务成本”账户的本年借方发生额填列，金额为1 260 000元。

在会计报表附注中披露的信息是：

①确定合同完工进度的方法：采用合同完工进度根据累计实际成本发生的合同成本占合同预计总成本的比例确定。

②在建工程累计已完工程成本：根据“工程施工”账户的余额填列，金额为1 260 000元。

③在建工程已结算款：反映在建合同累计已办理结算的工程价款，根据“工程结算”账户的余额填列，金额为 840 000 元。

④合同总金额：2 000 000 元。

本篇主要参考法规索引

1.《企业会计准则第 14 号——收入》(2006 年 2 月 15 日财政部发布，2007 年 1 月 1 日起施行)

2.《企业会计准则(2006)》(2006 年 2 月 15 日财政部发布，2007 年 1 月 1 日起施行)

3.《企业会计准则——应用指南(2006)》(2006 年 10 月 30 日财政部发布，2007 年 1 月 1 日起施行)

【练习题】

一、单项选择题

1. 按照合同价款确定方法的不同，建造合同可分为固定造价合同和(　　)。

A. 工程承包合同　B. 成本加成合同　C. 施工合同　D. 不可取消合同

2.“工程结算”账户的性质是(　　)。

A. 资产类　B. 负债类　C. 成本类　D. 损益类

3. 施工企业应将其所归集的人工费，计入各工程成本核算对象的人工费成本项目中去，借记(　　)账户，贷记“应付职工薪酬”等账户。

A.“辅助生产”　B.“工程施工——××工程——人工费”

C.“机械作业”　D.“待摊费用”

4. 下列不属于施工企业其他直接费用的是(　　)。

A. 材料二次搬运费　B. 临时设施摊销费

C. 生产工具用具使用费　D. 低值易耗品摊销费

5. 施工企业应设置(　　)账户汇总本期发生的各项间接费用。

A.“间接费用”　B.“工程施工——间接费用”

C.“辅助生产”　D.“在建工程”

6. 搭建临时设施发生的各项费用时，借记(　　)科目。

A.“在建工程”　B.“临时设施”　C.“工程施工”　D.“应付职工薪酬”

7. 施工企业周转材料摊销时应借记(　　)科目。

A.“在建工程”　B.“辅助生产”　C.“工程施工”　D.“固定资产”

8. 如果合同总成本超过合同预计总收入，施工企业应将预计损失立即确认为当期费用，借记(　　)科目，贷记“存货跌价准备”科目。

A.“存货跌价准备”　B.“资产减值损失”

C.“合同预计损失准备”　D.“管理费用”

9. 施工企业在工程施工过程中所发生的间接费用，月末按照一定的方法进行分配后借记(　　)账户。

A.“间接费用”　B.“工程施工——间接费用”

C.“辅助生产”　D.“工程施工——××工程——间接费用”

10. 某施工企业与发包商签订了一项建造合同，合同总金额为 500 万元，最初预计总成本为450万元。第一年实际发生成本315万元，预计为完成合同尚需发生成本210万元。假定该合同的结果能够可靠地估计。则第一年合同的完工进度为(　　)。

A. 50%　　B. 55%　　C. 60%　　D. 65%

二、多项选择题

1. 建筑产品的特点有(　　)。

A. 产品固定性　　B. 生产流动性

C. 产品多样性和单件性　　D. 生产长期性和连续性

2. "工程施工"科目应设置(　　)明细科目。

A. "合同成本"　　B. "合同毛利"　　C. "直接费用"　　D. "间接费用"

3. 以下属于施工企业周转材料的有(　　)。

A. 模板　　B. 挡土板　　C. 脚手架　　D. 其他周转材料

4. 周转材料具有类似(　　)和(　　)的双重特征。

A. 存货　　B. 低值易耗品　　C. 固定资产　　D. 包装物

5. 施工企业应设置的成本类科目有(　　)。

A. "工程施工"　　B. "机械作业"　　C. "临时设施"　　D. "工程结算"

6. 以下内容属于工程施工应设置的成本项目的有(　　)。

A. 人工费　　B. 材料费　　C. 机械使用费

D. 其他直接费　　E. 间接费用

7. 施工企业的(　　)相当于工业企业的产成品。

A. 未完施工工程　　B. 已完工程　　C. 竣工工程　　D. 建筑产品

8. "周转材料"应设置(　　)明细科目。

A. "在库周转材料"　　B. "在用周转材料"

C. "周转材料摊销"　　D. "周转材料清理"

9. 建造合同规定的合同收入包括(　　)。

A. 合同中规定的初始收入　　B. 因合同变更取得的收入

C. 因索赔应取得的收入　　D. 因奖励而取得的收入

10. 施工企业工程完工后，按工程完工实际成本，应做账务处理是(　　)。

A. 借记"工程施工"，贷记"工程结算"　　B. 借记"工程结算"，贷记"工程施工"

C. 借记"应收账款"，贷记"工程结算"　　D. 借记"工程结算"，贷记"应收账款"

三、业务题

1. 某施工企业20×7年12月发生如下业务：

(1)企业向某砂石厂购入碎石200吨，买价20 000元，运杂费2000元，根据发票账单，签发并承兑金额为22 000元的商业汇票一张抵付货款，材料未运达。

(2)上述碎石运达，全部验收入库，其计划成本为24 000元。

(3)企业购入木材50立方，买价25 000元，运杂费3 000元，根据发票账单，签发28 000的转账支票支付。木材运达，全部验收入库，其计划成本为29 000元。

(4)企业本月共发生采购保管费4 000元，按规定依据碎石、木材的买价及运费比例进行分配。

(5)根据前三题资料，结转本月购入碎石及木材的成本差异。

(6)经汇总，本月各部门领用材料的计划成本如下：甲工程领用 20 000 元，乙工程 10 000元，工区管理领用 1 000 元，机械作业领用配件 2 000 元，本月材料的成本差异率为 2%(3%)。

2. 甲工程领用架料 10 立方米，成本 1 000 元/立方米，估计使用 10 个月，估计期满可回收残值 10%。请做相关账务处理。

(1)领用时；

(2)每月摊销；

(3)使用 10 个月后，清理残料入库，估价为 1 500 元。

3. 某施工企业 20×7 年发生如下业务：

(1)10 月 8 日购入一批木模板，实际成本为 142 800 元，货款已经支付。模板已验收入库，该批模板的计划成本为 140 000 元；

(2)10 月 10 日甲工程领用库存的新模板一批，计划成本 40 000 元；

(3)10 月末计提本期模板的摊销额 2 000 元，材料成本差异率为 2%；

(4)11 月、12 月末计提同样的摊销额，结账材料成本差异；

(5)12 月末竣工盘点，发现模板短缺 2400 元。

请计算应补提的摊销额，并做相应的账务处理。

4. 某建筑公司因承包工程的需要，在施工现场附近购置旧简易房屋一栋作为临时仓库，以银行存款支付全部价款 162 000 元，预计其净残值率为 4%，预计工程的受益期限为 3 年，房屋已交付使用。试编制相关会计分录。

5. 某建筑公司与甲方签订了一项预计总造价为 580 万元的建造合同，预计总成本为 550 万元，于 20×6 年初开工，工期 2 年。开工后，由于材料价格上涨幅度较大，遂将预计总成本调整为 600 万元，预计损失总额为 20 万元。若 20×6 年完工进度为 45%，对 20×6年进行相应的账务处理。

6. 某施工企业的第一工区在施工现场搭建临时办公室，在搭建过程中，领用在建工程准备的材料实际成本 200 000 元，领用库存材料的计划成本为 100 000 元，材料成本差异率为 2%，应付搭建人员工资为 100 000 元，计提福利费 14 000 元，以银行存款支付其他费用 20 000 元，临时设施搭建完成，交付使用，其预计净残值率为 4%，预计工程的受益期限为 3 年。

要求：

(1)编制搭建临时办公室的相关会计分录；

(2)编制摊销临时设施的相关会计分录；

(3)如果该项临时办公室实际使用两年半后，由于承包工程竣工，不再需要，将其拆除。编制相关会计分录。

7. 20×4 年 6 月某施工企业与客户签订总价款为 5 600 万元的一项工程合同，建设期从 20×4 年 7 月到 20×7 年 6 月，预计合同总成本 5 000 万元。资料如下：

	20×4 年	20×5 年	20×6 年	20×7 年
到本期止实际发生的成本	600	2 600	4 800	5 500
完成合同尚需发生的成本	4 400	2 600	1 200	0
已结算工程价款	560	1 800	1 800	1 440
实际收到的工程款	500	1 600	1 800	1 700

要求：

(1)计算各年确认的合同收入、合同毛利、合同费用；

(2)做有关会计分录。

8. 某施工企业 20×6 年 8 月签订一份承包合同，价款为 8 000 万元。20×6 年实际完成 4 920 万元，预计还需 3 280 万元，20×7 年实际完成 3 080 万元，变更合同价款，增加 120 万元，奖励 80 万元。确认各年合同收入、合同毛利和合同费用，并编制相应的会计分录。

第二篇　房地产开发企业会计

◇ **本篇知识点简介**

本篇是关于房地产开发企业行业会计核算体系的介绍。

本篇的主要内容包括：

一、房地产开发企业概述。包括房地产开发企业及其经营特点、房地产开发企业会计的特点及房地产开发企业会计科目的设置。

二、开发成本的核算。包括开发成本的内容和分类、土地开发成本的核算、房屋开发成本的核算、配套设施开发成本的核算、代建工程开发成本的核算、开发间接费用的核算。

三、开发产品的核算。包括土地的核算、商品房的核算、周转房的核算、配套设施的核算、代建工程的核算和分期收款开发产品的核算。

四、投资性房地产的核算。包括投资性房地产的确认和初始计量、投资性房地产按成本模式计量的核算及投资性房地产按公允价值模式计量的核算。

五、房地产开发企业损益的核算。包括主营业务收入和主营业务成本的核算、营业税金及附加的核算、土地增值税的核算及所得税的核算。

第七章
房地产开发企业会计概述

任务目标

1. 了解房地产开发企业及其经营特点。
2. 了解房地产开发企业会计的核算特点。
3. 熟悉房地产开发企业会计科目的设置。
4. 掌握房地产开发企业开发成本核算的程序。
5. 熟悉房地产开发企业开发成本核算时账簿的设置。

房地产开发企业会计是核算房地产开发企业经营业务的管理活动，为房地产开发企业经营者等经济利益的相关者提供房地产企业的会计信息。因此，在学习房地产开发企业会计前，首先要了解房地产开发企业。

第一节 房地产开发企业及其经营特点

房地产是房产与地产的总称。房地产开发可将土地和房屋合在一起开发，也可将土地和房屋分开开发。房地产开发企业就是从事房地产开发和经营的企业，它既是房地产产品的生产者，又是房地产商品的经营者。

一、房地产开发企业概念

房地产开发企业是房地产开发的主体，是独立经营、独立核算、自负盈亏、自我发展、自我约束，以房地产开发经营为主要业务内容的企业。其中，房地产开发是指根据国民经济计划、土地利用计划和城市建设总体规划，对一个开发区内基础设施、民用住宅、工业用厂房、办公楼等，实行统一规划、统一征地拆迁、统一组织兴建，以取得房地产开发的经济效益、社会效益和环境效益的最佳结合，为城市的未来发展提供有效的物质技术基础的经营活动。

房地产综合开发，第一步先开发土地，进行旧城改造、房屋建设与土地相关联的前期工作，如征地、动迁、七通一平(即给水、排水、供电、供热、供气、电信、道路畅通、场地平整)等，待土地开发后，将其有偿有期转让给房屋开发公司或其他企业单位；第二步再由房屋开发公司或其他企业单位兴建各类住房、厂房、办公楼等。

二、房地产开发企业经营活动的主要业务

与工业企业不同，房地产开发企业经营活动具有行业特征。其主要业务包括以下几方面。

(一)土地的开发与经营。

企业将有偿获得的土地开发完成后，既可有偿转让给其他单位使用，也可自行组织建造房屋和其他设施，然后作为商品作价出售，还可以开展土地出租业务。

(二)房屋的开发与经营。

房屋的开发指房屋的建造。房屋的经营指房屋的销售与出租。企业可以在开发完成的土地上继续开发房屋，开发完成后，可作为商品作价出售或出租。企业开发的房屋，按用途可分为商品房、出租房、周转房、安置房和代建房等。

(三)城市基础设施和公共配套设施的开发。

(四)代建工程的开发。

代建工程的开发是企业接受政府和其他单位委托，代为开发的工程。

三、房地产开发企业的经营特点

房地产开发企业的生产经营与施工企业不同。其经营特点主要有以下几点。

(一)开发经营的计划性。

企业征用的土地、建设的房屋、基础设施以及其他设施都应严格控制在国家计划范围之内，按照规划、征地、设计、施工、配套、管理“六统一”原则和企业的建设计划、销售计划进行开发经营。

(二)开发产品的商品性。

房地产开发企业的产品全部都作为商品进入市场，按照供需双方合同协议规定的价格或市场价格作价转让或销售。

(三)开发经营业务的复杂性。

所谓复杂性包括两个方面：一是经营业务内容复杂。企业除了土地和房屋开发外，还要建设相应的基础设施和公共配套设施。经营业务囊括了从征地、拆迁、勘察、设计、施工、销售到售后服务全过程。二是涉及面广，经济往来对象多。企业不仅因购销关系与设备、材料物资供应单位等发生经济往来，而且因工程的发包和招标与勘察设计单位、施工单位发生经济往来，还会因受托代建开发产品、出租开发产品等与委托单位和承租单位发生经济往来。

(四)开发建设周期长，投资数额大。

开发产品要从规划设计开始，经过可行性研究、征地拆迁、安置补偿、七通一平、建筑安装、配套工程、绿化环卫工程等几个开发阶段，少则一年，多则数年才能全部完成。另外，上述每一个开发阶段都需要投入大量资金，加上开发产品本身的造价很高，需要不断地投入大量的资金。

(五)经营风险大。

开发产品单位价值高，建设周期长、负债经营程度高、不确定因素多，一旦决策失误，销路不畅，将造成大量开发产品积压，使企业资金周转不灵，导致企业陷入困境。

第二节　房地产开发企业会计概述

房地产开发企业跨越生产和流通两个领域，其活动内容包括从规划设计、征地拆迁、土地开发、各类房屋建造、工程验收、经营销售、交付使用直至售后管理和维修服务等。房地产企业会计作为会计的一个分支，专门记录房地产企业的经营活动，是应用于房地产开发企业的专业会计，它主要运用价值形式来对企业开发经营过程进行综合的反映和考核。

一、房地产开发企业会计的特点

房地产开发企业的产品是地产和房产，产品开发周期长，生产经营方式多样，投资主体复杂，与一般企业的生产经营有很大不同，与此相适应，房地产开发企业会计与其他企业会计相比较，具有以下几方面的特点。

(一)筹资方式的多元性

房地产开发企业的资金形成与工业企业等行业不同，房地产开发企业的资金主要由开发企业自行筹集取得，集资开发是我国房地产开发企业的一个显著特点。开发企业筹资的形式与渠道主要有：第一，预收购房定金或预收建设资金；第二，预收代建工程款；第三，土地开发及商品房贷款；第四，发行企业债券；第五，与其他单位联合开发，吸收其他单位投资；第六，发行股票，筹集股本。其中，前四种方式属于债务筹资，是目前开发企业筹资的主要渠道，围绕债务筹资而发生的经济业务的会计核算构成开发企业会计核算的重要内容和重要特色；后两种方式是资本筹资，随着改革的深入和房地产开发的不断发展，它将成为开发企业筹资的重要形式和渠道。

(二)资金占用形态的多元性

房地产开发企业的开发经营业务内容极为广泛，既有建设场地的开发，又有房屋的建设，还有基础设施、配套设施以及市政工程等项目的开发，有的企业还开展商业用房的出租或经营业务以及商品房售后服务等。因此，开发企业的资金在由货币资金转化为成品资金的过程中，不仅表现为货币资金——储备资金——在建资金(或结算资金)——成品资金集资的直线运动，而且还具有多向平行运动的特点，即在储备资金(或结算资金)——在建资金——成品资金这两个阶段中，资金表现为多向平行运动，使开发经营资金在生产领域表现为多种不同的存在形态，具有多元性。

(三)结算业务的频繁性和由此引起的财务关系的复杂性

在房地产开发经营过程中，开发企业将与周边很多单位发生经济业务往来，不仅包括材料物资供应单位，建筑产品购买单位，而且还包括勘察设计单位、施工企业、委托建房单位、房屋承租单位等。加之企业间的购销业务大量采用预收预付结算方法，开发企业因经济业务往来而引起的资金结算关系极为复杂。在与材料物资供应单位的购销业务中，首先要预付购货定金或一部分货款，待材料物资购销发生时再办理应付货款的结算；在与施工的承包往来中，大量采用预付备料款或工程款的办法，然后再根据工程进度结算应付的工程进度款；在与购房单位或委托单位的房屋销售、转让、或代建往来业务中，也是采用先预收购房定金或代建工程款，待房屋或工程移交时，再结算房屋或工程款的方式。由此可见，企业与各方面之间的财务关系和债权债务关系及相应的会计核算既重要又复杂。

(四)核算周期具有长期性

房地产开发企业的生产周期一般都较长，一个开发项目从勘查设计、征地拆迁，到房屋建造、经营销售、交付使用直至售后服务及房屋维修，往往要跨年度进行。这一特点决定了开发企业会计核算周期的长期性，因而在核算上要特别注意长期待摊费用、递延收益与递延成本之间，以及固定资产折旧和期间费用之间的关系，以保证各期损益计算的正确性。

需要注意的是，由于房地产经营活动的特殊性和管理要求，房地产开发企业与施工企业相比，会计核算有如下特性：(1)产成品的种类多，核算方法不同。(2)产品成本的核算复杂。(3)经营收入及其相关税金的核算不同。

二、房地产开发企业会计的核算对象

房地产开发企业会计是以房地产整个生产经营过程为核算对象的，即记录房地产开发企业的资金运动。房地产企业在开发经营过程中，要依次经过供应、开发和开发产品销售(转让、出租)过程，不断发生增减变动。在每一过程中，企业的资金都相应地表现为不同的形态。负债和所有者权益在企业开发经营过程中，也要发生变动。所有这些变动，在会计中都要加以反映。企业资金的变动如图 7-1 所示。

图 7-1 房地产开发企业资金变动

货币资金 —供应过程→ 储备资金 —开发过程→ 在建资金 —开发完工→ 成品资金 —销售(转让出租)过程→ 货币资金

(1)在供应过程中，企业通过合同用货币向供应单位征用、批租土地及购买开发房地产所需的各种劳动对象。这样，企业的货币资金转变为待开发土地和材料、设备储备。在需要开发房地产时，即进入房地产开发过程。

(2)在房地产开发过程中，被消耗材料和被安装设备的价值转入在建开发产品成本中。与此同时，工人付出了劳动，企业必须以工资形式支付工人报酬。货币资金通过支付工资而转入在建开发产品成本中。此外，由于使用固定资产，使其发生了损耗，已损耗的价值也转入在建开发产品成本中。这样，储备资金便转化为各种在建资金。

(3)随着开发过程的进行，企业的在建开发产品开发完成，形成成品资金。

(4)最后通过销售、转让、出租过程，将开发完成产品销售、转让或出租，并从购房、用地、租房等单位或个人处重新获得货币资金。

企业利用从购房、用地、租房等单位或个人处获得的货币资金，再度征用、批租土地及购买材料、设备，支付工资，投入开发过程。但是由于开发过程中支付给工人的工资，仅包括工人必要劳动创造的那一部分开发产品的价值，因而企业在开发产品销售、转让、出租过程中收回的货币资金的数额，要比原来投入的资金的数额大。这部分增加的货币资金，就形成了企业的纯收入即利润。此项纯收入，要根据国家有关规定，一部分以税金形式上交国家，一部分以投资回报的形式分配给投资者，一部分以积累形式留存企业成为盈余资本公积。这就使企业的资产和所有者权益发生变动。

此外，企业在开发经营过程中，还会发生诸如借入或归还银行存款，发售企业债券和偿还债券本息，购买其他单位股票、债券和向其他单位投资，以及购建固定资产等业务。这些业务都要引起资产、负债和所有者权益的变动。

三、房地产开发项目投资费用估算

经营房地产投入资金多、风险大，在项目的规划阶段，必须对项目的投资与成本费用进行准确的估算，以便做出经济效益评价、投资决策。

由于房地产开发项目的投资过程就是房地产商品的生产过程，因此，投资估算与成本费用估算不宜分开进行，应合二为一。房地产开发项目投资与成本费用估算的范围包括土地购置成本、土地开发成本、建安工程造价、管理费用、销售费用、财务费用及开发期间的税费等全部投资。

房地产建设项目各项费用的构成复杂、变化因素多、不确定性大，依建设项目的类型不同而有其自身的特点，因此不同类型的建设项目，其投资和费用构成有一定的差异。对于一般房地产开发项目而言，投资及成本费用由开发成本和开发费用两大部分组成。

(一)开发成本

房地产开发成本主要包括以下几项内容。

1. 土地使用权出让金

国家以土地所有者身份，将一定年限内的土地使用权有偿出让给土地使用者。土地使用者支付土地出让金的估算可参照政府前期出让的类似地块的出让金数额，并考虑时间、地段、用途、临街状况、建筑容积率、土地出让年限、周围环境状况及土地现状等因素进行修正得到；也可依据所在城市人民政府颁布的城市基准地价或平均标定地价，根据项目所在地段等级、用途、容积率、使用年限等因素修正得到。

2. 土地征用及拆迁安置补偿费

土地征用及拆迁安置补偿费主要包括：

(1)土地征用费。国家建设征用农村土地发生的费用主要有土地补偿费、劳动力安置补助费、水利设施维修分摊、青苗补偿费、耕地占用税、耕地垦复基金、征地管理费等。农村土地征用费的估算可参照国家和地方有关规定进行。

(2)拆迁安置补偿费。在城镇地区，国家和地方政府可以依据法定程序，将国有储备土地或已由企、事业单位或个人使用的土地出让给房地产开发项目或其他建设项目使用。因出让土地原用地单位或个人遭受经济损失，新用地单位应按规定予以补偿。拆迁安置补偿费实际上包括两部分费用，即拆迁安置费和拆迁补偿费。

3. 前期工程费

前期工程费主要包括：

(1)项目的规划、设计、可行性研究所需费用。一般可以按项目总投资额的一定百分比估算。通常规划、设计费为建安工程费的3%左右，水文地质勘探费可根据所需工作量结合有关收费标准估算。

(2)“三通一平”等土地开发费用。主要包括地上原有建筑物、构筑物拆除费用，场地平整费和通水、通电、通路的费用等。这些费用可以根据实际工作量，参照有关计费标准估算。

4. **建安工程费**

建安工程费是指直接用于建安工程建设的总成本费用。主要包括建筑工程费(建筑、特殊装修工程费)、设备及安装工程费(给排水、电气照明、电梯、空调、燃气管道、消防、防雷、弱电等设备及安装)以及室内装修工程费等。在可行性研究阶段，建安工程费可采用单元估算法、单位指标估算法、工程量近似匡算法、概算指标估算法以及类似工程经验估算法等进行估算。

5. **基础设施费**

基础设施费又称红线内工程费，包括供水、供电、供气、道路、绿化、排污、排洪、电信、环卫等工程费用，通常采用单位指标估算法来计算。

6. **公共配套设施费**

公共配套设施费主要包括不能有偿转让的开发小区内公共配套设施发生的支出。其估算可参照建安工程费的估算方法。

7. **不可预见费**

不可预见费包括基本预备费和涨价预备费。依据项目的复杂程度和前述各项费用估算的准确程度，以上述1～6项之和为基数，按3%～5%计算。

8. **开发期间税费**

开发项目投资估算应考虑项目在开发过程中所负担的各种税金和地方政府或有关部门征收的费用。在一些大中城市，这部分费用在开发建设项目投资构成中占较大比重。应根据当地有关法规标准进行估算。

(二)开发费用

开发费用是指与房地产开发项目有关的管理费用、销售费用和财务费用。

1. **管理费用**

可以项目开发成本构成中前1～6项之和为基数，按3%左右计算。

2. **销售费用**

销售费用是指开发建设项目在销售产品过程中发生的各项费用以及专设销售机构或委托销售代理的各项费用。主要包括以下三项内容：

(1)广告宣传费。约为销售收入的2%～3%；

(2)销售代理费。约为销售收入的1.5%～2%；

(3)其他销售费用。约为销售收入的0.5%～1%。

以上各项合计，销售费用约占销售收入的4%～6%。

3. **财务费用**

财务费用是指为筹集资金而发生的各项费用，主要包括借款利息和其他财务费用(如汇兑损失)等。

为了便于对房地产建设项目各项支出进行分析和比较，通常把估算结果以汇总表的形式列出。房地产开发项目投资估算结果是筹集建设资金和金融部门批准贷款的依据；是确定设计任务书的投资额和控制初步设计概算的依据；是可行性研究和在项目评估中进行技术经济分析的依据。

表 7-1　房地产开发企业会计科目表

顺序号	编号	名称	顺序号	编号	名称
		一、资产类			二、负债类
1	1001	库存现金	52	2001	短期借款
2	1002	银行存款	53	2101	交易性金融负债
3	1012	其他货币资金	54	2201	应付票据
4	1101	交易性金融资产	55	2202	应付账款
5	1121	应收票据	56	2203	预收账款
6	1122	应收账款	57	2211	应付职工薪酬
7	1123	预付账款	58	2221	应交税费
8	1131	应收股利	59	2231	应付利息
9	1132	应收利息	60	2232	应付股利
10	1221	其他应收款	61	2241	其他应付款
11	1231	坏账准备	62	2314	代理业务负债
12	1321	代理业务资产	63	2501	长期借款
13	1401	材料采购	64	2502	应付债券
14		* 采购保管费	65	2701	长期应付款
15		* 库存材料	66	2702	未确认融资费用
16		* 库存设备	67	2711	专项应付款
17	1402	在途物资	68	2801	预计负债
18	1403	原材料	69	2901	递延所得税负债
19	1404	材料成本差异	70		三、共同类
20	1408	委托加工物资		3101	衍生工具
21	1411	周转材料	71	3201	套期工具
22	1412	* 开发产品	72	3202	被套期项目
23	1413	* 周转房	73		四、所有者权益类
24	1471	存货跌价准备		4001	实收资本
25	1501	持有至到期投资	74	4002	资本公积
26	1502	持有至到期投资减值准备	75	4101	盈余公积
27	1503	可供出售金融资产	76	4103	本年利润
28	1511	长期股权投资	77	4104	利润分配
29	1512	长期股权投资减值准备	78	4201	库存股
30	1521	投资性房地产	79		五、成本类
31	1531	长期应收款		5301	研发支出
32	1532	未实现融资收益	80	5501	* 开发成本
33	1551	委托贷款	81	5601	* 开发间接费用
34	1601	固定资产	82		六、损益类
35	1602	累计折旧	83	6001	主营业务收入
36	1603	固定资产减值准备	84	6051	其他业务收入
37	1604	在建工程	85	6101	公允价值变动损益
38	1605	工程物资		6111	投资收益
39	1606	固定资产清理	86	6301	营业外收入
40	1701	无形资产	87	6401	主营业务成本
41	1702	累计摊销	88	6402	其他业务成本
42	1703	无形资产减值准备	89	6403	营业税金及附加
43	1711	商誉	90	6601	销售费用
44	1801	长期待摊费用	91	6602	管理费用
45	1811	递延所得税资产	92	6603	财务费用
46	1901	待处理财产损益	93	6701	资产减值损失
47			94	6711	营业外支出
48			95	6801	所得税费用
49			96	6901	以前年度损益调整

注："＊"为房地产开发企业特有的会计科目。

四、房地产开发企业会计科目的设置

根据房地产行业特点，房地产企业会计科目的设置与一般企业有所不同。本章中，房地产企业会计科目表是按新《企业会计准则》设置的，同时结合了《房地产企业会计制度》的有关规定。房地产企业会计科目表比《企业会计制度》增加了或更改了一些会计科目名称，这些会计科目具体应用在以后的内容中将一一涉及。

第三节 房地产开发企业开发成本内容和分类

开发成本是指房地产开发企业在产品开发过程中所发生的各项费用支出。它反映了房地产开发企业在项目开发过程中所耗费的全部物化劳动与活劳动，是考核房地产开发工作质量的一项综合指标，是制定开发产品销售价格的基础。

一、房地产开发成本项目

开发成本项目一般可分为土地征用及拆迁补偿费、前期工程费、基础设施费、建筑安装工程费、公共配套设施费和开发间接费六项。

(一)土地征用及拆迁补偿费

指房地产开发时为征用土地所发生的各项费用，包括土地出让金、劳动力安置费、青苗补偿费、土地补偿费、拆迁补偿费及其他因征用土地而发生的费用(如耕地占用税)。

(二)前期工程费

指企业在前期准备阶段发生的各项费用，包括总体规划设计费、可行性研究费、政府代收代缴的各项费用、勘察设计费、各项临时工程费用(临时水、临时电、临时路等)、七通一平或三通一平费用等。

(三)基础设施费

指建造各项基础设施发生的费用。基础设施主要是指与开发产品相关的道路、供热设施、供水设施、供电设施、供气设施、通信设施、照明设施、以及绿化(包括排污、排洪、环卫)等，这些设施发生的设备及安装费都在基础设施费项目内归集。

(四)建筑安装工程费

指企业以出包方式支付承建单位的建筑安装工程费和企业自营工程发生的建筑安费。

(五)配套设施费

指为开发项目服务的，不能有偿转让的各项公共配套设施发生的费用，如锅炉房、水塔、公共厕所、自行车棚等。凡能有偿转让的公共配套设施如商店、邮局、学校、医院、理发店等都不能计入该成本项目内。

(六)开发间接费

指企业所属的开发部门或工程指挥部门为组织和管理开发项目而发生的各项费用支出，包括工资、福利费、办公费、差旅费、折旧费、修理费、水电费、劳动保护费、周转房摊销等。企业中各行政部门为管理公司而发生的各项费用不在此列，应在“管理费用”中核算。

可以看出，构成房地产开发企业产品的开发成本，相当于工业企业产品的制造成本和

施工企业的施工成本。

应该注意的是，目前我国房地产开发企业经营规模、经营范围、经营方式等各不相同。比如，就土地开发而言，有些企业只进行建设场地地面的清理平整，将原有建筑物、障碍物拆除，就算完成土地开发；而有些企业除进行地面的清理平整，还要进行地下各种管线的铺设、地面道路的建设，做到七通一平，才算完成土地开发等。所以，每一个开发企业应根据前述成本项目的设置原则，结合开发项目的具体情况，有选择地设置成本项目。

二、房地产开发成本的分类

开发产品成本按其用途，可分为以下四类：

(一)土地开发成本

土地开发成本是指房地产开发企业开发土地(即建设用地)所发生的各项费用。

(二)房屋开发成本

房屋开发成本是指房地产开发企业开发各种房屋(包括商品房、出租房、周转房、代建房等)所发生的各项费用支出。

(三)配套设施开发成本

它是指房地产开发企业开发能有偿转让的配套设施及不能有偿转让、不能直接计入开发产品成本的公共配套设施所发生的各项费用支出。

(四)代建工程开发成本

它是指房地产开发企业接受委托单位的委托，代为开发除土地、房屋以外其他工程(如市政工程)所发生的各项费用支出。

为了加强开发产品成本的管理，降低开发过程耗费的活劳动和物化劳动，提高企业经济效益，必须正确核算开发产品的成本，在各个开发环节控制各项费用支出。

三、房地产开发成本核算对象的确定

开发产品成本核算对象是指在开发产品成本的计算中，为了归集和分配开发费用而确定的费用承担者。企业应根据其开发项目的特点及实际情况，按照下列原则，选择成本核算对象：(1)一般的开发项目，以每一独立编制的概算或施工图预算所列单项工程为成本核算对象。(2)同一开发地点、结构类型相同的群体开发项目，开竣工时间相近、由同一施工单位施工的，可以并为一个成本核算对象。(3)对于个别规模较大、工期较长的开发项目，可以结合经济责任制的需要，按开发项目的一定区域和部位，划分成本核算对象。

成本核算对象应在开发项目开工前确定，一经确定就不能随意改变，更不能相互混淆。

四、房地产开发产品成本核算程序

(一)设置账户

为核算开发企业的开发成本，企业可根据其自身经营开发的业务要求，设置“开发成本”和“开发间接费用”账户。

1."开发成本"账户

"开发成本"属成本类账户，核算房地产开发企业在土地、房屋、配套设施和代建工程的开发过程中所发生的各项费用。

"开发成本"账户应按开发成本的种类设置二级明细账户，如"土地开发""房屋开发""配套设施开发""代建工程开发"等，并在二级明细账户下，按成本核算对象进行明细核算。

2."开发间接费用"账户

"开发间接费用"属成本类账户，核算房地产开发企业内部独立核算单位为开发产品而发生的各项间接费用，包括工资、福利费、折旧费、修理费、办公费、水电费、劳动保护费、周转房摊销等。

"开发间接费"账户应按企业内部不同的单位、部门(分公司)设置明细账户。

(二)开发产品成本核算程序

开发产品成本的核算程序是指房地产开发企业核算开发产品成本时应遵循的步骤和顺序。一般可以按照下列步骤计算开发产品的开发成本。

1. 归集开发产品费用

(1)在项目开发中发生的各项直接开发费用，直接计入各成本核算对象，即借记"开发成本"总分类账户和明细分类账户，贷记有关账户。

(2)为项目开发服务所发生的各项开发间接费用，可先归集在"开发间接费用"账户，即借记"开发间接费用"总分类账户和明细分类账户，贷记有关账户。

(3)将"开发间接费用"账户归集的开发间接费，按一定的方法分配计入各开发成本核算对象，即借记"开发成本"总分类账户和明细账户，贷记"开发间接费"账户。

通过上述程序，将应计入各成本核算对象的开发费用，归集在"开发成本"总分类账户和明细分类账户之中。

2. 计算并结转已完开发产品实际成本

计算已完开发项目从筹建至竣工验收的全部开发成本。并将其结转进入"开发产品"账户，即借记"开发产品"账户，贷记"开发成本"账户。

3. 按已完开发产品的实际功能和去向，将开发产品实际成本结转进入有关账户

按已完开发产品的实际功能和去向，将开发产品实际成本结转进入有关账户，即借记"主营业务成本""分期收款开发产品""周转房"等账户，贷记"开发产品"账户。

第八章

房地产开发企业产品开发成本与经营的核算

任务目标

1. 掌握土地开发成本与经营的核算。
2. 掌握配套设施开发成本与经营的核算。
3. 掌握房屋开发成本与经营的核算。
4. 熟悉周转房、代建工程、开发间接费用的核算。
5. 熟悉分期收款开发产品的核算。

第一节 土地开发成市与经营的核算

从广义角度理解，土地开发是指因人类生产建设和生活不断发展的需要，采用一定的现代科学技术经济手段，为扩大对土地的有效利用范围或提高对土地的利用深度所进行的活动，包括对尚未利用的土地进行开垦和利用，以扩大土地利用范围，也包括对已利用的土地进行整治，以提高土地利用率和集约经营程度。而从狭义的角度理解，土地开发主要是对未利用土地的开发利用。

按开发后土地用途来划分，土地开发可分为农用地开发和建设用地开发两种形式。其中，农用地开发包括耕地、林地、草地、养殖水面等的开发；建设用地开发指用于各类建筑物、构筑物用地的开发。房地产开发企业一般从事建设用地开发。

土地经营是指房地产开发企业对土地的销售、租赁等活动。企业将土地开发完成后，可以有偿转让给其他单位使用，可自行开发房屋等产品，也可将其出租供其他单位使用。

一、土地开发成本的核算

建设用地按照用途又可以分为自用建设用地和商品性建设用地，土地开发包括自用建设用地的开发和商品性建设用地的开发。企业为自行开发房屋等建筑物、构筑物而从事的建设用地的开发，为自用建设用地的开发。自用建设用地属企业的中间产品，其开发成本最终应计入有关房屋等产品的成本。企业为销售、有偿转让而从事的建设用地的开发为商品性建设用地的开发。商品性建设用地属企业最终产品，应单独核算其开发成本。

(一)成本项目的设置

企业开发的土地，因其设计要求不同，开发的层次、程度和内容都不相同，有的只是进行场地的清理平整，如原有建筑物、障碍物的拆除和土地的平整；有的除了场地平整外，还要进行地下各种管线的铺设、地面道路的建设等。因此，就各个具体的土地开发项目来说，它的开发支出内容是不完全相同的。企业要根据所开发土地的具体情况和会计制度规定的成本项目，设置土地开发项目的成本项目。对于会计制度规定的、企业没有发生支出内容的成本项目，如建筑安装工程费、配套设施费，可不必设置。根据土地开发支出的一般情况，企业对土地开发成本的核算，可设置如下四个成本项目。

1. 土地征用及拆迁补偿费

土地征用及拆迁补偿费是指按照城市建设总体规划进行土地开发所发生的土地征用费、耕地占用税、劳动力安置费，及有关地上、地下物拆迁补偿费等。

2. 前期工程费

前期工程费是指土地开发项目前期工程发生的费用，包括规划、设计费，项目可行性研究费，水文、地质勘察、测绘费，场地平整费等。

3. 基础设施费

基础设施费是指土地开发过程中发生的各种基础设施费，包括道路、供水、供电、供气、排污、排洪、通信等设施费用。

4. 开发间接费

开发间接费是指应由土地开发成本负担的开发间接费用。

(二)土地开发成本的核算

为核算企业在开发土地过程中发生的各项费用，应设置“开发成本——土地开发成本”账户。该账户借方登记企业开发土地过程中发生的各项费用支出；贷方登记土地开发完成结转的土地开发成本；借方余额反映正在开发尚未完成的土地的各项费用支出。该账户分别按照“自用土地开发成本”“商品性土地开发成本”等进行明细核算。

土地开发成本的核算包括开发过程中发生各项费用的核算和土地开发完成成本结转的核算。

1. 开发过程中发生各项费用的核算

企业在土地开发过程中发生的各项支出，除可将直接计入房屋开发成本的自用土地开发支出在“开发成本——房屋开发成本”账户核算外，其他土地开发支出均应通过“开发成本——土地开发成本”账户进行核算。企业在土地开发过程中发生的土地征用及拆迁补偿费或土地批租费、前期工程费、基础设施费，如果能分清成本核算对象的，应直接计入成本核算对象的开发成本中，借记“开发成本——土地开发成本”账户及有关明细账户，贷记“银行存款”“应付账款”等账户。如果不能分清成本核算对象的，应采用一定的标准对费用进行分配，再按照分配结果计入有关成本核算对象的开发成本中，借记“开发成本——土地开发成本”账户及有关明细账户，贷记“银行存款”“应付账款”等账户。

应由土地开发成本负担的开发间接费用，应借记"开发成本——土地开发成本"账户及有关明细账户，贷记"开发间接费用"账户。

【例 8-1】浙江长征房地产开发公司开发了一块土地，占地面积 40 000 平方米，开发完成后准备将其中的 30 000 平方米对外转让，其余 10 000 平方米自行开发商品房。假设在土地开发过程中发生如下经济业务：(1)支付土地出让金 2 500 万元；(2)支付拆迁补偿费 550 万元；(3)支付勘察设计费 21 万元 ；(4)支付土石方费用 550 万元；(5)由某施工企业承包的地下管道安装工程已竣工，应支付价款 150 万元。

【解析 8-1】根据上述资料，编制如下会计分录：

(1)支付土地出让金 25 000 000 元：

借：开发成本——土地开发成本——土地征用及拆迁费　　25 000 000

　　贷：银行存款　　25 000 000

(2)支付拆迁补偿费 5 500 000 元：

借：开发成本——土地开发成本——土地征用及拆迁费　　5 500 000

　　贷：银行存款　　5 500 000

(3)支付勘察设计费 210 000 元：

借：开发成本——土地开发成本——前期工程费　　210 000

　　贷：银行存款　　210 000

(4)支付土石方费用 5 500 000 元：

借：开发成本——土地开发成本——前期工程费　　5 500 000

　　贷：银行存款　　5 500 000

(5)由某施工企业承包的地下管道安装工程已竣工，应支付价款 1 500 000 元：

借：开发成本——土地开发成本——基础设施费　　1 500 000

　　贷：应付账款——××施工企业　　1 500 000

2. 土地开发完成，成本结转的核算

土地开发完成后，企业应根据已开发完成的土地的用途，视不同情况进行土地开发成本的结转。

商品性建设用地开发完成后，其开发成本应转入"开发产品——商品性土地"账户，借记"开发产品——商品性土地"账户，贷记"开发成本——土地开发成本"账户。

自用建设用地开发完成后，其开发成本的结转要视土地的使用情况而定。如果自用建设用地开发完成后立即投入开发房屋等产品，其开发成本应转入房屋等产品的开发成本中。借记"开发成本——房屋开发成本"等账户，贷记"开发成本——土地开发成本"账户。

如果自用建设用地开发完成后暂时搁置不使用，其开发成本应转入"开发产品——自用土地"账户。借记"开发产品——自用土地"账户，贷记"开发成本——土地开发成本"账户。后期投入开发房屋等产品时，再将其开发成本从"开发产品——自用土地"账户转入房屋等产品的开发成本中，借记"开发成本——房屋开发成本"等账户，贷记"开发产品——自用土地"账户。

结转计入房屋等开发成本的土地开发费用，可采取分项平行结转法或归类集中结转法。

(1)分项平行结转法

分项平行结转法是指将应结转的土地开发费用，按成本项目分别平行转入有关房屋等开发产品的开发成本的相关成本项目内。这种结转方法主要适用于改作自用的商业性建设场地的成本结转。因为原商业性建设场地的开发成本中归集了该场地应负担的全部费用。

(2)归类集中结转法

归类集中结转法是指将应结转的各项土地开发费用，归类合并为“土地征用及拆迁补偿费”和“基础设施费”两个费用项目，然后转入有关房屋等开发产品的开发成本的“土地征用及拆迁补偿费”和“基础设施费”成本项目内。这种结转方法主要适用于自用建设场地成本的结转。

【例 8-2】承例 8-1，土地开发工程完工，其中自用的 10 000 平方米土地尚未投入使用，其余 30 000 平方米准备转让。

【解析 8-2】“开发成本——土地开发成本”账户归集的开发总成本为 37 710 000 元，则单位土地开发成本为 942.75 元/平方米。自用土地应承担的开发成本为 9 427 500 元(942.75×10 000)；商品性土地应承当的开发成本为 28 282 500(942.75×30 000)。成本结转分录如下：

借：开发产品——自用土地　　9 427 500
　　　　　　——商品性土地　　28 282 500
　贷：开发成本——土地开发成本　　37 710 000

若自用的 10 000 平方米土地在开发完成后立即投入房屋开发工程的建设，则：

借：开发成本——房屋开发成本　　9 427 500
　贷：开发成本——土地开发成本　　9 427 500

【例 8-3】承例 8-1，若自用的 10 000 平方米土地在开发完成后投入房屋开发工程的建设中，则企业可采用下面两种方法结转土地开发成本。

【解析 8-3】

①采用归类集中结转法结转土地成本时：

借：开发成本——房屋开发成本——土地征用及拆迁费　　7 625 000
　　　　　　　　　　　　　　——基础设施费　　1 802 500
　贷：开发产品——自用土地——土地征用及拆迁费　　7 625 000
　　　　　　　　　　　　　——前期工程费　　1 427 500
　　　　　　　　　　　　　——基础设施费　　375 000

②采用分项平行结转法结转土地成本时：

借：开发成本——房屋开发成本——土地征用及拆迁费　　7 625 000
　　　　　　　　　　　　　　——前期工程费　　1 427 500
　　　　　　　　　　　　　　——基础设施费　　375 000
　贷：开发成本——自用土地——土地征用及拆迁费　　7 625 000
　　　　　　　　　　　　　——前期工程费　　1 427 500
　　　　　　　　　　　　　——基础设施费　　375 000

二、土地经营的核算

土地经营是指房地产开发企业对土地的销售、租赁等活动。企业将土地开发完成后，可以有偿转让给其他单位使用，可自行开发房屋等产品，也可将其出租供其他单位使用。

开发企业开发的商品性土地，可以将土地使用权进行转让。但在向其他单位转让时，必须按照法律和合同的规定，投入相当的资金，完成相应的开发。土地使用权的转让，应签订转让合同，在合同中载明土地的位置、四周边界和面积、地上附着物、土地用途、建筑物高度、绿化面积、土地转让期限、土地转让金的支付方式和违约责任等。

土地转让的交易方式，可以采用协议、招标、拍卖等方式。土地转让的价格，根据地理位置、经济环境、土地用途、土地转让期限、房地产市场供求等因素决定，并报当地土地管理机关备案。

对其他单位转让的土地，应在移交转让土地并将发票账单提交买主时，将其转让价格计入"银行存款""应收账款"等科目的借方和"主营业务收入——土地转让收入"科目的贷方，月份终了，应将转让土地的实际开发成本自"开发产品——商品性土地"科目的贷方结转"主营业务成本——土地转让成本"科目的借方。

【例 8-4】浙江长征房地产开发公司按合同要求，将开发好的商品性土地转让给海西房地产公司进行继续开发，转让价格为 500 万元，款项已存入银行。商品性土地开发成本为 210 万元。

【解析 8-4】将 500 万元确认为销售收入，同时将 210 万元确认为销售成本，编制会计分录如下：

借：银行存款	5 000 000	
贷：主营业务收入——土地转让收入		5 000 000
借：主营业务成本——土地转让成本	2 100 000	
贷：开发产品——商品性土地		2 100 000

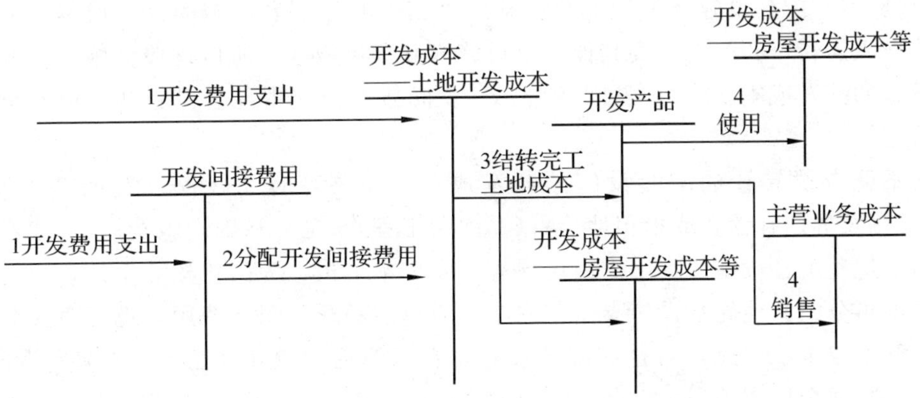

图 8-1 土地开发成本与经营的账务处理程序

第二节 配套设施开发成本与经营的核算

配套设施是指房地产开发企业根据城市建设规划的要求，或开发项目建设规划的要求，为满足居住的需要而与开发项目配套建设的各种服务性设施。按照开发完成后的配套设施能否进行有偿转让，配套设施可以分为能有偿转让的配套设施和不能有偿转让的配套设施两类。能有偿转让的配套设施包括开发小区内营业性公共配套设施，如商店、银行等，也包括非营业性配套设施，如中小学、文化站、医院等；还包括开发项目外为居民服务的供水、供电、供暖、供气的增容增压、交通道路等。不能有偿转让的配套设施包括水塔、锅炉房、游泳池、公厕、自行车棚等。

一、配套设施开发成本核算

配套设施开发是指房地产开发企业对各种服务性设施的建造，包括能有偿转让的配套设施开发和不能有偿转让的配套设施开发。它是房地产开发企业成本核算的重要组成部分。

(一)成本项目的设置

对能有偿转让的配套设施应以各配套设施项目作为成本核算对象计算开发成本。对能有偿转让的配套设施开发成本应设置六大成本项目：(1)土地征用及拆迁补偿费；土地征用及拆迁补偿费进行配套设施开发所发生的土地征用费、耕地占用税、劳动力安置费，及有关地上、地下物拆迁补偿费等。(2)前期工程费；前期工程费是指土地开发项目前期工程发生的费用，包括规划、设计费，项目可行性研究费，水文、地质的勘察、测绘费，场地平整费等。(3)基础设施费；基础设施费是指配套设施开发过程中发生的各种基础设施费，包括道路、供水、供电、供气、排污、排洪、通讯等设施费用。(4)建筑安装工程费；建筑安装工程费是指配套设施开发过程中对建筑安装工程进行施工所发生的各种费用。(5)配套设施费；配套设施费是指配套设施应承担的其他配套设施的开发成本。因为要使这些设施投入运转，有的也需要其他配套设施为其提供服务，所以理应分配计入为其服务的有关设施的开发成本。(6)开发间接费。开发间接费指应由配套设施开发成本负担的开发间接费用。

对于不能有偿转让的配套设施的开发成本，在核算时一般仅设置四个成本项目：(1)土地征用及拆迁补偿费或批租地价；(2)前期工程费；(3)基础设施费；(4)建筑安装工程费。由于这些配套设施的支出需由房屋等开发成本负担，为简化核算手续，对这些配套设施，可不再分配其他配套设施支出。它本身应负担的开发间接费用，也可直接分配计入有关房屋开发成本。因此，对这些配套设施，在核算时也就可不必设置“配套设施费”和“开发间接费”两个成本项目。

(二)配套设施开发成本的核算

为核算企业在开发配套设施过程中发生的各项费用，应设置“开发成本——配套设施开发成本”账户。该账户为成本类账户，借方登记企业开发配套设施过程中发生的各项费用支出；贷方登记配套设施开发完成结转的开发成本；余额在借方反映正在开发尚未完成的配套设施的各项费用支出。该账户按成本核算对象和成本项目进行明细分类核算。

配套设施开发成本的核算包括开发过程中发生的各项费用的核算和配套设施开发完成成本结转的核算。

1. 开发过程中发生各项费用的核算

对能有偿转让的配套设施在开发过程中发生的各项费用，应借记“开发成本——配套设施开发成本”账户，贷记“银行存款”等账户。应由配套设施开发成本负担的开发间接费用，借记“开发成本——配套设施开发成本”账户，贷记“开发间接费用”账户。

对不能有偿转让的配套设施在开发过程中发生的各项费用，若能分清受益对象，则应直接计入受益对象的开发成本中，如受益对象为房屋、配套设施等，应借记“开发成本——房屋开发成本”“开发成本——配套设施开发成本”等账户，贷记“银行存款”“应付账款”等账户。如果不能分清受益对象，应先通过“开发成本——配套设施开发成本”账户核算，借记该账户，贷记“银行存款”“应付账款”等账户。受益对象一般包括开发房屋、能有偿转让的配套设施等开发产品。

【例 8-5】某房地产开发公司开发建设住宅小区配套的商店和自行车棚工程，用银行存款支付工程款 75 000 元。

【解析 8-5】根据上述资料，编制会计分录如下：

借：开发成本——配套设施开发成本　　75 000

　　贷：银行存款　　75 000

2. 配套设施开发完成，成本结转的核算

对于能有偿转让的配套设施开发完成后，其实际成本应转入“开发产品”账户。借记“开发产品——××配套设施”账户，贷记“开发成本——配套设施开发成本”账户。

对不能有偿转让的配套设施开发完成后，应根据配套设施的建设情况，视不同情况进行配套设施开发成本的结转。

与受益对象(房屋等)同步开发的，不能有偿转让的配套设施开发完成后，其开发成本应转入受益对象的开发成本中。借记“开发成本——房屋开发成本”“开发成本——配套设施开发成本”等账户，贷记“开发成本——配套设施开发成本”账户。

与受益对象(房屋等)非同步开发的，不能有偿转让的配套设施开发完成后，其开发成本应转入“预提费用”账户。借记“预提费用”账户，贷记“开发成本——配套设施开发成本”账户。

对与受益对象非同步开发的配套设施，由于受益对象开发与配套设施建设存在时间差，使得那些已具备使用条件并已出售的受益对象应负担的配套设施费，无法按配套设施的实际开发成本进行结转和分配，因此，经批准后可按配套设施的预算成本或计划成本计算受益对象应负担的配套设施费，计入受益对象等开发成本明细分类账的“配套设施费”项目，借记“开发成本——房屋开发成本”等账户，贷记“预提费用”账户。

受益对象预提的应负担的配套设施费可按以下公式计算：

$$\text{配套设施费预提率}=\frac{\text{该配套设施的预算成本（或计划成本）}}{\text{应负担该配套设施费各开发产品的预算成本（或计划成本）合计}}\times 100\%$$

$$\text{某受益对象预提的配套设施费}=\text{该受益对象的预算成本（或计划成本）}\times\text{配套设施费预提率}$$

按预提率计算各受益对象负担的配套设施费时，配套设施的预算成本(或计划成本)与实际开发成本间的差额，应在配套设施完工时，按预提数的比例，调整增加或减少受益对象的开发成本。增加受益对象开发成本时，借记"开发成本——房屋开发成本"等账户，贷记"预提费用"账户。减少受益对象开发成本，则做相反会计分录。

【例 8-6】商店和自行车棚工程完工，实际成本分别为 120 000 元和 2 000 元。自行车棚是为商品房开发工程所建，商店则作为小区内第三产业经营用房。做如下会计处理：

【解析 8-6】

(1) 结转商店开发成本：

借：开发产品——配套设施(商店)　　120 000

　　贷：开发成本——配套设施开发　　120 000

(2)结转自行车棚开发成本：

借：开发成本——房屋开发成本　　2 000

　　贷：开发成本——配套设施开发　　2 000

【例 8-7】某房地产开发企业某开发项目内 004 锅炉房的开发成本应由 001 商品房、002 商品房、003 商店负担。锅炉房与商品房等开发产品非同步开发。假定各项开发产品和锅炉房的预算成本如下：001 商品房 2 500 000 元，002 商品房 1 500 000 元，003 商店 1 000 000元，004 锅炉房 500 000 元。计算各项开发产品负担的锅炉房配套设施费，并做账务处理。

【解析 8-7】由于锅炉房与商品房等开发产品非同步开发，无法按锅炉房的实际开发成本进行结转和分配，因此应先将锅炉房配套设施费预提计入商品房等的开发成本。

锅炉房配套设施费预提率＝500 000/(2 500 000＋150 000＋1 000 000)×100％＝10％

各项开发产品预提锅炉房的配套设施费为：

001 商品房：2 500 000 元×10％＝250 000(元)

002 商品房：1 500 000 元×10％＝150 000(元)

003 商店：1 000 000 元×10％＝100 000(元)

会计分录为：

借：开发成本——房屋开发成本——001 商品房(配套设施费)　　250 000

　　开发成本——房屋开发成本——002 商品房(配套设施费)　　150 000

　　开发成本——配套设施开发成本——003 商店(配套设施费)　　100 000

　　贷：预提费用　　500 000

【例 8-8】承例 8-7，假设：

(1)锅炉房实际开发成本为 600 000 元，商品房等开发产品均尚未办理竣工结算；

(2)锅炉房实际开发成本为 400 000 元，001 商品房尚未办理竣工结算，其他开发产品已办理结算。

计算有关开发产品应负担的成本差异，并做账务处理。

【解析 8-8】

(1)锅炉房实际开发成本为 600 000 元大于锅炉房的预算成本 500 000 元，同时商品房等开发产品均尚未办理竣工结算，因此成本差异额 100 000 元应追加分配给 001 商品房、

002 商品房和 003 商店，增加它们的开发成本。

成本差异额分配率＝100 000/(250 000＋150 000＋100 000)＝20%

各项开发产品预提锅炉房的配套设施费为：

001 商品房：250 000×20%＝50 000(元)

002 商品房：150 000×20%＝30 000(元)

003 商店：100 000×20%＝20 000(元)

会计分录为：

借：开发成本——房屋开发成本——001 商品房(配套设施费) 50 000

开发成本——房屋开发成本——002 商品房(配套设施费) 30 000

开发成本——配套设施开发成本——003 商店(配套设施费) 20 000

贷：预提费用 100 000

(2)锅炉房实际开发成本为 400 000 元小于锅炉房的预算成本 500 000 元，同时 001 商品房尚未办理竣工结算，其他开发产品已办理结算，因此成本差异额 100 000 元应追加分配给 001 商品房，减少它的开发成本。

会计分录为：

借：预提费用 100 000

贷：开发成本——房屋开发成本——001 商品房(配套设施费) 100 000

【例 8-9】某房地产开发企业根据建设规划要求，在开发小区内负责建设一间商店、一座水塔及一所幼托。上述设施均发包给施工企业施工，其中商店建成后，有偿转让给商业部门。水塔和幼托的开发支出按规定计入有关开发产品的成本。水塔与商品房同步开发，幼托与商品房不同步开发，其支出经批准采用预提办法。上述各配套设施共发生了下列有关支出(单位：元)：

	商店	水塔	幼托
支付征地拆迁费	30 000	4 000	40 000
支付承包设计单位前期工程款	15 000	10 000	20 000
应付承包施工企业基础设施工程款	20 000	10 000	25 000
应付承包施工企业建筑安装工程款	100 000	150 000	90 000
分配水塔设施配套设施费	15 000		
分配开发间接费	55 000		
预提幼托设施配套设施费	40 000		175 000

【解析 8-9】相关会计分录如下：

(1)用银行存款支付征地拆迁费时：

借：开发成本——配套设施开发成本——商店 30 000

——水塔 4 000

——幼托 40 000

贷：银行存款 74 000

(2)用银行存款支付设计单位前期工程款时：

借：开发成本——配套设施开发成本——商店 15 000
——水塔 10 000
——幼托 20 000
贷：银行存款 45 000

(3)将应付施工企业基础设施工程款和建筑安装工程款入账时：

借：开发成本——配套设施开发成本——商店 120 000
——水塔 160 000
——幼托 115 000
贷：应付账款——应付工程款 395 000

(4)分配应计入商店配套设施开发成本的水塔设施支出时：

借：开发成本——配套设施开发成本(能转让)——商店 15 000
贷：开发成本——配套设施开发成本(不能转让)——水塔 15 000

(5)分配应计入商店配套设施开发成本的开发间接费用时：

借：开发成本——配套设施开发成本(能转让)——商店 55 000
贷：开发间接费用 55 000

(6)预提应由商店配套设施开发成本负担的幼托设施支出时：

借：开发成本——房屋开发成本 135 000
开发成本——配套设施开发成本(能转让)——商店 40 000
贷：预提费用——预提配套设施费 175 000

(7)商店开发完成，成本结转时：

借：开发产品——配套设施(能转让)——商店 275 000
贷：开发成本——配套设施开发成本(能转让)——商店 275 000

(8)水塔开发完成，成本结转时：

借：开发成本——房屋开发成本 159 000
开发成本——配套设施开发成本(能转让)——商店 15 000
贷：开发成本——配套设施开发成本(不能转让)——水塔 174 000

(9)幼托开发完成，成本结转时：

借：预提费用——预提配套设施费 175 000
贷：开发成本——配套设施开发成本(不能转让)——幼托 175 000

二、配套设施经营的核算

开发企业在房地产开发过程中按照城市建设规划开发的部分配套设施如商店、邮局、银行储蓄所等，可以进行有偿转让。对有关单位有偿转让的配套设施，应在办理财产交接手续、并在将配套设施工程价款账单提交有关单位时，按其转让价格借记“银行存款”“应收账款”等账户，贷记“主营业务收入——配套设施销售收入”账户。

月份终了，应将转让配套设施的实际开发成本自“开发产品——配套设施”账户的贷方转入“主营业务成本——配套设施销售成本”账户的借方。

若房地产开发企业将开发的能有偿转让的配套设施用于本企业从事第三产业经营用

房，应视同自用“固定资产”处理，成本转入“固定资产”账户，借记“固定资产”账户，贷记“开发产品——××配套设施”账户。

【例 8-10】甲房地产开发企业在开发小区内建设一邮局，于当年 10 月完工验收，实际开发成本为 150 000 元。在开发商品房小区完成后，将邮局转让给小区物业公司，转让价格为 180 000 元。

【解析 8-10】

(1)邮局开发完成结转成本时：

借：开发产品——配套设施——邮局 150 000

　　贷：开发成本——配套设施——邮局 150 000

(2)转让邮局时：

借：银行存款 180 000

　　贷：主营业务收入——配套设施销售收入 180 000

同时，结转销售成本：

借：主营业务成本——配套设施销售成本 150 000

　　贷：开发产品——配套设施 150 000

【例 8-11】承例 8-10，甲房地产开发企业将开发好的邮局转作自用，从事餐饮服务。

【解析 8-11】将开发成本 15 万元转入“固定资产”账户，会计分录如下：

借：固定资产 150 000

　　贷：开发产品——配套设施——邮局 150 000

第三节 房屋开发成本与经营的核算

房屋的开发，是指从事房地产开发的企业为了实现城市规划和城市建设而从事的房屋建设行为。房屋按其开发用途的不同可分为如下几类：一是为销售而开发的商品房；二是为出租经营而开发的出租房；三是为安置被拆迁居民周转使用而开发的周转房。此外，有的开发企业还受其他单位的委托，代为开发如职工住宅等代建房。

房屋经营，是指房屋的销售和出租。房地产开发企业可以将开发完成的房屋作为商品作价出售或是出租。

房屋开发与经营是房地产开发企业的主要经济业务。

一、房屋开发成本的核算

房屋用途虽有商品房、出租房、周转房与代建房之分，但它们所发生的开发费用的性质和用途，都大体相同，在成本核算上可采用相同的方法。

(一)成本项目的设置

房地产开发企业对房屋开发成本的核算，应设置如下几个成本项目：

1. 土地征用及拆迁补偿费，是指房屋开发中征用土地所发生的土地征用费、耕地占用税、劳动力安置费，以及有关地上、地下物拆迁补偿费，或批租地价；

2. 前期工程费，是指房屋开发前期发生的规划设计、项目可行性研究、水文地质勘察、测绘等支出；

3. 基础设施费，是指房屋开发中各项基础设施发生的支出，包括道路、供水、供电、供气、排污、排洪、照明、绿化、环卫设施等支出；

4. 建筑安装工程费，是指列入房屋开发项目建筑安装工程施工图预算内的各项费用支出(包括设备费用)；

5. 配套设施费，是指按规定应计入房屋开发成本不能有偿转让的公共配套设施(如锅炉房、水塔、居委会、派出所、幼托、消防、自行车棚、公厕等)的支出；

6. 开发间接费，是指应由房屋开发成本负担的开发间接费用。

(二)房屋开发成本的核算

为核算企业在开发房屋过程中发生的各项费用，应设置"开发成本——房屋开发成本"账户。该账户为成本类账户，借方登记企业开发房屋过程中发生的各项费用支出；贷方登记房屋开发完成结转的开发成本；余额在借方反映正在开发尚未完成的房屋的各项费用支出。为了既能总括反映房屋开发所发生的各项费用，又能分门别类地反映企业各类房屋的开发成本，在会计核算上除设置"开发成本——房屋开发成本"账户外，还应按开发房屋的性质和用途，分别设置商品房、出租房、周转房、代建房等三级账户，并按各成本核算对象和成本项目进行明细分类核算。

房屋开发成本的核算包括开发过程中发生各项费用的核算和房屋开发完成成本结转的核算。

1. 开发过程中发生各项费用的核算

因房屋开发比较复杂，既涉及土地的开发又涉及配套设施的开发，同时成本项目较多，且各个成本项目具体核算方法又各不相同，因此应分成本项目来看房屋开发过程中发生各项费用的核算。

(1)土地征用及拆迁补偿费

房屋开发过程中发生的土地征用及拆迁补偿费，能分清成本核算对象的，应直接计入有关房屋开发成本核算对象的"土地征用及拆迁补偿费"成本项目，并借记"开发成本——房屋开发成本"账户，贷记"银行存款""应付账款"等账户。

房屋开发过程中发生的自用土地征用及拆迁补偿费，不能分清成本核算对象的，应将其支出先通过"开发成本——自用土地开发成本"账户进行归集，待土地开发完成投入使用时，再按一定标准(占地面积、预算成本等)将其分配计入有关房屋开发成本核算对象，并借记"开发成本——房屋开发成本"账户，贷记"开发成本——自用土地开发成本"账户。若开发完成的自用土地开发成本已转入"开发产品"账户，在自用土地用以建造房屋时，应将其负担的土地征用及拆迁补偿费计入有关房屋开发成本核算对象，并借记"开发成本——房屋开发成本"账户，贷记"开发产品——自用土地"账户。

房屋开发占用的土地，如属企业综合开发的商品性土地的一部分，则应将其发生的土地征用及拆迁补偿费，先通过"开发成本——商品性土地开发成本"账户进行归集，待土地开发完成投入使用时，再按一定标准将其分配计入有关房屋开发成本核算对象，待土地开发完成投入使用时，再按一定标准(占地面积、预算成本等)将其分配计入有关房屋开发成本核算对象，并借记"开发成本——房屋开发成本"账户，贷记"开发成本——自用土地开发成本”账户。如开发完成商品性土地已经转入“开发产品”账户，则在用以建造房屋时，应将其应负担的土地征用及拆迁补偿费计入有关房屋开发成本核算对象，并借记“开发成本——房屋开发成本”账户，贷记“开发产品——商品性土地”账户。

(2)前期工程费

房屋开发过程中各项前期工程支出，能分清成本核算对象的，应直接计入有关房屋开发成本核算对象的“前期工程费”成本项目，并借记“开发成本——房屋开发成本”账户，贷记“银行存款”“应付账款”等账户。不能分清成本核算对象的，应按一定标准将其分配计入有关房屋开发成本核算对象的“前期工程费”成本项目，并借记“开发成本——房屋开发成本”账户，贷记“银行存款”“应付账款”等账户。

如果开发完成商品性土地已转入“开发产品”账户，在用以建造房屋时，则应将其应负担的前期工程费(按归类集中结转的还应包括应负担的基础设施费和开发间接费)计入有关房屋开发成本核算对象，并借记“开发成本——房屋开发成本”账户，贷记“开发产品——商品性土地”账户。

(3)基础设施费

房屋开发过程中发生的各项基础设施支出，能分清成本核算对象的，应直接计入有关房屋开发成本核算对象的“基础设施费”成本项目，并借记“开发成本——房屋开发成本”账户，贷记“银行存款”“应付账款”等账户。不能分清成本核算对象的，应按一定标准将其分配计入有关房屋开发成本核算对象的“基础设施费”成本项目，并借记“开发成本——房屋开发成本”账户，贷记“银行存款”“应付账款”等账户。

(4)建筑安装工程费

房屋开发过程中发生的建筑安装工程支出，应根据工程的不同施工方式，采用不同的核算方法。采用发包方式进行建筑安装工程施工的房屋开发项目，其建筑安装工程支出，应根据企业承付的已完工程价款确定，直接计入有关房屋开发成本核算对象的“建筑安装工程费”成本项目，并借记“开发成本——房屋开发成本”账户，贷记“银行存款”或“应付账款”账户。如果开发企业对建筑安装工程采用招标方式发包，并将几个工程一并招标发包，则在工程完工结算工程价款时，应按各项工程的预算造价的比例，计算它们的标价即实际建筑安装工程费。

【例 8-12】某开发企业将两幢商品房建筑安装工程进行招标，标价为 1 080 000 元，这两幢商品房的预算造价为：101 商品房 630 000 元，102 商品房 504 000 元，合计 1 134 000元。

【解析 8-12】在工程完工结算工程价款时，应按如下方法计算各幢商品房的实际建筑安装工程费：

$$\frac{\text{某项工程实际建筑安装工程费}}{} = \text{工程标价} \times \text{该项工程预算造价} \div \text{各项工程预算造价合计}$$

101 商品房：1 080 000×630 000÷1 134 000＝600 000(元)

102 商品房：1 080 000×504 000÷1 134 000＝480 000(元)

采用自营方式进行建筑安装工程施工的房屋开发项目，其发生的各项建筑安装工程支出，一般可直接计入有关房屋开发成本核算对象的“建筑安装工程费”成本项目，并借记

“开发成本——房屋开发成本”账户，贷记“库存材料”“应付职工薪酬”“银行存款”等账户。如果房地产开发企业自行施工大型建筑安装工程，可以按照前篇所述设置“工程施工——合同成本”账户，用来核算和归集各项建筑安装工程支出，月末将其实际成本转入“开发成本——房屋开发成本”账户，并计入有关房屋开发成本核算对象的“建筑安装工程费”成本项目，并借记“开发成本——房屋开发成本”账户，贷记“工程施工——合同成本”账户。

企业用于房屋开发的各项设备，即附属于房屋工程主体的各项设备，应在出库交付安装时，计入有关房屋开发成本核算对象的“建筑安装工程费”成本项目，并借记“开发成本——房屋开发成本”账户，贷记“库存设备”账户。

(5)配套设施费

房屋开发成本应负担的配套设施费是指开发小区内不能有偿转让的公共配套设施支出。在具体核算时，应根据配套设施的建设情况，采用不同的归集和核算方法。

配套设施与房屋同步开发，发生的公共配套设施支出，能够分清并可直接计入有关成本核算对象的，直接计入有关房屋开发成本核算对象的“配套设施费”项目，借记“开发成本——房屋开发成本”账户，贷记“应付账款——应付工程款”等账户。如果发生的配套设施支出应由两个或两个以上成本核算对象负担的，应先在“开发成本——配套设施开发成本”账户归集，待配套设施完工时，再按一定标准(如有关项目的预算成本或计划成本)，分配计入有关房屋开发成本核算对象的“配套设施费”成本项目，借记“开发成本——房屋开发成本”账户，贷记“开发成本——配套设施开发成本”账户。

配套设施与房屋非同步开发，即先开发房屋，后建配套设施；或房屋已开发等待出售或出租，而配套设施尚未全部完成。在结算完工房屋的开发成本时，对应负担的配套设施费，可采取预提的办法，即根据配套设施的预算成本(或计划成本)和采用的分配标准，计算完工房屋应负担的配套设施支出，计入有关房屋开发成本核算对象的“配套设施费”成本项目，借记“开发成本——房屋开发成本”账户，贷记“预提费用”账户。预提数与实际支出数的差额，在配套设施完工时调整有关房屋开发成本。

(6)开发间接费

开发间接费，是指应由房屋开发成本负担的开发间接费用。每月终了，企业应按一定标准将发生的各项开发间接费用分配计入各有关开发产品成本。应由房屋开发成本负担的开发间接费用，应自“开发间接费用”账户的贷方转入“开发成本——房屋开发成本”账户的借方，并计入有关房屋开发成本核算对象的“开发间接费”成本项目。

【例 8-13】某房地产开发企业在某年度内，共发生了下列有关房屋开发支出(单位：元)：

	1号商品房	2号商品房	幼托
支付征地拆迁费	80 000	60 000	
结转自用土地征地拆迁费	60 000	50 000	
应付承包设计单位前期工程费	30 000	30 000	
应付承包施工企业基础设施工程款	70 000	55 000	
应付承包施工企业建筑安装工程款	500 000	400 000	
分配开发间接费用	65 000	45 000	
预算成本	900 000	700 000	120 000

【解析 8-13】根据上述资料，相关账务处理如下：

(1)用银行存款支付征地拆迁费时：

借：开发成本——房屋开发成本——1 号商品房　80 000
　　　　　　　　　　　　　——2 号商品房　60 000
　贷：银行存款　140 000

(2)结转使用土地应负担的自用土地开发成本时：

借：开发成本——房屋开发成本——1 号商品房　60 000
　　　　　　　　　　　　　——2 号商品房　50 000
　贷：开发成本——自用土地开发成本　110 000

(3)将应付设计单位前期工程款入账时：

借：开发成本——房屋开发成本——1 号商品房　30 000
　　　　　　　　　　　　　——2 号商品房　30 000
　贷：应付账款——应付工程款　60 000

(4)将应付施工企业基础设施工程款入账时：

借：开发成本——房屋开发成本——1 号商品房　70 000
　　　　　　　　　　　　　——2 号商品房　55 000
　贷：应付账款——应付工程款　125 000

(5)将应付施工企业建筑安装工程款入账时：

借：开发成本——房屋开发成本——1 号商品房　500 000
　　　　　　　　　　　　　——2 号商品房　400 000
　贷：应付账款——应付工程款　90 000

(6)假定配套设施与房屋非同步开发，则进行预提的配套设施费的计算：

配套设施费预提率 = 120 000/(900 000+700 000)×100% = 7.5%

1 号商品房预提的配套设施费 = 900 000×7.5% = 67 500 元

2 号商品房预提的配套设施费 = 700 000×7.5% = 52 500 元

预提应由房屋开发成本负担的幼托设施支出时：

借：开发成本——房屋开发成本——1 号商品房　67 500
　　　　　　　　　　　　　——2 号商品房　52 500
　贷：预提费用——预提配套设施费　120 000

(7)分配应由房屋开发成本负担的开发间接费用时：

借：开发成本——房屋开发成本——1 号商品房　65 000
　　　　　　　　　　　　　——2 号商品房　45 000
　贷：开发间接费用　110 000

2. 房屋开发完成，成本结转的核算

房地产开发企业对已完成开发的商品房、代建房、出租房、周转房，应在竣工验收以后根据房屋开发成本明细账记录的完工房屋实际成本，将其成本转入“开发产品”账户，借记“开发产品”账户，贷记“开发成本——房屋开发成本”账户。

其中“开发产品”账户应按房屋类别分别设置商品房、代建房、出租房、周转房等二级账户，并按各成本核算对象进行明细核算。

若房屋在开发完成时尚未确定具体的用途，应一律视作商品房，将其成本转入“开发产品——商品房”账户，借记“开发产品——商品房”账户，贷记“开发成本——房屋开发成本”账户。待用途确定时，再根据用途结转其成本。如用作出租房或周转房，其成本应转入“投资性房地产”或“开发产品——周转房” 等账户。

【例 8-14】甲房地产开发企业 20×7 年 10 月 22 日完工一批商品房，该商品房建造完工结转成本总额为 8 000 万元。

【解析 8-14】编制会计分录如下：

借：开发产品——商品房　　80 000 000

　　贷：开发成本——房屋开发成本(商品房)　　80 000 000

【例 8-15】承例 8-14，假定甲房地产开发企业开发完工的房屋未指定用途。

【解析 8-15】则应做如下会计分录：

借：开发产品——商品房　　80 000 000

　　贷：开发产品——房屋开发成本　　80 000 000

若后来确定用途用于出租，则：

借：投资性房地产　　80 000 000

　　贷：开发产品——商品房　　80 000 000

若用作周转房，则：

借：开发产品——出租开发产品(周转房)　　80 000 000

　　贷：开发产品——商品房　　80 000 000

二、房屋经营的核算

房屋经营，是指房屋的销售和出租。房地产开发企业可以将开发完成的房屋作为商品作价出售或出租。

企业开发完成的房屋，在竣工验收取得验收合格证书并办理登记手续后，即可加以出售。房屋可以整幢出售，也可以分套出售。整幢房屋分套出售前，企业应明确各套房屋的建筑面积及相应的土地使用权比例。房屋出售的价格，可由买卖双方确定，但必须将出售价格报当地房产管理机关备案。房屋买卖双方达成协议后，应签订《房屋买卖合同》。合同签署后，如符合《企业会计准则——收入》中销售商品确认的四个条件，企业即可确认收入实现。

整幢房屋分套出售时，应以建筑面积作为计算房屋价格的基本单位。各套房屋的建筑面积，除了各套“自用”建筑面积外，还要合理分摊“公用”建筑面积。

各套房屋的“自用”建筑面积，包括：各套房屋分户门以内的起居室(厅)、卧室、办公室、厨房、卫生间、储藏室、过道和阳台等面积。各套房屋的“公用”建筑面积，包括：公共使用的门厅、楼梯、电梯井(厅)、公共通道、垃圾管道以及突出屋面的有围护结构的楼梯间、水箱间、电梯机房等面积。

分套出售房屋分摊的“公用”建筑面积，应以该套房屋的“自用”建筑面积占该幢房屋总“自用”建筑面积的百分比进行分摊。分套出售房屋建筑面积的计算，可按以下公式进行：

$$\text{各套房屋自用建筑面积应分摊的公用建筑面积的分摊率}=(\text{该套房屋自用建筑面积}\div\text{该幢房屋自用建筑面积总和})\times 100\%$$

$$\text{各套房屋应分摊的公用建筑面积}=\text{公用建筑面积}\times\text{各套房屋自用建筑面积应分摊的公用建筑面积的分摊率}$$

$$\text{各套出售房屋建筑面积}=\text{该套房屋自用建筑面积}+\text{各套房屋应分摊的公用建筑面积}$$

【例 8-16】甲房地产开发企业出售商品房住宅一栋，取得价款收入 48 000 000 元，款项已存入银行，该商品房实际成本为 35 000 000 元。

【解析 8-16】

(1)销售取得收入时：

借：银行存款　　48 000 000

　　贷：主营业务收入——商品房销售收入　　48 000 000

(2)月份终了，结转成本：

借：主营业务成本——商品房销售成本　　35 000 000

　　贷：开发产品——商品房　　35 000 000

【例 8-17】某幢建筑出售房屋的建筑面积共为 6 000 平方米，其中各套房屋“自用”建筑面积总和 5 000 平方米，“公用”建筑面积为 1 000 平方米。如某套出售房屋的“自用”建筑面积为 50 平方米。

【解析 8-17】

$$\text{该套房屋自用建筑面积应分摊的公用建筑面积的分摊率}=(50/5\,000)\times 100\%=1\%$$

该套出售房屋建筑面积$=50+1\,000\times 1\%=60$(平方米)

若企业将商品房改为用以出租或是安置拆迁居民时，应将成本从“开发产品——商品房”账户转入相应的账户，借记“投资性房地产”“开发产品——周转房”账户，贷记“开发产品——商品房”账户。

三、周转房的核算

周转房是指企业用于安置拆迁居民周转，使用产权归企业所有的各种房屋。具体包括以下三种：一是在开发建设过程中已明确为安置居民周转使用的房屋；二是企业开发完成的商品房，在尚未销售之前用于安置拆迁居民周转使用的部分；三是搭建的用于安置拆迁居民周转使用的临时性简易房屋。

(一)账户设置

为核算周转房的实际成本，企业应设置“周转房”总分类账户，并在该账户下设置“在用周转房”和“周转房摊销”两个二级账户。

“周转房——在用周转房”账户核算在用周转房实际成本，借方登记增加的在用周转房实际成本，贷方登记减少的在用周转房实际成本。借方余额反映在用周转房的价值。

“周转房——周转房摊销”账户核算对在用周转房计提的摊销价值，贷方登记按月提取的在用周转房摊销价值，借方登记改变周转房用途，对外销售应冲减的已提摊销额。贷方余额反映在用周转房的累计已提摊销价值。“周转房”科目余额反映周转房的净值。

(二)周转房的核算

1. 周转房开发成本的核算

各类房屋虽用途不同，但它们开发成本核算原理是相同的，周转房开发成本的核算如前文房屋开发成本核算所述。

2. 周转房完工及交付的核算

企业应于周转房竣工验收或投入使用时，按其实际成本借记“周转房——在用周转房”账户，贷记“开发产品”“开发成本”等账户。对于在用周转房，企业还应根据其具体使用情况，建立“周转房使用卡片”，按每一套周转房的栋号(或楼层、房间号)进行明细核算，详细记录周转房的地点、结构、层次、面积、租金和安置居民姓名等情况。

【例 8-18】甲房地产开发公司为安置某小区的动迁居民，将其建造的 7 号楼作为周转房，7 号楼的实际开发成本为 3 000 000 元。

【解析 8-18】则相关账务处理如下：

(1)7 号楼完工结转时：

借：开发产品——周转房	3 000 000	
贷：开发成本——房屋开发成本(周转房)		3 000 000

(2)交付动迁居民使用时：

借：周转房——在用周转房	3 000 000	
贷：开发产品——周转房		3 000 000

3. 周转房摊销的核算

周转房在周转使用过程中要发生损耗，其损耗价值应转移到受益对象的成本中去。由于周转房并非以盈利为目的，因而其每期的摊销额不能计入“主营业务成本”，只能由入住的拆迁居民原所在地正在开发的工程来负担。期末确定应提摊销额后，将应提摊销额计入“开发成本”或“开发间接费用”账户。计提周转房摊销时，借记“开发成本”“开发间接费用”账户，贷记“周转房——周转房摊销”账户。

周转房摊销价值一般应按月计提，其计算原理类似于企业同类结构房屋的折旧计提。周转房计提摊销的方法主要有平均年限法和分次摊销法两种。

(1)平均年限法

平均年限法是指按周转房的使用年限平均计提摊销的一种方法，其计算公式如下：

$$\text{年摊销率}=(1-\text{预计净残值率})\div\text{预计摊销年限}\times100\%$$

$$\text{月摊销额}=\text{周转房原值}\times(\text{年摊销率}\div12)$$

其中，周转房摊销年限可比照企业同类结构房屋的折旧年限预计，净残值一般可按周转房原值的 3%～5%预计。

【例 8-19】承例 8-18，假定 7 号周转房预计摊销年限为 20 年，预计净残值率为 5%。

【解析 8-19】

7 号周转房年摊销额＝3 000 000×(1－5％)÷20＝142 500(元)

会计分录如下：

借：开发间接费用(或开发成本)　　142 500

　　贷：周转房——周转房摊销　　142 500

(2)分次摊销法

分次摊销法是根据周转房的预计使用次数计提摊销的一种方法。对于临时性简易周转房、由于周转使用次数有限，一般采用周转使用次数摊销法计提。

每次摊销额＝周转房原值×(1－预计净残值率)/预计周转使用次数

【例 8-20】甲房地产开发公司开发完工一临时性周转房，实际开发成本为 2 000 000 元。预计可周转 10 次，预计净残值率为 5％。

【解析 8-20】临时性周转房每次摊销额＝2 000 000×(1－5％)÷10＝190 000(元)

借：开发间接费用(或开发成本)　　190 000

　　贷：周转房——周转房摊销　　190 000

4. 周转房修理的核算

由于周转房直接服务于企业各有关的开发项目，在周转使用过程中发生的修理费用，可作为当期的开发成本，直接计入有关的开发产品成本，摊销期限在 1 年以上的周转房大修理支出，应先计入"长期待摊费用"科目，并分期摊销计入有关开发产品成本。计入"长期待摊费用"科目的周转房大修理支出，一般应以大修理间隔作为摊销月数，计算各月的摊销费用。企业根据实际情况会经常改变周转房用途，将其作价对外销售，在销售前，企业往往对周转房进行恢复修缮，所支付的修缮费用与一般修理费一样，计入有关开发产品成本。

按月摊销的周转房大修理支出，应自"长期待摊费用"科目的贷方转入"开发成本"等账户。

【例 8-21】承例 8-19，假定 7 号楼周转房发生修理费用 30 000 元，以银行存款支付。

【解析 8-21】相关账务处理如下：

(1)支付费用时：

借：开发间接费用(或开发成本)　　30 000

　　贷：银行存款　　30 000

(2)若分 15 个月摊销，则

①支付费用时：

借：长期待摊费用　　30 000

　　贷：银行存款　　30 000

②每月摊销费用时：

借：开发间接费用(或开发成本)　　2 000

　　贷：长期待摊费用　　2 000

5. 周转房的销售的核算

企业将周转房改变用途，对外销售时应视同商品房销售处理。取得销售收入时，借记

“银行存款”“应收账款”等账户，贷记“主营业务收入”账户，结转销售成本时，应按周转房摊余价值借记“主营收入成本”账户，按累计已提摊销价值借记“周转房——周转房摊销”账户，按周转房原始价值贷记“周转房——在用周转房”账户。

【例 8-22】承例 8-18、例 8-19、例 8-20，7 号楼周转使用 24 个月后，公司将它作为商品房对外销售，售房收入 4 000 000 元，已存入银行。

【解析 8-22】会计分录如下：

借：银行存款	4 000 000	
贷：主营业务收入——商品房销售收入		4 000 000
借：主营业务成本	2 715 000	
周转房——周转房摊销	285 000	
贷：周转房——在用周转房		3 000 000

第四节　代建工程的核算

代建工程，是指开发企业接受委托单位的委托，代为开发的各种工程，包括土地、房屋、市政工程等。代建工程的开发是房地产开发企业的主要经济业务。代建工程开发成本，是指在房地产开发企业接受委托单位委托，在开发代建过程发生的各项费用支出。

一、成本项目的设置

代建工程开发成本的核算对象，应根据各项工程实际情况确定。成本项目一般可设置如下几项：(1)土地征用及拆迁补偿费；(2)前期工程费；(3)基础设施费；(4)建筑安装工程费；(5)开发间接费。在实际核算工作中，应根据代建工程支出内容设置使用。

二、代建工程开发成本的核算

(一)账户设置

为核算企业在开发代建工程过程中发生的各项费用，应设置“开发成本——代建工程开发成本”账户。该账户为成本类账户，借方登记企业开发代建工程过程中发生的各项费用支出；贷方登记代建工程开发完成结转的开发成本；余额在借方反映正在开发尚未完成的代建工程的各项费用支出。但由于各种代建工程有着不同的开发特点和内容，在会计核算上应根据各类代建工程成本核算的不同特点和要求，选择相应的费用归集和成本核算方法。企业代委托单位开发的土地(即建设场地)、各种房屋所发生的各项支出，则应分别通过“开发成本——商品性土地开发成本”和“开发成本——房屋开发成本”账户进行核算，并在这两个账户下分别按土地、房屋成本核算对象和成本项目归集各项支出，进行代建工程项目开发成本的明细分类核算。企业接受委托单位委托，代为开发的除土地、房屋以外的其他工程所发生的支出，则通过“开发成本——代建工程开发成本”账户核算。

(二)代建工程开发成本的核算

1. 开发过程中发生各项费用的核算

开发企业发生的各项代建工程支出和对代建工程分配的开发间接费用，应计入“开发成本——代建工程开发成本”账户，同时应按成本核算对象和成本项目分别归类计入各代建工程开发成本明细账，借记“开发成本——代建工程开发成本”“开发成本——土地开发成本”“开发成本——房屋开发成本”账户，贷记“库存材料”“应付职工薪酬”“开发间接费用”等账户。

【例 8-23】浙江长征房地产开发企业接受市政工程管理部门的委托，代为扩建小区旁边一条道路。扩建过程中，用银行存款支付拆迁补偿费 800 000 元，前期工程费 200 000 元，应付基础设施工程款 500 000 元，分配开发间接费用 100 000 元。

【解析 8-23】企业在扩建道路过程中发生的开发支出和分配开发间接费用时，应做如下分录入账：

借：开发成本——代建工程开发成本　　1 600 000
　　贷：银行存款　　1 000 000
　　　　应付账款　　500 000
　　　　开发间接费用　　100 000

2. 代建工程开发完成，成本结转的核算

代建工程开发完成时，应将其开发成本转入“开发产品——代建工程”账户。

【例 8-24】承例 8-23，道路扩建工程完工并经验收，结转已完工程成本。

【解析 8-24】结转道路扩建工程开发成本，会计分录为：

借：开发产品——代建工程　　1 600 000
　　贷：开发成本——代建工程开发成本　　1 600 000

三、代建工程交付的核算

房地产开发企业将完成全部开发过程并将通过验收的代建工程交付委托代建单位，办妥工程价款结算手续后，应将工程价款确认为收入，同时结转代建工程开发成本。应将移交代建工程的实际开发成本自“开发产品——代建工程”科目的贷方转入“主营业务成本——代建工程结算成本”科目的借方。

【例 8-25】承例 8-23、例 8-24，浙江长征房地产开发企业，按照代建合同规定，将完成全部开发过程并经验收移交给市政工程管理部门，办理工程价款结算，工程价款为 2 300 000元，无款项未收。

【解析 8-25】代建工程交付委托代建单位，办妥工程价款结算手续后，应将工程价款确认为收入，同时结转代建工程开发成本。代建工程交付的账务处理为：

借：应收账款　　2 300 000
　　贷：主营业务收入　　2 300 000
借：主营业务成本　　1 600 000
　　贷：开发产品——代建工程　　1 600 000

第五节 开发间接费用的核算

一、开发间接费用的概念

开发间接费用，是指房地产开发企业内部独立核算单位在开发现场组织管理开发产品而发生的各项费用，如工资、福利费、折旧费、修理费、办公费、水电费、劳动保护费和周转房摊销等。这些费用虽也属于为房地产开发而发生的费用，但不能确定其应为某项开发产品所负担，因而无法将它直接计入各项开发产品成本。为了简化核算手续，将先计入“开发间接费用”账户，然后按照适当分配标准，将它分配计入各项开发产品成本。开发间接费用属成本类账户。

二、开发间接费用的核算

(一)开发间接费用的归集

开发间接费用的总分类核算应在“开发间接费用”账户进行。开发间接费用的明细分类核算，一般要按所属内部独立核算单位设置开发间接费用明细分类账，将发生的开发间接费用按明细项目分栏登记。

企业所属各内部独立核算单位发生的各项开发间接费用，应借记“开发间接费用”账户，贷记“应付职工薪酬”“累计折旧”“银行存款”“周转房——周转房摊销”等账户。

【例 8-26】某房地产开发企业所属内部独立核算开发分公司在 20×0 年 10 月份共发生了下列有关开发间接费用的经济业务：(1)应付管理人员工资 20 000 元；(2)按工资总额的 14%提取职工福利费；(3)用银行存款支付办公费用 2 000 元，水电费 1 000 元，其他费用 900 元；(4)开发管理部门使用的固定资产原值 100 000 元，月折旧率为 3‰；(5)不能确定为某项开发项目的安置拆迁居民周转使用的周转房原值为 5 000 000 元，该幢周转房的月摊销率为 2‰。

【解析 8-26】根据上述资料，编制会计分录如下：

借：开发间接费　　37 000
　　贷：应付职工薪酬　　22 800
　　　　银行存款　　3 900
　　　　累计折旧　　300
　　　　周转房——周转房摊销　　10 000

必须指出，如果开发企业不设置现场管理机构而由企业(即公司本部)定期或不定期地派人到开发现场组织开发活动，其所发生的费用，除周转房摊销外，其他开发间接费可计入企业的管理费用。

开发间接费用的明细分类核算，一般要按所属内部独立核算单位设置“开发间接费用明细分类账”，将发生的开发间接费用按明细项目分栏登记。

(二)开发间接费用的分配

每月终了，应对开发间接费用进行分配，按实际发生数计入有关开发产品的成本。不论土地开发、房屋开发、配套设施和代建工程，均应分配开发间接费用。为了简化核算手续，防止重复分配，对应计入房屋等开发成本的自用土地和不能有偿转让的配套设施的开发成本，均不分配开发间接费用。这部分开发产品应负担的开发间接费用，可直接分配计入有关房屋开发成本。也就是说，企业内部独立核算单位发生的开发间接费用，可仅对有关开发房屋、商品性土地、能有偿转让配套设施及代建工程进行分配。

开发间接费用的分配方法，企业可根据开发经营的特点自行确定。开发间接费用的分配标准，可按月份内各项开发产品实际发生的直接成本(包括土地征用及拆迁补偿费、前期工程费、基础设施费、建筑安装工程费、配套设施费)进行，计算公式如下：

$$\text{开发间接费用分配率}=\text{本期待分配的开发间接费用}\div\text{各开发产品直接成本总和}$$

$$\text{某开发产品应负担的开发间接费用}=\text{开发间接费用分配率}\times\text{该开发产品的直接成本}$$

【例 8-27】承例 8-26，某房地产开发企业某内部独立核算单位在 20×0 年 10 月份共发生了开发间接费用 37 000 元，各开发产品实际发生的直接成本如下(单位：元)：

开发产品	直接成本
1 号商品房	100 000
2 号商品房	80 000
出租房	65 000
周转房	70 000
大配套设施——商店	55 000
合计	370 000

根据上列公式计算，就可编制如表所示的开发间接费用分配表。

【解析 8-27】开发间接费用分配如表 8-1 所示。

表 8-1 开发间接费用分配表

20×0 年 10 月 单位：元

开发项目名称	直接成本	分配率	分配开发间接费用
1 号商品房	100 000		10 000
2 号商品房	80 000		8 000
出租房	65 000		6 500
周转房	70 000		7 000
大配套设施——商店	55 000		5 500
合计	370 000	0.1	37 000

根据开发间接费用分配表，可将各开发产品成本分配的开发间接费计入各开发产品成本核算对象的“开发间接费”成本项目，并将它计入“开发成本”各二级科目的借方和“开发间接费用”科目的贷方，做如下分录入账：

借：开发成本——房屋开发成本(1号商品房) 10 000
——房屋开发成本(2号商品房) 8 000
——房屋开发成本(出租房) 6 500
——房屋开发成本(周转房) 7 000
——配套设施开发成本(商店) 5 500
贷：开发间接费用 37 000

第六节 分期收款开发产品的核算

房地产开发企业开发的产品，如采用分期收款方式销售，应设置“分期收款开发产品”科目进行核算。该科目核算以分期收款方式销售开发产品，并按合同约定的收款日期确定销售收入实现的企业，移交开发产品的实际成本。企业应按销售对象设置明细分类账页或卡片或“分期收款开发产品备查簿”，详细记录分期收款开发产品的坐落地点、结构、层次、面积、售价、成本、分次收款时间、价款及已收取价款和尚未收取的价款等有关资料。

企业将开发产品移交购买单位(或个人)或办妥分期收款销售合同时，应将商品房等开发产品的实际成本，自“开发产品”科目转入本科目，借记本科目，贷记“开发产品”科目。按合同规定的期限收取销售价款时(包括第一次收款)，借记“银行存款”“应收账款”科目，贷记“主营业务收入”科目，同时，按开发产品全部销售成本占全部销售收入的比率计算本期应结转的销售成本，借记“主营业务成本”科目，贷记本科目。

企业在核算分期收款开发产品时，要注意分期收款开发产品销售成本的结转时间和结转数额。

一、分期收款开发产品销售成本的结转时间

采用分期收款办法销售的开发产品，它的销售成本的结转，应与分期收款销售收入实现的时间相一致。分期收款开发产品的应收价款，应按合同规定的收款时间分次转作收入，它的销售成本也应于销售实现时分次进行结转。

二、分期收款开发产品销售成本的结转数额

由于分期收款开发产品的销售收入是分次实现的，因此与销售收入相关联的销售成本也应分次结转。企业当期结转销售成本的数额，一般可根据当期收回的价款(即合同规定当期应收价款数额)占分期收款产品应收价款总额(即全部售价)比例计算。计算公式如下：

$$\frac{\text{某项分期收款开发产品}}{\text{当期应结转销售成本}}=\frac{\text{该项分期收款}}{\text{开发产品总成本}}\times\frac{\text{该项分期收款开发产品当期收回(应收)价款}}{\text{该项分期收款开发产品应收价款总额}}$$

【例8-28】甲房地产开发企业采用分期收款方式出售给乙公司一幢商品房，该商品房实际开发成本为1 200 000元，现以价款1 800 000元销售，双方签订的合同规定价款分三次支付：20×7年10月移交房屋时支付50%，计900 000元；第二年10月支付30%；第三

年10月支付20%。

【解析8-28】根据上述资料，企业应做如下分录入账：

(1)签订分期收款销售合同将商品房销售给乙公司时：

借：分期收款开发产品　　1 200 000

　贷：开发产品——商品房　　1 200 000

(2) 在移交房屋、收到乙公司交来第一次50%的价款时：

借：银行存款　　900 000

　贷：主营业务收入——商品房销售收入　　900 000

同时结转与上述商品房销售收入相关的销售成本：1 200 000×50% = 600 000(元)

借：主营业务成本——商品房销售成本　　600 000

　贷：分期收款开发产品　　600 000

(3)第二年10月根据分期收款销售合同收到30%价款时：

借：银行存款　　540 000

　贷：主营业务收入——商品房销售收入　　540 000

同时结转与上述商品房销售收入相关的销售成本：1 200 000×30% = 360 000(元)

借：主营业务成本——商品房销售成本　　360 000

　贷：分期收款开发产品　　360 000

(4)第三年10月根据分期收款销售合同规定收到20%的价款时：

借：银行存款　　200 000

　贷：主营业务收入——商品房销售收　　200 000

同时结转与上述商品房销售收入相关的销售成本：1200 000×20% = 240 000(元)

借：主营业务成本——商品房销售成本　　240 000

　贷：分期收款开发产品　　240 000

第九章
投资性房地产的核算

任务目标

1. 理解投资性房地产的概念。
2. 熟悉投资性房地产的范围。
3. 掌握投资性房地产确认与初始计量的原则。
4. 掌握投资性房地产按成本模式计量的核算。
5. 掌握投资性房地产按公允价值模式计量的核算。

第一节 投资性房地产的确认与初始计量

房地产可开发企业开发完成的产品中，有一种叫作出租开发产品，即指开发企业开发完成、用于出租经营的房屋和土地。出租开发产品有明确的用途，即出租。这类产品符合新准则里提到的投资性房地产，是投资性房地产的主要组成内容。

一、投资性房地产的概念

投资性房地产，是指为赚取租金或资本增值，或两者兼有而持有的房地产。主要包括已出租的土地使用权、持有并准备增值后转让的土地使用权和已出租的建筑物。投资性房地产应当能够单独计量和出售。

(一)属于投资性房地产的项目

1. 已出租的土地使用权

已出租的土地使用权，是指企业通过出让或转让方式取得，并以经营租赁方式出租的土地使用权。企业计划用于出租但尚未出租的土地使用权，不属于此类。

【例 9-1】甲企业与乙企业签订了一项经营租赁合同，乙企业将其持有使用权的一块土地出租给甲企业，以赚取租金，为期 10 年。甲企业又将这块土地转租给丙企业，以赚取租金差价，为期 3 年。

【解析 9-1】本例中，对于甲企业而言，这项土地使用权不能予以确认，也不属于其投资性房地产。对于乙企业而言，自租赁期开始日起，这项土地使用权属于其投资性房地产。

2. 持有并准备增值后转让的土地使用权

持有并准备增值后转让的土地使用权，是指企业通过出让或转让方式取得并准备增值后转让的土地使用权。但是，按照国家有关规定认定的闲置土地，不属于持有并准备增值的土地使用权。

3. 已出租的建筑物

已出租的建筑物，是指企业拥有产权并以经营租赁方式出租的房屋等建筑物。企业计划用于出租但尚未出租的建筑物，不属于此类。

企业将建筑物出租，按租赁协议向承租人提供的相关辅助服务在整个协议中不重大的，如企业将办公楼出租并向承租人提供保安、维修等辅助服务，应当将该建筑物确认为投资性房地产。

【例 9-2】甲房地产开发企业在当地房地产交易中心通过竞拍取得一块土地的使用权。甲企业按照合同规定对这块土地进行了开发，并在这块土地上建造了一栋商铺，拟用于整体出租，但尚未找到合适的承租人。

【解析 9-2】本例中，这栋商铺不属于投资性房地产。直到甲企业与承租人签订经营租赁合同，自租赁期开始日起，这栋商铺才能转为投资性房地产。

(二)不属于投资性房地产的项目

1. 自用房地产

自用房地产是指为生产商品、提供劳务或者经营管理而持有的房地产，包括自用建筑物(固定资产)和自用土地使用权(无形资产)。例如，企业拥有并自行经营的旅馆饭店，其持有目的主要是通过提供客房服务赚取服务收入，该旅馆饭店不确认为投资性房地产。

2. 作为存货的房地产

通常指房地产开发企业在正常经营过程中销售的或为销售而正在开发的商品房和土地。

某项房地产，部分用于赚取租金或资本增值，部分自用(即用于生产商品、提供劳务或经营管理)，能够单独计量和出售的、用于赚取租金或资本增值的部分，应当确认为投资性房地产；不能够单独计量和出售的、用于赚取租金或资本增值的部分，不确认为投资性房地产。该项房地产自用的部分，以及不能够单独计量和出售的、用于赚取租金或资本增值的部分，应当确认为固定资产或无形资产。

二、投资性房地产的确认和初始计量

(一)投资性房地产的确认

将某个项目确认为投资性房地产，首先应当符合投资性房地产的概念，其次要同时满足投资性房地产的两个确认条件：

1. 与该投资性房地产相关的经济利益很可能流入企业；

2. 该投资性房地产的成本能够可靠地计量。

(二)投资性房地产的初始计量

投资性房地产应当按照成本进行初始计量。

企业自行开发的房地产，只有在开发活动完成(即达到预定可使用状态)并同时开始对外出租或用于资本增值时，才能将其确认为投资性房地产。自行开发投资性房地产的成本，由开发该项房地产达到预定可使用状态前发生的必要支出构成。

企业自行开发房地产达到预定可使用状态后一段时间才对外出租或用于资本增值的，应当先将自行开发的房地产确认为存货，即开发产品。自租赁期开始日或用于资本增值之日起，从开发产品转为投资性房地产。

第二节 投资性房地产按成本模式计量的核算

投资性房地产的后续计量具有成本和公允价值两种模式，通常应当采用成本模式计量，满足特定条件时可以采用公允价值模式计量。但是同一企业只能采用一种模式对所有投资性房地产进行后续计量，不得同时采用两种计量模式。

一、采用成本模式进行后续计量的投资性房地产

企业通常应当采用成本模式对投资性房地产进行后续计量。采用成本模式进行后续计量的投资性房地产，应当遵循以下会计处理：

1. 自行开发的投资性房地产达到预定可使用状态时，按照其实际成本，借记“投资性房地产”科目，贷记“开发产品”等科目。

2. 按照固定资产或无形资产的有关规定，按期(月)计提折旧或进行摊销，借记“其他业务成本”等科目，贷记“投资性房地产累计折旧(摊销)”科目。

3. 取得的租金收入，借记“银行存款”等科目，贷记“其他业务收入”等科目。

4. 投资性房地产存在减值迹象的，应当适用资产减值的有关规定。经减值测试后确定发生减值的，应当计提减值准备，借记“资产减值损失”科目，贷记“投资性房地产减值准备”科目。

【例 9-3】20×7 年 3 月 1 日甲房地产开发公司将开发竣工后的 A 小区 2 号楼出租给乙公司，该房屋的开发成本为 4 500 000 元，完工后即投入出租经营使用，收到第一年租金收入 500 000 元。当月应计提折旧 12 000 元。

【解析 9-3】甲企业的账务处理如下：

(1)开发完工成本结转时：

借：开发产品　　4 500 000

　　贷：开发成本——2 号楼　　4 500 000

(2)出租时：

借：投资性房地产　　4 500 000

　　贷：开发产品　　4 500 000

(3)收到租金时：

借：银行存款　　500 000

　　贷：其他业务收入　　500 000

(4)计提折旧时：

借：其他业务成本　　12 000

　　贷：投资性房地产累计折旧　　12 000

二、投资性房地产后续计量模式的变更

房地产开发企业对投资性房地产的计量模式一经确定，不得随意变更。成本模式转为公允价值模式的，应作为会计政策变更处理，将计量模式变更时公允价值与账面价值的差额，调整期初留存收益(未分配利润)。房地产开发企业变更投资性房地产计量模式时，应当按照计量模式变更日投资性房地产的公允价值，借记“投资性房地产(成本)”科目，按照已计提的折旧或摊销，借记“投资性房地产累计折旧(摊销)”科目，已计提减值准备的，借记“投资性房地产减值准备”科目，按照原账面余额，贷记“投资性房地产”科目，按照公允价值与其账面价值之间的差额，贷记或借记“利润分配——未分配利润”“盈余公积”等科目。

【例 9-4】甲房地产开发企业将其一栋写字楼租赁给乙公司使用，并一直采用成本模式进行后续计量。20×9 年 1 月 1 日，甲企业认为，出租给乙公司使用的写字楼，其所在地的房地产交易市场比较成熟，具备了采用公允价值模式计量的条件，决定对该项投资性房地产从成本模式转换为公允价值模式计量。该写字楼的原造价为 80 000 000 元，已计提折旧 1 600 000 元，账面价值为 78 400 000 元。20×9 年 1 月 1 日，该写字楼的公允价值为 85 000 000元。假设甲房地产开发企业按净利润的 10%计提盈余公积。

【解析 9-4】甲房地产开发企业的账务处理如下：

借：投资性房地产——××写字楼(成本)　　85 000 000

　　投资性房地产累计折旧(摊销)　　1 600 000

　　贷：投资性房地产——××写字楼　　80 000 000

　　　　利润分配——未分配利润　　5 940 000

　　　　盈余公积　　660 000

三、房地产的转换

(一)房地产的转换形式及转换日

房地产的转换，实质上是因为房地产用途发生改变而对房地产进行的重新分类，房地产开发企业有确凿证据表明房地产用途发生改变，且满足下列条件之一的，应当将投资性房地产转换为其他资产或将其他资产转换为投资性房地产：

1. 投资性房地产开始自用。即将投资性房地产转为自用房地产。在此种情况下，转换日为房地产达到自用状态，即房地产开发企业开始将其用于生产经营管理的日期。

2. 作为存货的房地产改为出租。通常指房地产开发企业将其持有的开发产品以经营租赁的方式出租，存货相应地转换为投资性房地产。在此种情况下，转换日为房地产的租赁期开始日。租赁期开始日，是指承租人有权行使其使用租赁资产权利的日期。

3. 自用土地使用权停止自用，改用于资本增值，土地使用权相应地转换为投资性房地产。在此种情况下，转换日为自用土地使用权停止自用后，确定用于资本增值的日期。

（二）成本模式下房地产转换的会计处理

1. 采用成本模式计量的投资性房地产转为自用房地产

房地产开发企业将采用成本模式计量的投资性房地产转为自用房地产时，应将该项投资性房地产在转换日的账面余额、累计折旧、减值准备等，分别转入“固定资产”“累计折旧”“固定资产减值准备”等科目。按其账面余额，借记“固定资产”或“无形资产”科目，贷记“投资性房地产”科目；按已计提的折旧或摊销，借记“投资性房地产累计折旧(摊销)”科目，贷记“累计折旧”或“累计摊销”科目；原已计提减值准备的，借记“投资性房地产减值准备”科目，贷记“固定资产减值准备”或“无形资产减值准备”科目。

【例 9-5】20×7 年 11 月末，甲房地产开发企业将出租在外的房屋收回。12 月 1 日开始用作本企业的日常办公楼，该出租房屋相应由投资性房地产转换为自用房地产。该项房地产在转换前采用成本模式计量，截至 20×7 年 11 月 30 日，账面价值为 24 750 000 元，其中，原价 35 000 000 元，累计已提折旧 10 250 000 元。

【解析 9-5】甲企业 20×7 年 11 月 1 日的账务处理如下：

借：固定资产	35 000 000	
投资性房地产累计折旧(摊销)	10 250 000	
贷：投资性房地产——××房屋		35 000 000
累计折旧		10 250 000

2. 作为存货的房地产转为采用成本模式计量的投资性房地产

房地产开发企业将作为存货的房地产转为采用成本模式计量的投资性房地产时，应当按该项存货在转换日的账面价值，借记“投资性房地产”科目，原已计提跌价准备的，借记“存货跌价准备”科目，按其账面余额，贷记“开发产品”等科目。

【例 9-6】甲房地产开发企业与乙公司在 20×7 年 2 月 20 日签订了租赁协议，将其开发的一栋写字楼出租给乙企业，租赁期开始日为 20×7 年 3 月 25 日。租赁期开始日，该写字楼的账面余额 580 000 000 元，未计提存货跌价准备，转换后采用成本模式计量。

【解析 9-6】甲企业 20×7 年 3 月 25 目的账务处理如下：

借：投资性房地产——××写字楼	580 000 000	
贷：开发产品		580 000 000

四、投资性房地产的处置

当投资性房地产被处置，或者永久退出使用且预计不能从其处置中取得经济利益时，应当终止确认该项投资性房地产。

企业出售、转让、报废投资性房地产或者发生投资性房地产毁损，应当将处置收入扣除其账面价值和相关税费后的金额计入当期损益。(将实际收到的处置收入计入其他业务收入，所处置投资性房地产的账面价值计入其他业务成本)。

处置采用成本模式计量的投资性房地产时，应当按实际收到的金额，借记“银行存款”等科目，贷记“其他业务收入”科目；按该项投资性房地产的累计折旧或累计摊销，借记“投资性房地产累计折旧(摊销)”科目，按该项投资性房地产的账面余额，贷记“投资性房地产”科目，按其差额，借记“其他业务成本”科目。已计提减值准备的，还应同时结转减值准备。

【例 9-7】甲公司将其出租的一栋写字楼确认为投资性房地产。租赁期满后，甲公司将该栋写字楼出售给乙公司，合同价款为300 000 000元，乙公司已用银行存款付清。假设这栋写字楼原采用成本模式计量。出售时，该栋写字楼的成本为280 000 000元，已计提折旧30 000 000元。

【解析9-7】甲公司的账务处理如下：

(1)收到合同价款时：

借：银行存款　　300 000 000

　　贷：其他业务收入　　300 000 000

(2)结转成本时：

借：其他业务成本　　250 000 000

　　投资性房地产累计折旧(摊销)　　30 000 000

　　贷：投资性房地产——××写字楼　　280 000 000

第三节　投资性房地产按公允价值模式计量的核算

投资性房地产的后续计量，在满足特定条件时可以采用公允价值模式计量。

一、采用公允价值模式进行后续计量的投资性房地产

(一)采用公允价值模式的前提条件

企业只有存在确凿证据表明投资性房地产的公允价值能够持续可靠取得时，才可以采用公允价值模式对投资性房地产进行后续计量。企业一旦选择采用公允价值计量模式，就应当对其所有投资性房地产均采用公允价值模式进行后续计量。采用公允价值模式进行后续计量的投资性房地产，应当同时满足下列条件：

1. 投资性房地产所在地有活跃的房地产交易市场。所在地，通常是指投资性房地产所在的城市。对于大中城市，应当为投资性房地产所在的城区。

2. 企业能够从活跃的房地产交易市场上取得同类或类似房地产的市场价格及其他相关信息，从而对投资性房地产的公允价值作出合理的估计。同类或类似的房地产，对建筑物而言，是指所处地理位置和地理环境相同、性质相同、结构类型相同或相近、新旧程度相同或相近、可使用状况相同或相近的建筑物；对土地使用权而言，是指同一城区、同一位置区域、所处地理环境相同或相近，可使用状况相同或相近的土地。

(二)采用公允价值模式进行后续计量的会计处理

采用公允价值模式进行后续计量的投资性房地产，应当遵循以下会计处理：

1. 自行开发的投资性房地产达到预定可使用状态时，按照其实际成本，借记“投资性房地产”科目，贷记“开发产品”等科目。

2. 不对投资性房地产计提折旧或摊销。房地产开发企业应当以资产负债表日投资性房地产的公允价值为基础调整其账面价值，公允价值与原账面价值之间的差额计入当期损益。

3. 取得的租金收入，借记“银行存款”等科目，贷记“其他业务收入”等科目。

【例9-8】20×7年7月，甲房地产开发企业与乙公司签订租赁协议，约定将甲企业开发的一栋精装修的写字楼于开发完成的同时开始租赁给乙公司使用，租赁期为10年。当年10月1日，该写字楼开发完成并起租，写字楼的造价为60 000 000元。由于该栋写字

楼地处商业繁华区，所在城区有活跃的房地产交易市场，而且能够从房地产交易市场上取得同类房地产的市场报价，甲公司决定采用公允价值模式对该项出租的房地产进行后续计量。20×7 年 12 月 31 日，该写字楼的公允价值为 64 000 000 元。20×8 年 12 月 31 日，该写字楼的公允价值为 65 000 000 元。

【解析 9-8】甲企业的账务处理如下：

(1)20×7 年 10 月 1 日，甲房地产开发企业开发完成写字楼并出租：

借：投资性房地产——××写字楼(成本)　　60 000 000

　　贷：开发产品　　60 000 000

(2)20×7 年 12 月 31 日，以公允价值为基础调整其账面价值，公允价值与原账面价值之间的差额计入当期损益：

借：投资性房地产——××写字楼(公允价值变动)　　4 000 000

　　贷：公允价值变动损益　　4 000 000

(3)20×8 年 12 月 31 日，公允价值又发生变动：

借：投资性房地产——××写字楼(公允价值变动)　　1 000 000

　　贷：公允价值变动损益　　1 000 000

二、投资性房地产后续计量模式的变更

房地产开发企业对投资性房地产的计量模式一经确定，不得随意变更。已采用公允价值模式计量的投资性房地产，不得从公允价值转为成本模式。

三、公允价值模式下房地产转换的会计处理

(一)采用公允价值模式计量的投资性房地产转为自用房地产

房地产开发企业将采用公允价值模式计量的投资性房地产转为自用房地产时，应当以其转换当日的公允价值作为自用房地产的账面价值，公允价值与原账面价值的差额计入当期损益。转换日，按该项投资性房地产的公允价值，借记“固定资产”或“无形资产”科目；按该项投资性房地产的成本，贷记“投资性房地产(成本)”科目，该项投资性房地产的累计公允价值变动，贷记或借记“投资性房地产(公允价值变动)”科目，按其差额，贷记或借记“公允价值变动损益”科目。

【例 9-9】20×8 年 9 月 25 日，甲房地产开发企业因租赁期满，将出租的写字楼收回，准备作为办公楼用于本企业的行政管理。20×8 年 12 月 1 日，该写字楼正式开始自用，相应由投资性房地产转换为自用房地产，当日的公允价值为 50 000 000 元。该项房地产在转换前采用公允价值模式计量，原账面价值为 49 500 000 元，其中，成本为 47 000 000 元，公允价值变动为增值 2 500 000 元。

【解析 9-9】甲企业的账务处理如下：

借：固定资产　　50 000 000

　　贷：投资性房地产——写字楼(成本)　　47 000 000

　　　　　　　　　　——写字楼(公允价值变动)　　2 500 000

　　　　公允价值变动损益　　500 000

(二)作为存货的房地产转为采用公允价值模式计量的投资性房地产

房地产开发企业将作为存货的房地产转为采用公允价值模式计量的投资性房产时，应

当按该项房地产在转换日的公允价值，借记“投资性房地产(成本)”科目；原已计提跌价准备的，借记“存货跌价准备”科目，按其账面余额，贷记“开发产品”等科目。同时，转换日的公允价值小于账面价值的，按其差额，借记“公允价值变动损益”科目；转换日的公允价值大于账面价值的，按其差额，贷记“资本公积——其他资本公积”科目。待该项投资性房地产处置时，因转换计入资本公积的部分应转入当期的其他业务收入，借记“资本公积——其他资本公积”科目，贷记“其他业务收入”科目。

【例 9-10】甲房地产开发企业与乙公司在 20×7 年 6 月 20 日签订了租赁协议，将其开发的一栋写字楼出租给乙企业，租赁期开始日为 20×7 年 7 月 25 日。租赁期开始日，该写字楼的账面余额 450 000 000 元，未计提存货跌价准备，转换后采用公允价值模式计量。7 月 25 日该写字楼的公允价值为 410 000 000 元，20×7 年 12 月 31 日，该项投资性房地产的公允价值为 430 000 000 元。20×8 年 4 月租赁期届满，甲企业收回该项投资性房地产，并于 20×8 年 6 月以 460 000 000 元出售，出售款项已收讫。

【解析 9-10】甲房地产开发企业账务处理如下：

(1)20×7 年 7 月 25 日：

借：投资性房地产——××写字楼(成本)　　410 000 000
　　公允价值变动损益　　40 000 000
　　贷：开发产品　　450 000 000

(2)20×7 年 12 月 31 日：

借：投资性房地产——××写字楼(公允价值变动)　　20 000 000
　　贷：公允价值变动损益　　20 000 000

(3)20×8 年 6 月，出售时：

借：银行存款　　460 000 000
　　贷：其他业务收入　　460 000 000
借：其他业务成本　　430 000 000
　　贷：投资性房地产——××写字楼(成本)　　410 000 000
　　　　　　　　　——××写字楼(公允价值变动)　　20 000 000

同时，将投资性房地产累计公允价值变动转入其他业务收入：

公允价值变动减值 40 000 000 元－公允价值变动增值 20 000 000 元＝公允价值变动减值 20 000 000 元

借：其他业务收入　　20 000 000
　　贷：公允价值变动损益　　20 000 000

【例 9-11】承例 9-10，假设转换后采用公允价值模式计量，20×7 年 7 月 25 日该写字楼的公允价值为 470 000 000 元。20×7 年 12 月 31 日，该项投资性房地产的公允价值为 480 000 000元。20×8 年 4 月租赁期届满，甲企业收回该项投资性房地产，并于 20×8 年 6 月以 550 000 000 元出售，出售款项已收讫。

【解析 9-11】甲房地产开发企业账务处理如下：

(1)20×7 年 7 月 25 日：

借：投资性房地产——××写字楼(成本)　　470 000 000
　　贷：开发产品　　450 000 000
　　　　资本公积——其他资本公积　　20 000 000

(2)20×7 年 12 月 31 日：

借：投资性房地产——××写字楼(公允价值变动) 10 000 000

贷：公允价值变动损益 10 000 000

(3)20×8 年 6 月，出售时：

借：银行存款 550 000 000

贷：其他业务收入 550 000 000

借：其他业务成本 480 000 000

贷：投资性房地产——××写字楼(成本) 470 000 000

——××写字楼(公允价值变动) 10 000 000

①将投资性房地产累计公允价值变动转入其他业务收入：

借：公允价值变动损益 10 000 000

贷：其他业务收入 10 000 000

②将转换时原计入资本公积的部分转入其他业务收入：

借：资本公积——其他资本公积 20 000 000

贷：其他业务收入 20 000 000

四、投资性房地产的处置

当投资性房地产被处置，或者永久退出使用且预计不能从其处置中取得经济利益时，应当终止确认该项投资性房地产。

企业出售、转让、报废投资性房地产或者发生投资性房地产毁损，应当将处置收入扣除其账面价值和相关税费后的金额计入当期损益(将实际收到的处置收入计入其他业务收入，所处置投资性房地产的账面价值计入其他业务成本)。

处置采用公允价值模式计量的投资性房地产时，应按实际收到的金额，借记“银行存款”等科目，贷记“其他业务收入”科目。按该项投资性房地产的账面余额，借记“其他业务成本”科目，贷记“投资性房地产(成本)”科目，贷记或借记“投资性房地产(公允价值变动)”科目；同时，按该项投资性房地产的公允价值变动，借记或贷记“公允价值变动损益”科目，贷记或借记“其他业务收入”科目。按该项投资性房地产在转换日计入资本公积的金额，借记“资本公积——其他资本公积”科目，贷记“其他业务收入”科目。

【例 9-12】甲公司将其出租的一栋写字楼确认为投资性房地产。租赁期满后，甲公司将该栋写字楼出售给乙公司，合同价款为 300 000 000 元，乙公司已用银行存款付清。假设这栋写字楼原采用公允价值模式计量。出售时，该栋写字楼的成本为 210 000 000 元，公允价值变动为借方余额 40 000 000 元。

【解析 9-12】甲公司的账务处理如下：

借：银行存款 300 000 000

贷：其他业务收入 300 000 000

借：其他业务成本 250 000 000

贷：投资性房地产——××写字楼(成本) 210 000 000

——××写字楼(公允价值变动) 40 000 000

同时，将投资性房地产累计公允价值变动转入其他业务收入：

借：公允价值变动损益 40 000 000

贷：其他业务收入 40 000 000

第十章

房地产开发企业损益核算

任务目标

1. 熟悉主营业务收入和主营业务成本的核算。
2. 掌握不同方式下房地产开发企业营业税金及附加的核算。
3. 熟悉土地增值税的征税范围、扣除项目及税收优惠政策。
4. 掌握土地增值税的核算。
5. 掌握房地产开发企业所得税的核算。

第一节　主营业务收入和主营业务成本的核算

房地产企业的土地、房屋及配套设施的销售等属于企业的产品销售行为，应根据《企业会计准则——收入》中的规定，按销售商品收入确认条件予以确认，即要满足以下条件：

(1)企业已将商品所有权上的主要风险和报酬转移给购货方；

(2)企业既没有保留通常与所有权相联系的继续管理权，也没有对已售出的商品实施控制；

(3)与交易相关的经济利益能够流人企业；

(4)相关的收入和成本能够可靠地计量。

具体来讲，土地转让收入和商品房销售收入，应在转让土地、销售商品房办妥产权移交手续、开具发票并收到价款或者取得了购买方付款认可证明时，确认为经营收入实现；配套设施销售收入，应在转让配套设施、办妥财产交接手续，将配套设施工程价款账单提交有关单位，并收到价款或取得了收款的证据，确认为经营收入的实现；分期收款方式销售开发产品的经营收入，可按合同规定的收款时间分次转作经营收入；代建房屋和代建工程结算收入，应在代建房屋和代建工程竣工验收、办妥移交手续、开具结算账单、并同时收到价款或取得了收款的证据，确认为经营收入的实现。

一、科目设置

对于实现的房地产经营收入，应在“主营业务收入”总科目下按收入类别设置“土地转让收入”“商品房销售收入”“配套设施销售收入”“代建工程结算收入”等二级科目进行核算。

对于发生的各种开发产品的开发成本，应在“主营业务成本”总科目下按收入类别设置“土地转让成本”“商品房销售成本”“配套设施销售成本”“代建工程结算成本”等二级科目进行核算。

二、核算实例

【例 10-1】甲房地产开发企业 20×7 年 3 月发生以下销售业务：

(1)出售 1 号商品房，售价 32 000 000 元，收到价款存入银行，1 号商品房的开发成本为 22 000 000 元；

(2)转让 2 号配套设施银行，价款 850 000 元暂欠，该配套设施的开发成本为540 000 元；

(3)转让 3 号商品性土地，已收到转让价款 1 500 000 元并存入银行，该土地的开发成本为 1 150 000 元；

(4)向委托单位办理 4 号代建工程的交接手续，收到价款 3 500 000 元并存入银行，代建工程的开发成本为 2 500 000 元。

【解析 10-1】相关会计分录如下：

(1)借：银行存款	32 000 000	
贷：主营业务收入——商品房销售收入		32 000 000
(2)借：应收账款	850 000	
贷：主营业务收入——配套设施销售收入		850 000
(3)借：银行存款	1 500 000	
贷：主营业务收入——土地转让收入		1 500 000
(4)借：银行存款	3 500 000	
贷：主营业务收入——商品房销售收入		3 500 000
(5)月末进行成本结转：		
借：主营业务成本——商品房销售成本	22 000 000	
——配套设施销售成本	540 000	
——土地转让成本	1 150 000	
——代建工程结算成本	3 500 000	
贷：开发产品——商品房		22 000 000
——配套设施		540 000
——商品性土地		1 250 000
——代建工程		3 500 000

关于房地产开发企业的出租房和出租土地的相关业务，属于投资性房地产的核算范围，已在上一章详细讲述，在此不再重复。

第二节　房地产开发企业营业税金及附加的核算

开发企业在销售、转让、出租开发产品实现房地产经营收入时，应按国家规定计算缴纳土地增值税、营业税、城市维护建设税和教育费附加。

一、现销方式

在现销方式下，房地产开发企业的营业税是根据房地产经营收入和规定税率5%计算缴纳的税金。城市建设维护税是按营业税和规定税率计算缴纳的税金。城市建设维护税的税率依企业所在地的不同规定不同的税率：企业所在地在市区的，税率为7%；企业所在地不在市区，而在县城、镇的，税率为5%。教育费附加按营业税3%计算。企业对按房地产经营收入计算应缴纳的营业税及按营业税计算应缴纳的城市建设维护税和教育费附加，在“营业税金及附加”科目进行核算。至于开展其他经营业务按规定应缴纳的营业税及按营业税计算缴纳的城市建设维护税和教育费附加，应在“其他业务成本”科目核算，不得计入“营业税金及附加”科目。

月份终了，企业将按规定计算应由当月房地产经营收入负担的营业税、城市维护建设税、教育费附加，计入“营业税金及附加”科目的借方；将当月应缴纳的营业税和城市维护建设税和教育费附加，计入“应交税费”科目的贷方。

二、预收款销售方式

《中华人民共和国营业税暂行条例实施细则》第二十五条规定：纳税人转让土地使用权或者销售不动产，采用预收款方式的，其纳税义务发生时间为收到预收款的当天。税法中明确指出了纳税人在转让土地使用权或销售不动产取得预收账款时必须缴纳营业税，营业税的计税依据是实际收到的预收款金额。但新《企业会计准则》及税法并没有对转让土地使用权或销售不动产预收款计征营业税和企业所得税的会计处理进行明确。

目前房地产企业结合实际核算营业税的方法，按预收账款科目当期的发生额计提“营业税金及附加”账目。

(1)计提时：

借：营业税金及附加

　　贷：应交税费——应交营业税

　　　　应交税费——应交城市维护建设税

　　　　应交税费——应交教育费附加

(2)实际缴纳税款时：

借：应交税费——应交营业税

　　应交税费——应交城市维护建设税

　　应交税费——应交教育费附加

　　贷：银行存款

年度终了，对达到收入确认条件的“预收账款”转入当年销售收入，并将已缴纳的税金转入本年利润，反映在利润表的营业税金及附加栏，就是借“本年利润”，贷“营业税金及附加”。

【例 10-2】甲房地产开发企业在 20×7 年 10 月共取得 5 860 万元的经营收入，营业税税率为 5%，城市建设维护税率为 7%，教育费附加费率为 3%。

【解析 10-2】三种税额的计算及账务处理如下：

营业税＝5 860×5%＝293(万元)

城市建设维护税＝293×7%＝20.51(万元)

教育费附加＝293×3%＝8.79(万元)

编制会计分录为：

借：营业税金及附加	3 223 000	
贷：应交税费——应交营业税		2 930 000
应交税费——应交城市维护建设税		205 100
应交税费——应交教育费附加		87 900

第三节 土地增值税的核算

土地增值税是为了合理调节土地增值收益、维护国家权益而向转让土地使用权、地上建筑物及其附着物并取得增值收入的单位和个人征收的税金。它按转让房地产所取得的增值额和超额累进税率计算征收。

房地产开发企业计算土地增值税时的增值额，是指企业转让房地产时所取得的经营收入减去规定扣除项目金额后的余额。计算增值额时的扣除项目包括：①取得土地使用权所支付的金额；②开发土地的成本、费用；③新建房及配套设施的成本、费用，或者旧房及建筑物的评估价格；④与转让房地产有关的税金。

一、土地增值税的征收税率

土地增值税实行四级超率累进税率：

(1)增值额未超过扣除项目金额 50%的部分，税率为 30%；

(2)增值额超过扣除项目金额 50%、未超过扣除项目金额 100%的部分，税率为 40 %；

(3)增值额超过扣除项目金额 100%、未超过扣除项目金额 200%的部分，税率为 50%；

(4)增值额超过扣除项目金额 200%的部分，税率为 60%。

房地产开发企业建造普通标准住宅出售、增值额未超过扣除项目金额 20%，及因国家建设需要依法征用、收回的房地产，可以免征土地增值税。土地增值税应自转让房地产合同签订之日起七日内向房地产所在地主管税务机关办理纳税申报，并在税务机关核定的期限内缴纳。

二、土地增值税的核算

房地产开发企业根据增值额和规定税率计算应缴纳的土地增值税，应在“营业税金及附加”科目进行核算。计算应缴纳的土地增值税时，应计入“营业税金及附加”科目的借方和“应交税费”科目的贷方。在税务机关核定的期限内缴纳土地增值税时，应计入“应交税费”科目的借方和“银行存款”科目的贷方。

【例 10-3】甲房地产开发企业 20×7 年出售一幢写字楼，收入总额为 10 000 万元。开发该写字楼有关的支出为：支付地价款及各种费用 1 000 万元；房地产开发成本为 3 000 万元；财务费用为 450 万元(全部允许扣除)；转让环节应缴纳的有关税费为 555 万元；该单位所在地政府规定其他房地产开发费用计算扣除比率为 5%。要求：计算该公司应缴纳的土地增值税。

【解析 10-3】土地增值税计算过程如下：

(1)扣除项目金额合计＝1 000＋3 000＋500＋(1 000＋3 000)×5%＋555＋(1 000＋3 000)×20%＝6 005(万元)

(2)增值额＝10 000－6 005＝3 995(万元)

(3)增值率＝3 995÷6 005＝66.53%

(4)应纳税额＝3 995×40%－6 005×5%＝1 297.75(万元)

会计分录：

借：营业税金及附加　　12 977 500

　　贷：应交税费——应交土地增值税　　12 977 500

会计分录为：

借：营业税金及附加　　5 600 000

　　贷：应交税费——应交土地增值税　　5 600 000

第四节　所得税核算

房地产开发企业在进行产品开发过程中，要预收一部分款项作为企业开发产品的资金来源。虽然在收入确认上并未达到确认的条件，但按我国税法规定，企业应按预收账款的15%预计营业利润预缴企业所得税。这种规定主要是针对企业所得税均衡入库的问题。

国家税务总局关于印发《房地产开发经营业务企业所得税处理办法》的通知(国税发〔2009〕31 号)，关于未完工开发产品的税务处理问题中明确：开发企业开发、建造的住宅、商业用房以及其他建筑物、附着物、配套设施等开发产品，在其未完工前采取预售方式销售的，其预售收入先按预计计税毛利率分季(或月)计算出当期毛利额，扣除相关的期间费用、营业税金及附加后再计入当期应纳税所得额，待开发产品结算计税成本后再行调整。企业销售未完工开发产品的计税毛利率由各省、自治区、直辖市国家税务局、地方税务局按下列规定进行确定：(1)开发项目位于省、自治区、直辖市和计划单列市人民政府所在地城市城区和郊区的，不得低于 15%；(2)开发项目位于地级市城区及郊区的，不得低于 10%；(3)开发项目位于其他地区的，不得低于 5%；(4)属于经济适用房、限价房和危改房的，不得低于 3%。

房地产开发企业所得税一般按预收账款当期的发生额扣除期间费用及税金计算缴纳所得税。可做如下会计分录，借“应交税费——应交所得税”，贷“银行存款”。房地产开发产品完工后，企业应及时计算已实现的收入，同时按规定结转成本，经过纳税调整计算出的所得税反映在利润表中，借“所得税费用”，贷“应交税费——应交所得税”。计算预缴所得税与应交所得税差额部分应缴纳所得税后，借“所得税费用”，贷“应交税费——应交所得税”。计算出预缴所得税与应交所得税差额部分缴纳所得税，借“应交税费——应交所得税”，贷“银行存款”。对未达到收入确认条件的预收账款对应的所得税，应反映在应交税费栏，用负数表示。

【例 10-4】甲房地产开发企业在 52 号商品房开发项目开发过程中，预售取得收入 4 000 万元，在未完工并未确认开发项目收入时，根据我国税法规定，应按预收账款的 15%的预计营业利润预缴所得税。

【解析 10-4】

(1)应缴纳所得税＝4 000×15%×25%＝150(万元)

借：应交税费——应交所得税　　1 500 000

　　贷：银行存款　　1 500 000

(2)若 3 年后商品房开发完工，企业确认该商品房销售收入为 8 000 万元，并同时结转开发产品成本 5 800 万元，经计算期间费用和营业税等税金共计 820 万元。则：

企业应交所得税＝(8 000－5 800－820)×25%＝545(万元)

借：所得税费用　　5 450 000

　　贷：应交税费——应交所得税　　5 450 000

借：应交税费——应交所得税　　3 950 000

　　贷：银行存款　　23 950 000

若房地产企业核算所得税按照可抵扣暂时性差异来确认对未来期间应纳所得税金额的影响，可将预缴的所得税确认为递延所得税资产，缴纳时账务处理同上。房地产开发产品完工后，企业应及时计算已实现的收入，同时按规定结转成本，进行纳税调整。

【例 10-5】承例 10-4，若把按税法规定预缴的所得税当做可抵扣暂时性差异。

【解析 10-5】

(1)企业在预缴所得税时按预计利润计算应交税金，做会计分录如下：

借：递延所得税资产　　1 500 000

　　贷：应交税费——应交所得税　　1 500 000

(2)年末企业确认该商品房销售收入 2 000 万元：

借：所得税费用　　750 000

　　贷：递延所得税资产　　750 000

企业在同时开发多个项目的情况下，如企业当期累计核算的应纳税所得额为“正数”则按适用的所得税税率计算出应纳税额，并以此为基数进行分解。分解时，以营业利润额为分配标准：即

$$\text{某项目递延所得税资产“借方转回数”}=\text{当期该项目实际核算营业利润额}\div\text{当期各项目核算营业利润额之和}\times\text{当期企业应纳所得税额}$$

企业确认与本期收入相配比的所得税费用时，做会计分录如下：

借：所得税费用

　　贷：递延所得税资产

【练习题】

一、单项选择题

1. 房地产开发企业会计的核算对象为（　　）。

A. 土地　　B. 房屋　　C. 配套设施　　D. 整个房地产生产经营过程

2. 核算房地产开发企业在开发过程中发生的各项费用的成本类科目为（　　）。

A. 生产成本　　B. 制造费用　　C. 开发成本　　D. 开发间接费用

3. 下列属于房地产开发企业特有存货项目的是（　　）。

A. 低值易耗品　　B. 开发产品　　C. 库存商品　　D 原材料

4. 企业自行建造并用于出租的房屋，应按投资性房地产准则确定的成本，借记（　　）科目，贷记“在建工程”科目。

A. 投资性房地产　　B. 固定资产

C. 在建工程　　D. 无形资产

5. 企业将建筑物出租，按租赁协议向承租人提供相关劳务，下列说法中正确的是（　　）。

A. 企业将建筑物出租，按租赁协议向承租人提供的相关辅助服务在整个协议中不重大的，应当将该建筑物确认为投资性房地产

B. 企业将建筑物出租，按租赁协议向承租人提供的相关劳务在整个协议中重大的，应当将该建筑物确认为投资性房地产

C. 企业将建筑物出租，按租赁协议向承租人提供的相关劳务，无论在整个协议中是否重大，均应当将该建筑物确认为投资性房地产

D. 企业将建筑物出租，按租赁协议向承租人提供的相关劳务，无论在整个协议中是否重大，均不应当将该建筑物确认为投资性房地产

6. 房地产开发企业出租开发产品的收入应作为（　　）核算。

A. 主营业务收入　　B. 其他业务收入　　C. 投资收益　　D. 营业外收入

7. 若房地产企业在土地开发完成后未确定土地的用途，则应将土地的开发成本转入（　　）科目的借方。

A. 开发成本——土地开发成本　　B. 开发成本——房屋开发成本

C. 开发产品——自用土地　　D. 开发产品——商品性土地

8. 下列（　　）属于非营业性配套设施。

A. 邮局　　B. 商店　　C. 银行　　D．水塔

9. 以下不属于代建工程应设置开发成本科目的是（　　）。

A. 土地征用及拆迁补偿费　　B. 前期工程费

C. 配套设施费　　D. 开发间接费

10. 某房地产开发企业开发项目，出售商品房收入 3 000 万元，扣除项目合计 2 500 万元，则企业应交土地增值税金额为（　　）万元。

A. 150　　B. 120　　C. 200　　D. 250

二、多项选择题

1. 房地产企业开发土地，应设置的成本科目有（　　）。

A. 土地自用及拆迁补偿费　B. 前期工程费

C. 基础设施费　D. 开发间接费　E. 配套设施费

2. 房地产开发企业开发完成的产品有(　　)。

A. 自用土地　B. 房屋　C. 配套设施

D. 代建工程　E. 商品性土地

3. 房地产开发企业开发的房屋主要包括(　　)。

A. 用于出售的房屋　B. 小区内的医院

C. 用于出租的房屋　D. 安置拆迁居民的临时性简易房

4. 以下属于不能转让配套设施应设置的成本科目有(　　)。

A. 土地自用及拆迁补偿费　B. 前期工程费

C. 基础设施费　D. 开发间接费　E. 建筑安装工程费

5. 企业对投资性房地产进行后续计量可采用(　　)模式。

A. 成本模式　B. 公允价值模式

C. 两种模式相结合　D. 实际成本　E. 重置成本

6. 若企业采用成本模式对投资性房地产进行后续计量，下列说法中不正确的是(　　)。

A. 企业应对已出租的建筑物计提折旧

B. 企业不应对已出租的建筑物计提折旧

C. 企业不应对已出租的土地使用权进行摊销

D. 企业不应对投资性房地产计提减值准备

7. 关于投资性房地产的计量模式，下列说法中正确的是(　　)。

A. 采用公允价值模式计量的，不对投资性房地产计提折旧或进行摊销

B. 企业对投资性房地产的计量模式一经确定，不得随意变更

C. 已采用公允价值模式计量的投资性房地产，不得从公允价值模式转为成本模式

D. 已采用成本模式计量的投资性房地产，不得从成本模式转为公允价值模式

8. 下列会计科目中属于房地产开发企业特有会计科目的有(　　)。

A. 开发产品　B. 开发成本

C. 周转房　D. 开发间接费用

D. 投资性房地产

9. 房地产开发企业开发产品时为安置被拆迁居民使用而开发的周转房包括(　　)。

A. 开发过程中已明确其为安置被动迁居民使用的房屋

B. 开发完成后和其他商品房同样价格出售给动迁居民的房屋

C. 搭建用于安置拆迁居民周转使用的临时性简易房

D. 开发的商品房在未销售前用于安置拆迁居民使用的房屋

10. 房地产开发企业应通过“营业税金及附加”科目核算的税金有(　　)。

A. 营业税　B. 城建税

C. 教育费附加　D. 所得税

E. 土地增值税

三、业务题

1. 某房地产开发企业的A开发小区，在20×7年度内，共发生下列土地开发支出和有关土地开发成本结转经济业务：

(1)用银行存款支付征地拆迁费1 050 000元。

(2)应付设计单位前期工程款250 000元。

(3)用银行存款支付建筑公司基础设施工程款300 000元。

(4)上列各项土地开发支出，按各开发产品用地面积进行分配，各开发产品用地面积明细如下：

101商品房	4 000平方米
102商品房	6 000平方米
201出租房	4 000平方米
301商品性土地	20 000平方米
351自用土地	16 000平方米

(5)401商品性土地应分配的开发间接费用为80 000元。

(6)401商品性土地和451自用土地开发完成并经验收，等待以后转让和用作房屋建造。

(7)451自用土地根据规划设计要求，用于建造203商品房、302出租房和351周转房。自用土地开发成本按房屋用地面积进行分配，各幢房屋用地面积如下：

203商品房	6 000平方米
302出租房	6 000平方米
351周转房	4 000平方米

要求：根据以上资料，为各项经济业务编制会计分录。

2. 某房地产开发企业在20×7年6月份开发完成如下产品，已验收合格。

开发产品编号名称	实际开发成本(元)
101商品房	2 000 000
102商品房	3 500 000
141配套设施——商店	500 000
142配套设施——银行储蓄所	300 000
161商品性土地	800 000
162自用土地	600 000
171代建工程	1 200 000

20×7年7月，对下列开发产品进行销售和转让：

(1)将101商品房整幢出售，售价5 600 000元，收入价款存入银行结算账户。

(2)将102商品房分套出售，该幢商品房共有建筑面积7 000平方米，其中公用建筑面积1 400平方米。7月份共销售60套，每套自用建筑面积为100平方米，每平方米建筑面积售价2 800元，除20套价款暂欠外，其余40套均已存入银行结算账户。

(3)142配套设施银行储蓄所，以840 000元有偿转让给当地工商银行，收入价款存入银行结算户。

(4)161商品性土地，以2 240 000元转让给甲房产公司，收入价款存入银行结算户。

(5)171 代建工程，已向委托单位办理工程交接手续，收到价款 3 360 000 元已存入银行结算账户。

(6)上述销售、转让开发产品的实际开发成本，于月终进行结转。

(7)141 配套设施商店，用作本企业从事第三产业的经营用房屋。

(8)162 自用土地留待以后开发商品房使用。

要求：根据以上资料，为有关开发产品及其销售、转让业务做会计分录。

3. 甲房地产开发企业于 2006 年 12 月 10 日与乙公司签订租赁协议，约定将甲公司开发的一幢写字楼于开发完成时租给乙公司，租期为 10 年。2007 年 1 月 1 日，该写字楼开发完成并起租，写字楼的造价为 9 000 万元，每年租金 500 万元，预计房子的使用年限为 60 年。2007 年 12 月 31 日，该写字楼公允价值为 9 200 万元，2008 年 12 月 31 日，该写字楼公允价值为 9 300 万元。10 年租期满收回自用。2015 年 3 月 1 日将其出售，取得价款 8 000万元。

要求：

①按成本计价模式编制相关会计分录；

②按公允价值计价模式编制相关会计分录。

4. 某房地产开发企业在 20×7 年度发生了下列有关周转房经济业务：

(1)123 周转房于 3 月份完工，经结算其实际开发成本为 1 200 000 元；

(2)4 月份，将 123 周转房投入使用，该周转房预计摊销年限为 30 年，预计净残值率为 4%；

(3)5 月份为 123 周转房计提月摊销额，但其摊销额还不能确定应为哪项开发项目拆迁户居住；

(4)6 月份，对 122 周转房进行大修理，在大修理过程中，共发生大修理支出 1 920 000元，用银行存款支付；

(5)7 月份为 122 周转房根据大修理间隔期 4 年摊销大修理支出月摊销额。由于该周转房作为商品房基地拆迁户居民居住，此项大修理支出摊销额全部计入房屋开发成本；

(6)8 月份，121 周转房居住居民均已搬入新居，决定将其出售。出售前，根据购房单位要求，委托甲建筑公司进行改建，并预付改建工程款 200 000 元，用银行存款支付；

(7)9 月份，121 周转房改建工程完工，共计工程款 900 000 元，扣除预付工程款后，余款用银行存款支付；

(8)121 周转房改建过程中发生的残料，已作价 10 000 元入库；

(9)将 121 周转房在改建中发生的支出减残料变价收入后的净支出转作周转房的价值；

(10)10 月份，将改建完工的 121 周转房对外出售，收入价款 2 400 000 元，存入银行结算账户；

(11)结转对外销售的 121 周转房的销售成本，该周转房在改建前的原值为 1 800 000 元，累计摊销额为 1 000 000 元。

要求：

①计算 123 周转房的月摊销额；

②计算 122 周转房的月大修理支出摊销额；

③计算 121 周转房的销售成本；

④为各项经济业务做会计分录。

5. 某房地产开发企业所属内部独立核算开发分公司在20×7年7月份共发生了下列有关开发间接费用的经济业务：

(1)应付管理人员工资24 000元；

(2)按工资总额14%提取职工福利费；

(3)用银行存款支付办公费用4 200元，差旅交通费5 000元，设备修理费2 450元；

(4)开发管理部门用固定资产原值800 000元，月折旧率为2.5‰；

(5)应分摊开发管理部门固定资产大修理费用为1 800元；

(6)本月领用一次报耗低值易耗品1 240元，领用按五五摊销法摊销的低值易耗品4 800元；

(7)不能确定为某项开发项目安置拆迁居民周转使用的周转房原值为2 400 000元，该幢周转房的月摊销率为4‰；

(8)用银行存款支付劳动保护费6 800元，支付水电费1 400元，支付其他间接费用1 500元；

(9)本月应分配开发间接费用的各项开发产品实际发生的直接成本如下：

101商品房	150 000元
102商品房	240 000元
201出租房	140 000元
251周转房	130 000元
301商品性土地	60 000元

要求：

①计算各项开发产品应分配的开发间接费用；

②为各项经济业务编制会计分录。

6. 某房地产开发企业的ABC开发小区，在开发规划中，共建造101、102、103三幢商品房，201出租房、251周转房和401银行储蓄所、402幼托设施。其中401银行储蓄所有偿转让给工商银行。ABC开发小区发生的土地征用及拆迁费、前期工程费、基础设施费按各项开发产品的用地面积进行分配。402幼托设施根据小区施工组织设计在造好其他房屋以后建造，先以各项开发产品的预算成本为基数采用预提方式计入各项开发产品成本，以便及时计算出售商品房等的开发成本。

各项开发产品的用地面积和预算成本分别如下：

	用地面积	预算成本
101商品房	6 000平方米	1 800 000元
102商品房	4 400平方米	4 000 000元
103商品房	4 000平方米	3 600 000元
201出租房	4 000平方米	3 600 000元
251周转房	4 000平方米	3 000 000元
401银行储蓄所	600平方米	800 000元
402幼托设施	1 000平方米	1 200 000元

ABC开发小区在20×7年内，共发生了下列有关开发支出：

(1)用银行存款支付土地征用及拆迁补偿费 1 200 000 元

(2)用银行存款支付前期工程费 480 000 元

(3)用银行存款支付基础设施费 720 000 元

(4)将 101 商品房、201 出租房和 251 周转房的建筑安装工程发包给中华建筑公司施工，这三项工程的工程标价分别为 3 300 000 元、2 360 000 元、1 900 000 元。完工验收后用银行存款支付。

(5)将 102、103 商品房的建筑安装工程发包给华东建筑公司施工，这两项工程的标价为 5 148 000 元(其中 102 商品房建筑安装工程的预算造价为 2 800 000 元，103 商品房建筑安装工程的预算造价为 2 400 000 元)，完工验收后用银行存款支付。

(6)401 银行储蓄所和 402 幼托设施的建筑安装工程由企业所属建筑装饰分公司承建，其中 401 银行储蓄所建筑安装工程已经完工，实际工程成本为 550 000 元。

(7)用银行存款支付各项开发间接费用 1 143 480 元。

(8)将 402 幼托设施的配套设施费以预提办法计入各项开发产品的成本。

(9)按各项开发产品的直接成本，将发生的开发间接费分配计入各项开发产品的成本。

(10)将各项商品房、出租房、周转房和银行储蓄所进行完工验收，并结转其开发成本，等待出售、出租、有偿转让和交付使用。

(11)20×7 年，402 幼托设施建筑安装工程完工，实际工程成本为 960 000 元，结算其实际开发成本，并将其成本冲减预提的配套设施费。如实际开发成本小于预提配套设施费，将多提数冲减尚未出售的 103 商品房的开发成本。

要求：

①计算各项开发产品应分配的土地征用拆迁补偿费、前期工程费、基础设施费；

②计算 402 幼托设施配套设施预提率；

③为各项经济业务编制会计分录。

第三篇　商品流通企业会计

◇ **本篇知识点简介**

本篇是关于商品流通企业行业会计核算体系的介绍，主要内容包括：

一、商品流通企业会计概述。包括商品流通特点及主要环节、商品购销的交接方式、商品购销的入账时间、库存商品的核算方法和商品流通企业会计科目的设置。

二、批发企业商品流通会计核算。包括批发企业库存商品的核算方法、批发企业商品购进与销售的业务流程、批发企业商品购进的会计核算、批发企业商品销售的会计核算、批发企业商品储存的会计核算、批发企业商品销售成本的计算、批发企业商品销售成本的结转。

三、零售企业商品流通会计核算。包括零售企业库存商品的核算方法、零售企业商品购进与销售的业务流程、零售企业商品购进的会计核算、零售企业商品销售的会计核算、零售企业商品储存的会计核算、零售企业商品销售成本的计算、零售企业商品销售成本的结转。

四、进出口贸易业务的会计核算。包括进出口贸易的种类、进出口贸易程序、自营进口商品购进的核算、自营进口商品销售的核算、自营进口业务的核算、代理进口业务的核算和出口商品退税的核算。

第十一章

商品流通企业会计概述

●●●● 任务目标

1. 熟悉商品流通的概念及其主要环节。
2. 了解商品购销的交接方式。
3. 掌握商品购销的入账时间。
4. 掌握库存商品的核算方法。

第一节　商品流通概述

一、商品流通的概念与特征

商品流通，是指商品通过买卖的方式，从生产领域转移到消费领域的过程。商品流通实现了商品从生产环节到消费环节的价值转移和价值补偿，是连接生产和消费的纽带。

商品流通具有两个基本特征：一是商品实物的转移；二是通过货币结算的买卖行为。只有商品实物的转移而无货币收付，或只有货币收付而无实物转移都不属于商品流通。只有同时满足上述两个基本特征，才属商品流通范畴。

二、商品流通的主要环节

商品流通是商品流通企业的核心业务，主要包括商品购进、商品销售和商品储存三个环节。

(一)商品购进

商品购进，是指商品流通企业为了销售或加工后销售，通过货币结算取得商品所有权的交易行为，是商品流通的起点。一项交易行为只有同时满足下述两个条件，该交易行为才算是商品购进行为：一是购进商品的目的主要是为了销售，是为卖而买。如果购进商品是为了企业自用而不是出售，则该购进商品行为就不属于商品购进的范畴。二是通过货币结算取得商品所有权。凡是不通过货币结算而取得的商品，或者不是为销售而购进的商品，都不属于商品购进的范围，如溢余商品、收回销货退回的商品等。

(二)商品销售

商品销售，是指商品流通企业通过货币结算出售所经营的商品，转移所有权并取得销售收入的交易行为。商品销售也必须同时满足两个条件：一是销售的是本企业所经营的商品，如果销售的商品不属于本企业的经营范畴，就不属于商品销售的范围。二是通过货币结算转移商品所有权。凡不是通过货币结算而发出商品的，都不属于商品销售的范围，如进货退出的商品、发出加工的商品、短缺的商品等。

(三)商品储存

商品储存，是指商品流通企业从商品购进到被销售以前在企业的停留状态。商品存储时商品购进和商品销售的中间关节。商品流通企业商品储存包括库存商品、委托代销商品、受托代销商品、发出商品等。

三、商品流通企业的概念及类型

商品流通企业是指在社会经济活动中，以从事商品购销业务，自主经营，自负盈亏，独立核算的经济组织。商品流通企业一般包括商业、粮食、物资供销、对外贸易、医药商业、石油商业、烟草商业、供销合作社、图书音像等企业。商品流通企业通过商品购进、销售、调拨、储存(包括运输)等经营业务实现商品流转，其中购进和销售是完成商品流通的关键业务，调拨、储存、运输等活动都是围绕商品购销展开的。

和工业企业等其他行业企业的经营活动相比较，商品流通企业有三个特点：一是经营活动的主要内容是商品购销；二是商品资产在企业全部资产中占有较大的比例，是企业资产管理的重点；三是企业营运中资金活动的轨迹是“货币——商品——货币”。

商品流通企业的组织形式，按其在商品流通中所处的地位和作用不同，可以将商品流通企业分为两种类型：商品批发企业和商品零售企业。

(一)商品批发企业

商品批发企业，是指从生产企业或其他类型企业购进商品，供应给商品零售企业或者其他商品批发企业用以转售，或者供应给其他企业用以进一步加工的商品流通企业。商品批发企业处于商品流通的起点或中间环节，是组织大宗商品销售的经济组织。

(二)商品零售企业

商品零售企业，是指从商品批发企业或生产企业购进商品并销售给个人消费，或销售给企事业单位等用以生产和非生产销售的商品流通企业。它处于商品流通的终点，直接面向广大消费者。零售企业包括百货商场、超级市场、专卖店、便利店等。

在实务中，商品流通企业除商品批发和商品零售外，还存在一些混合经营的企业，如批发零售兼营、以批发为主兼营零售等。

无论是商品批发企业还是商品零售企业，商品流通都包括商品购进、商品销售和商品储存三个环节。

四、商品购进和商品销售的交接方式

(一)商品购进和商品销售的交接方式

商品流通企业通常采用的商品交接方式有送货制、提货制、发货制和厂商就地保管制四种。

1. 送货制

送货制，是指商品流通企业(销货单位)将商品送到购货单位指定的仓库或其他地点，由购货单位验收入库的一种方式。

2. 提货制

提货制，是指购货单位指派专人到商品流通企业(销货单位)指定的仓库或其他地点提取并验收商品的一种方式。

3. 发货制

发货制，是指商品流通企业(销货单位)根据购销合同规定，将商品委托运输单位送到购货单位所在地或其他指定地点，由购货单位领取并验收入库的一种方式。

4. 厂商就地保管制

厂商就地保管制，是指商品流通企业(购货单位)委托供货厂商代为保管商品，到时凭保管凭证办理商品交接的一种方式。

商品购进和商品销售的交接方式，应该由购销双方协商，根据商品的特点和运输条件确定。

(二)商品购进和商品销售的入账时间

为了统一会计处理口径，保证汇总后的商品购销指标的正确性，需要各商品流通企业明确规定商品购进和商品销售的入账时间。

商品购进和商品销售入账时间的确定，应以商品的所有权转移作为依据。商品流通企业通过货币结算取得商品所有权或支配权的时间就是商品购进的入账时间；商品流通企业通过货币结算转移商品所有权或支配权的时间就是商品销售的入账时间。但在实际工作中，由于货款结算方式和商品购销交接方式的不同，商品购进和商品销售的具体入账时间应根据不同的货款结算方式和商品交接方式而定。

1. 商品购进的入账时间

商品购进的入账时间一般以支付货款的时间为依据。在货款先付，商品后到的情况下，以支付货款的时间作为商品购进入账时间；在商品先到，货款后付的情况下，收到商品后，暂不入账，等付款时作为商品购进入账时间。根据商品交接货方式和货款结算方式的不同，商品流通企业的商品购进入账时间有以下几种情况：

(1)本地购进商品，采用现金、支票、本票或商业汇票等结算方式的，在支付货款并取得供货单位的发货证明，即可作为商品购进入账；若商品先到并验收入库，而货款尚未支付，月末暂按估价作购进商品入账，次月红字冲回。

(2)外地购进商品，采用托收承付或委托收款结算方式的，在结算凭证先到并承付货款时，作为商品购进入账；在商品先到，并符合购销合同规定的，验收入库后，暂不作为商品购进入账，待承付货款时，再作为购进入账。如月终尚未付款，月末暂按估价作购进商品入账，次月红字冲回。

(3)在商品购进业务中，如果采用预付货款方式，则不能以预付货款的时间作为商品购进的入账时间，因为预付货款不能形成买卖双方的商品交易行为。

(4)进口商品以支付货款为商品购进入账时间。

2. 商品销售的入账时间

商品销售的入账时间，一般以发出商品并收入货款或取得收取货款权利的时间作为依据。在商品已经发出并收到货款，或虽未收到货款但已办妥结算手续或取得购货单位的收货证明时，即可作为销售入账时间。根据商品交接货方式和货款结算方式的不同，商品流通企业的商品销售入账时间有以下几种情况：

(1)采用现金、支票、本票、汇票等结算方式的，在收到现金、支票、本票、汇票时作为商品销售入账。

(2)采用异地托收承付结算方式的，在办妥委托银行收款手续时作为商品销售入账。

(3)采用汇兑结算方式的，在发出商品并取得运输部门的商品发运证明时作为商品销售入账。

(4)采用送货制销售方式时，在发出商品并取得购货单位的收货凭证或收到货款时作为商品销售入账。

(5)采用分期收款销售方式时，在发出商品后，实际收到货款时作商品销售入账。

(6)采用预收货款销售方式时，在实际发出商品时作为商品销售入账。

(7)商品出口销售以收到运输部门有关单据并向银行办理交单的时间作为入账时间。

第二节 商品流通企业会计概述

一、商品流通企业会计的概念及特征

(一)商品流通企业会计的概念

商品流通企业会计是企业会计的重要分支，是广泛应用于商品流通领域的一门专业会计。商品流通企业会计是运用价值形式对商品流通企业的经济活动进行反映和监督，并为有关方面提供财务状况和经营成果等会计信息的一种管理活动。

商业企业会计的核算内容是企业在进行商品经营活动过程中所拥有或控制的经济资源，企业运用这些经济资源，使其在商品流转过程中不断发挥作用。而商品流通企业会计则主要针对这些会计要素在商品流转中的运动过程及运动结果，运用会计方法加以反映和监督。

(二)商品流通企业会计的特征

商业流通企业主要是从事商品购销活动，商品流通企业会计主要是围绕商品流通进行核算和管理的。其特征如下：

1. 商品流通企业会计以商品流通的资金运动为中心进行核算和管理

商品流通通过商品与货币关系，形成“货币资金——商品资金——货币资金”的资金循环运动形式。在购销过程中，通过商品购买、支付货款及费用，使货币资金转化为商品资金；在销售过程中，通过商品销售，取得收入和盈余，使商品资金又转化为货币资金，并获得增值。

2. 商品流通企业商品核算方法不同

不同类型的商品流通企业有着各自的经营特点和管理要求，对商品核算的要求也各不相同。商品流通企业商品核算方法可分为进价金额核算法和售价金额核算法两种。

3. 进货费用的确认方法灵活

《企业会计准则》中规定，商品流通企业在采购商品过程中发生的进货费用，如运输费、装卸费、保险费以及其他归属于存货采购成本的费用等，应计入商品采购成本，也可以先归集，期末再根据所购商品的存销情况进行分摊，对已销售商品的进货费用，计入当期损益；对未销售商品的进货费用，计入期末存货成本。而对于金额较小的进货费用，可以在发生时直接计入当期损益(销售费用)。

4. 存货日常核算的特殊性

零售商品存货的日常核算，可以采用"售价金额"处理方法，即按照商品的售价在"库存商品"账户下进行会计处理，商品售价与进价之间的差额通过"商品进销差价"账户进行，期末再将进销差价在已销商品与期末结存商品之间进行分配，以确定本期销售商品成本与期末结存商品的成本。

商品流通企业会计与其他行业会计在商品存货项目上的区别如表 11-1 所示，与工业企业会计的区别如表 11-2 所示。

表 11-1 商品流通企业会计与其他行业会计在商品存货项目上的异同

相同点	①存货的范畴相同 ②取得(购进)存货：取得存货按实际成本进行计量 ③发出存货：以个别计价法、加权平均法、移动加权平均法、先进先出法等计量发出存货的成本 ④存货盘存：永续盘存制和实地盘存制
不同点	①商品存货在企业全部资产中比重较大，周转材料较少，无原材料和在产品 ②以商品购销为主要经营活动，无产品生产 ③库存商品的核算方法有数量进价金额核算法、数量售价金额核算法、售价金额核算法和进价金额核算法 ④购进商品过程发生的进货费用计入购进商品成本，金额较小的则计入当期销售费用

表 11-2 商品流通企业会计与工业企业会计的区别

区别	商品流通企业	工业企业
核算与管理的对象不同	以商品购、销、存全过程为会计核算和管理对象	主要以产品形成过程为会计核算和管理对象
成本计算范围及方法不同	对企业在组织商品购、销、存业务活动中及管理企业过程中发生的各项费用支出采取以下三种方式进行处理：①分期计入期间费用；②一次计入采购成本；③计入进货费用	对为生产产品所发生的各项费用支出，计入产品成本；对所发生的与产品生产无关的各项费用支出，不计入产品成本，而作为期间费用计入当期损益
盈利性质不同	经营盈利是工业企业将一部分产品增值让渡给商品流通企业并扣除在商品购、销、存过程中的必要费用后的余额	经营盈利是工业企业为社会创造的那部分价值，体现为高于生产成本的增值

二、商品流通企业会计的对象

会计对象，是指会计核算和监督的内容。商品流通企业的会计对象是商品流通企业的资金运动。商品流通企业的资金在经营过程中，经过购进过程和销售过程，其资金的占用形态从货币资金起，转换为商品资金，再转换为货币资金，形成了货币——商品——货币的周而复始的资金循环过程。商品流通企业的资金运动包括资金投入、资金循环与周转和资金退出三个阶段，如图 11-1 所示。

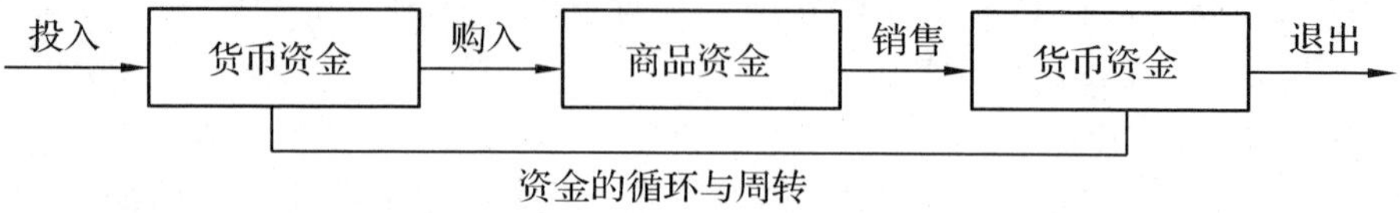

图 11-1　商品流通企业的资金运动

商品流通企业通过吸收投资者投资或向债权人借款取得货币形态的资金(货币资金)。为了正常进行经营活动，商品流通企业用一部分的货币资金购买商品，形成了商品资金。商品流通企业将购进的商品销售出去，取得商品销售收入，并收回货币，从而商品资金又转换为货币资金。商品流通企业的资金又以企业所得税、分配利润等形式退出循环与周转过程。

三、商品流通企业的会计科目

商品流通企业的会计科目，按照反映的经济内容可以分为资产类科目、负债类科目、所有者权益类科目、成本类科目和损益类科目五大类，具体项目如表 11-3 所示。

表 11-3　商品流通企业会计科目

编号	会计科目名称	编号	会计科目名称
一、资产类		二、负债类	
1001	库存现金	2001	短期借贷
1002	银行存款	2101	交易性金融负债
1012	其他货币资金	2201	应付票据
1101	交易性金融资产	2202	应付账款
1121	应收票据	2203	预收账款
1122	应收账款	2211	应付职工薪酬
1123	预付账款	2221	应交税费
1131	应收股息	2231	应付利息
1132	应收利息	2232	应付股息
1221	其他应收款	2241	其他应付款
1231	坏账准备	2401	递延收益
1402	在途物资	2501	长期借款

（续）

编号	会计科目名称	编号	会计科目名称
1405	库存商品	2502	应付债券
1406	发出商品	2701	长期应付款
1407	商品进销差价	2702	未确认融资费用
1408	委托加工物资	2711	专项应付款
1411	周转材料	2801	预计负债
1471	存货跌价准备	2901	递延所得税负债
1501	持有至到期投资	三、所有者权益类	
1502	持有至到期投资减值准备	4001	实收资本
1503	可供出售金融资产	4002	资本公积
1511	长期股权投资	4101	盈余公积
1512	长期股权投资减值准备	4103	本年利润
1531	长期应收款	4104	利润分配
1532	未实现融资收益	4201	库存股
1601	固定资产	四、成本类	
1602	累计折旧	5301	研发支出
1603	固定资产减值准备	五、损益类	
1604	在建工程	6001	主营业务收入
1605	工程物资	6501	其他业务收入
1606	固定资产清理	6101	公允价值变动损益
1701	无形资产	6111	投资收益
1702	累计摊销	6301	营业外收入
1703	无形资产减值准备	6401	主营业务成本
1711	商誉	6402	其他业务成本
1801	长期待摊费用	6403	营业税金及附加
1811	递延所得税资产	6601	销售费用
1901	待处理财产损益	6602	管理费用
		6603	财务费用
		6701	资产减值损失
		6711	营业外支出
		6801	所得税费用
		6901	以前年度损益调整

小型商品流通企业的会计科目比表 11-3 所列的会计科目数量要少，如交易性金融资产、坏账准备、发出商品、存货跌价准备、持有至到期投资减值准备、未实现融资收益、

商誉、递延所得税资产、长期收款应收款、应付债券、预计负债、未确认融资费用、以前年度损益调整等科目在小型商品流通企业中用不到。但是，小型商品流通企业的会计科目名称与上表中的会计科目是一致的。

第三节 商品流通企业库存商品的核算方法

库存商品的核算方法，是指商品流通企业的“库存商品”明细分类账用哪种价格来记账，以及在库存商品的明细账上是否反映商品的实物数量。商品流通企业可以根据自身经营特点和经营管理的要求确定库存商品核算方法。按照库存商品明细账所提供的核算指标来划分，库存商品的核算方法分为数量金额核算法和金额核算法。

数量金额核算法是同时采用实物计量和货币计量两种量度对库存商品的增减变动和结存情况进行反映和监督的核算方法，它既可以提供库存商品的数量指标，又可提供库存商品的金额指标，数量金额核算法又可分为数量进价金额核算法和数量售价金额核算法两种。

金额核算法是仅以货币计量对库存商品的增减变动和结存情况进行反映和监督的核算方法。金额核算法又可分为售价金额核算法和进价金额核算法。

一、数量进价金额核算法

数量进价金额核算法，是指库存商品的总账和明细账均按进价金额反映，同时库存商品明细账还必须反映商品实物数量的一种核算方法。采用数量进价金额核算法，可以根据已销商品的数量按进价结转商品销售成本。这种方法的主要特点是：

1. 库存商品的总账和明细账都按商品的原购进价格记账。

2. 库存商品明细账按商品的品名分户，分别核算各种商品收进、付出及结存的数量和金额。

这种方法一般适用规模大、经营金额大、批量大而交易笔数不多的大中型批发企业、农副产品收购企业及经营品种单纯的专业商店和经营贵重商品的商店。其优点是能够同时提供各种商品的数量指标和金额指标，便于加强商品管理。缺点是要按品种逐笔登记商品明细账，核算工作量较大。

二、数量售价金额核算法

数量售价金额核算法，是指库存商品总账和明细账均按售价金额反映，同时库存商品明细账还必须反映商品实物数量的一种核算方法。这种方法的主要特点是：

1. 库存商品的总账和明细账都按商品的销售价格记账，并同时核算商品实物数量和售价金额。

2. 库存商品明细账按商品的品名分户，分别核算各种商品收进、付出及结存的数量和金额。

3. 对于库存商品购进价与销售价之间的差额需设置“商品进销差价”科目进行调整，以便于计算商品销售成本。

这种方法一般适用规模小、经营金额小、批量大小的小型批发企业。也适用于经营零售企业的库存商品和贵重商品的核算。

三、售价金额核算法

售价金额核算法又称“售价记账、实物负责制”，是指库存商品总账和明细账都只反映商品的售价金额，不反映实物数量的一种核算方法。售价金额核算法是以售价金额控制商品进、销、存的一种核算方法。这种方法的主要特点如下：

1. 建立实物负责制，企业将所经营的全部商品按品种、类别及管理的需要划分为若干实物负责小组，确定实物负责人，实行实物负责制度。实物负责人对其所经营的商品负全部经济责任。

2. 售价记账、金额控制，库存商品总账和明细账都按商品的销售价格记账，库存商品明细账按实物负责人或小组分户，只记售价金额不记实物数量。

3. 设置“商品进销差价”科目，由于库存商品是按售价记账，对于库存商品售价与进价之间的差额应设置“商品进销差价”科目来核算，并在期末计算和分摊已售商品的进销差价。

4. 定期实地盘点商品，实行售价金额核算法必须加强商品的实地盘点制度，通过实地盘点，对库存商品的数量及价值进行核算，并对实物和负责人履行经济责任的情况进行检查。

售价金额核算法主要适用于零售企业。这种方法的优点是把大量按不同品种开设的库存商品明细账归并为按实物负责人来分户的少量明细账，简化核算工作。

四、进价金额核算法

进价金额核算法又称为“进价记账、盘存记销”，是指库存商品总账和明细账都只反映商品的进价金额，不反映实物数量的一种核算方法。进价金额核算法是以进价金额控制商品进、销、存的一种核算方法。这种方法的主要特点如下：

1. 建立实物负责制，库存商品明细账都按实物负责人分户。

2. 库存商品的总账和明细账都按商品进价记账，只记进价金额，不记数量。

3. 商品销售后按实收销货款登记销售收入，平时不计算结转商品销售成本，也不注销库存商品。

4. 对于商品的升益、损耗和所发生的价格变动，平时不做账务处理。

5. 定期进行实地盘点商品，期末按盘存商品的数量乘最后一次进货单价或原进价求出期末结存商品金额，再用“以存记销”的方法倒挤出商品销售成本并据以转账。

这种方法主要适用于经营鲜货商品的零售企业。其优点是平日对商品购销业务的会计处理非常简单，缺点是将商品所发生的损益都挤入商品销售成本而平时不予反映，可看出这种方法从管理上讲是不够严谨的，极易出现漏洞。

四种核算方法的适用范围及各自的优缺点总结如表 11-4 所示。

表 11-4 库存商品核算方法比较 2

核算方法	适用范围	优缺点
数量进价金额核算法	规模和批量较大而交易次数不多的大中型商业批发企业的商品流转核算	全面反映商品收发存的数量和金额，便于商品的管理和控制，但核算工作量大、手续繁多
数量售价金额核算法	经营规模小、业务量少的批发企业以及零售企业中贵重商品的核算	便于商品日常管理和控制，但核算工作量较大
售价金额核算法	除鲜活商品、贵重商品外的零售商品流转的核算	简化了核算工作，手续简便，但平日无法控制商品的收发存，盘点发现差错不易查明原因
进价金额核算法	适用于鲜活商品的核算	简化了核算工作，手续简便，但平日无法掌握商品库存数量，不利于商品损坏和差错的控制

第十二章

批发企业商品流通会计核算

任务目标

1. 了解批发企业库存商品的核算方法。
2. 熟悉批发企业商品购进与销售的业务流程。
3. 掌握批发企业商品购进、销售和储存的会计核算。
4. 掌握批发企业商品销售成本的计算和结转。
5. 熟悉批发企业会计核算时账簿的设置。

第一节　批发企业库存商品核算方法及账户设置

一、批发企业库存商品的核算方法

批发企业的业务经营特点是：购销活动大多成批进行，交易量大，交易次数与零售企业相比不太频繁。同时，为了保证销售业务的开展，需要保有适当的商品库存量。因此，为了保护商品的安全完整，如实地反映库存商品的资金占用额，并为成本管理提供有关资料，就要求批发企业通过核算加强对商品的控制，既要控制金额又要控制数量。为适应这一客观需要，批发企业一般都采用数量进价金额核算。

二、账户的设置

批发企业商品流通业务的核算涉及的账户主要有：商品购进业务核算中的“在途物资”和“库存商品”等账户；商品销售业务核算中的“主营业务收入”和“主营业务成本”等账户。

(一)“在途物资”账户

“在途物资”账户属资产类账户，用于核算已支付货款但尚未运抵验收入库商品的实际成本(一般为进价)。“在途物资”账户应按销售单位或商品品种设置明细账。“在途物资”明细账的核算方法主要有三栏式明细账核算法、平行登记法和抽单核对法。

在途物资

期初余额： 购入并已取得发票等货已支付货款但尚未运抵商品的实际成本	购入到达并验收入库商品的实际成本
期末余额：购入但尚在途中的商品的实际成本	

(二)"库存商品"账户

"库存商品"账户属资产类账户，用于核算企业库存的全部自有商品的实际成本。"库存商品"账户一般分三级核算，设立总账、类目账、明细账。

库存商品

期初余额： 到达并验收入库商品的实际成本(进价)	结转已销商品的实际成本(进价)
期末余额：库存商品的实际成本	

"库存商品"总账采用三栏式，反映库存商品收入、发出和结存的金额。

"库存商品"类目账采用三栏式，反映某类库存商品收入、发出和结存的金额。类目账应按商品类别分户设置，如食品类、服装类、家电类等。

"库存商品"明细账采用数量金额三栏式，详细反映每一种库存商品收入、发出和结存的数量和金额。"库存商品"明细账一般应按商品的品名、规格、等级等分户设置。批发企业库存商品明细账的设置有以下三种方法：

1. 三账分设，是指业务部门、财务部门和储运部门各设一套"库存商品"明细账。业务部门设商品调拨账，登记商品数量，掌握库存商品的可调用库存。财务部门设置库存商品明细账，登记进价金额和数量，核算会计库存。储运部门设置商品保管账，登记商品数量，掌握商品保管库存的数量。

2. 两账合一，是指业务部门和财务部门合设一套库存商品明细账，既记录数量又记录金额，提供业务部门和财务部门所需的库存商品明细资料。储运部门设置商品保管账。

3. 三账合一，是指业务部门、财务部门和储运部门合设一套库存商品明细账，既记录数量又记录金额，提供业务部门、财务部门和储运部门所需的库存商品明细资料。

(三)"主营业务收入"账户

"主营业务收入"账户属损益类账户，用于核算企业确认的销售商品等主营业务的收入。"主营业务收入"账户可按主营业务的种类设置明细账。

(四)"主营业务成本"账户

"主营业务成本"账户属损益类账户，用于核算企业确认的销售商品等主营业务收入时应结转的成本。"主营业务成本"账户可按主营业务的种类设置明细账。

除上述账户外，批发企业商品流通业务的核算还涉及"应交税费——应交增值税""银行存款”“应收账款”“应付账款”“应收票据”“应付票据”“待处理财产损益”等账户，在此不再赘述。

第二节　批发企业商品购进的核算

商品购进，是指商品流通企业为了销售或加工后销售，通过货币结算取得商品所有权的交易行为，是商品流通的起点。

批发企业由于商品购进渠道、方式、交接手续不同，商品购进方式不同，其业务程序和核算方式也有所不同。

一、本地购进商品的核算

本地购进商品，是指商品流通企业向当地的生产企业或批发企业购进商品。商品流通企业从本地购进商品，商品交接一般采用送货制或提货制，货款以支票、银行本票、委托收款等方式结算。进货时，由业务部门根据供货单位的“专用发票”核对所列商品的品名、规格、数量、单价、金额与合同规定是否相符。增值税专用发票的基本联次统一规定为四联，各联次必须按以下规定用途使用：第一联为存根联，由销货方留存备查；第二联为发票联，由购货方留作付款的记账凭证；第三联为税款抵扣联，由购货方留作扣税凭证；第四联为记账联，由销货方留作销售的记账凭证。经核对无误后，如由于专用发票联次不足，可填制一式多联“收货单”，存根联由业务部门留存，收货联由仓库持有，并凭以验收商品和登记商品保管账，结算联由财会部门留存，并凭以结算货款，记账联经仓库收货并加盖“收货”章后转财会部门凭以记账。

本地商品购进，由于企业与供货单位在同一城市，商品验收与货款结算一般在同一天办理。

【例 12-1】长征公司是一家商品流通企业，主要从事电器批发业务。5 月份发生经济业务如下：8 日，从宏茂炊具公司购进 3.0 营养煲 400 台，每台 300 元，合计 120 000 元；进项税率 17%，总计 20 400 元。价税合计 140 400 元，商品全部到达，并验收入库。货款以转账支票支付。编制相关会计分录。

【解析 12-1】商品全部到达，并验收入库。货款以转账支票支付，财会部门根据仓库交来的“收货单”和供货单位的“专用发票”以及转账支票存根做会计分录如下：

借：库存商品——3.0 营养煲　　120 000
　　应交税费——应交增值税(进项税额)　　20 400
　　贷：银行存款　　140 400

【例 12-2】承例 12-1，假设商品验收入库和支付货款不是同时进行的，有下列两种情况：(1)支付货款，商品未到；(2)商品验收入库，货款采用商业汇票结算方式。分别编制两种情况下的会计分录。

【解析 12-2】

(1)支付货款，商品未到，其会计分录如下：

借：在途物资——宏茂炊具公司　　120 000
　　应交税费——应交增值税(进项税额)　　20 400

贷：银行存款　　140 400

商品到达后，验收入库，做会计分录如下：

借：库存商品——3.0营养煲　　120 000

贷：在途物资——宏茂炊具公司　　120 000

(2)商品验收入库，货款采用商业汇票结算方式，则其会计分录如下：

借：库存商品——3.0营养煲　　120 000

应交税费——应交增值税(进项税额)　　20 400

贷：应付票据——商业汇票　　140 400

商业汇票到期付款，做会计分录如下：

借：应付票据　　140 400

贷：银行存款　　140 400

二、外地购进商品的核算

外地购进商品，是指商品流通企业向外地的生产企业或批发企业购进商品。商品流通企业从外地购进商品，商品交接一般采用发货制，货款以委托收款、托收承付、商业汇票、银行汇票、汇兑等方式结算。

外地商品购进的业务程序如下：当购货单位的财会部门收到开户银行送来供货方的托收承付结算凭证、专用发票(结算联)和运单时，先送业务部门与合同核对，业务部门审核无误后填制收货单，然后将托收承付结算凭证及其附件和收货单分别送交财会部门和仓库，财会部门根据结算凭证承付货款的期限办理货款结算，仓库根据收货单待商品到达后办理商品检验入库手续。

外地商品购进，由于企业与供货单位不在同一城市，商品由供货单位委托运输部门发运，而托收凭证由银行通过邮寄传递，因此，商品与托收结算凭证到达企业的时间可能会出现三种情况：一是托收凭证先到，商品后到；二是商品先到，托收凭证后到；三是托收凭证和商品同时到达。这三种情况的会计核算方法有所不同。此外，按“发货制”要求，购进商品的运费由供货单位垫付，随同货款一并向企业托收。

1. 单到货未到

结算凭证已到，而商品尚在运输途中的。财会部门应根据银行转来的托收凭证和增值税专用发票，经核对无误后承付货款。

【例12-3】浙江长征有限公司5月6日向天津百货批发公司购入男士西裤4 000条，单价50元，进项税率17%，价税共计234 000元，销货单位代垫运费1 000元，货款结算采用“异地托收承付”结算方式。

【解析12-3】财务部门接到银行转来天津百货批发公司的托收凭证、发货单、代垫运费清单，经审核无误后，做会计分录如下：

借：在途物资——天津百货　　200 930

应交税费——应交增值税(进项税额)　　34 070

贷：银行存款　　235 000

【例12-4】承例12-3，5月8日上述男士西裤已到货，并验收入库。

【解析12-4】财务部门应根据收货单，做会计分录如下：

借：库存商品——服装类(男士西裤) 200 930

贷：在途物资——天津百货 200 930

2. 货到单未到

商品已到，而结算凭证未到，尚不能承付货款。

【例 12-5】承例 12-3，假设男士西裤已到，并验收入库，但结算凭证尚未到达。

【解析 12-5】在会计核算上，按制度规定，货到单未到时，购进时暂不做账务处理，月末按暂估进价计应付账款，次月红字冲回，并于收到结算凭证时承付货款。相关会计分录如下：

(1)5 月 8 日：不做账务处理。

(2)5 月 31 日，若结算凭证仍未到达，则应做分录如下：

借：库存商品——服装类(男士西裤) 200 000

贷：应付账款——暂估应付账款 200 000

(3)6 月 1 日，红字冲回上笔分录。

借：库存商品——服装类(男士西裤) (红字)200 000

贷：应付账款——暂估应付账款 (红字)200 000

(4)6 月 5 日，收到结算凭证。财务部门应根据银行转来托收凭证、增值税专用发票和代垫运费清单，承付货款，做会计分录如下：

借：在途物资——天津百货 200 930

应交税费——应交增值税(进项税额) 34 070

贷：银行存款 235 000

同时，根据收货单做会计分录如下：

借：库存商品——服装类(男士西裤) 200 930

贷：在途物资——天津百货 200 930

3. 单货同到

承付货款和商品点验入库手续可以在同一天内办完，不存在商品在途和不能承付货款的问题。

【例 12-6】承例 12-3，假设男士西裤已到，并验收入库，结算凭证也已送达。

【解析 12-6】财务部门应根据银行转来的托收凭证、增值税专用发票、代垫运费清单和仓库送来的收货单，做会计分录如下：

借：在途物资——天津百货 200 930

应交税费——应交增值税(进项税额) 34 070

贷：银行存款 235 000

同时：

借：库存商品——服装类(男士西裤) 200 930

贷：在途物资——天津百货 200 930

三、预付货款购进商品的核算

预付货款，是指商品流通企业按照合同规定预付给销货单位的货款。在编制会计分录时应注意，预付货款时不确认商品购进，只有收到销货单位发来的商品后，才能作为商品购进。

【例 12-7】5 月 7 日，美华公司从惠普公司预订打印机 100 台，单价 1 500 元，货款为 150 000，增值税为 25 500 元，按合同规定美华公司向惠普公司预付 20%的货款，以电汇方式支付。

【解析 12-7】财务部门应根据电汇回单等原始凭证编制记账凭证，会计分录如下：

借：预付账款——惠普公司　　30 000

　　贷：银行存款　　30 000

【例 12-8】5 月 10 日，美华公司收到打印机，并验收入库。增值税专用发票上列明货款 150 000 元，增值税为 25 500 元。美华公司以电汇方式补付剩余货款。

【解析 12-8】财务部门应根据增值税专用发票、收货单等原始凭证编制记账凭证，会计分录如下：

借：在途物资——惠普公司　　150 000

　　应交税费——应交增值税(进项税额)　　25 500

　　贷：预付账款——惠普公司　　175 500

借：库存商品——打印机　　150 000

　　贷：在途物资——惠普公司　　150 000

同时，根据电汇回单等原始凭证做补付货款的处理，会计分录如下：

借：预付账款——惠普公司　　145 500

　　贷：银行存款　　145 500

四、购进商品发生短缺溢余的核算

商品购进后，企业应严格验收数量和质量。在验收时如发现实收数量多于或少于应收数量，即为购进商品溢余和短缺。

购进商品发生溢余和短缺情况，应由验收部门会同运输单位做出详细记录和鉴定证明。在未查明原因以前，先按商品实收数入库，填写“收货单”“商品溢余短缺报告单”送交财务部门。

(一)购进商品发生溢余的核算

购进商品发生溢余，在查明原因前，先通过“待处理财产损益”账户核算。查明原因后，根据不同原因进行账务处理。若属销售单位多发商品，且企业同意补作购进的，应做补付货款的处理。若属销售单位多发商品，但企业不同意补作购进的，应做商品退回的处理。若属自然升益的，计入“管理费用”账户。

【例 12-9】4 月 7 日浙江长征公司从常州制糖厂购进白砂糖 3 000 千克，单价 3 元，货款 9 000 元，款项已付。商品运到，实收白砂糖 3 500 千克，溢余 500 千克，原因待查。后与常州制糖厂联系，溢余系工厂多发，浙江长征公司同意购进。4 月 15 日收到常州制糖厂补来的增值税专用发票，货款 1 500 元，增值税 255 元，以电汇支付货款。

【解析 12-9】溢余未查明原因前，财务部门应根据仓库转来的收货单、商品溢余短缺报告单等原始凭证编制记账凭证，会计分录如下：

借：库存商品——白砂糖　　10 500

　　贷：在途物资——常州制糖厂　　9 000

　　　待处理财产损益——待处理流通资产损益　　　1 500

原因查明后，财务部门应根据销货单位转来的增值税专用发票，电汇回单等编制记账凭证，会计分录如下：

借：待处理财产损益——待处理流通资产损益　　1 500
　　应交税费——应交增值税(进项税额)　　255
　　贷：银行存款　　1 755

(二)购进商品发生短缺的核算

购进商品发生短缺，原因查明后，分别按不同情况进行处理：若属销货单位少发货的，应由销货单位补发商品或退款；属应由销货单位或第三方过失人负责的，应计入“其他应收款”账户；属自然灾害等非正常原因造成，应计入“营业外支出”账户；属企业保管不善造成的，经批准计入“管理费用”账户。

【例 12-10】承例 12-9，假定商品运到，实收白砂糖 2 800 千克，短缺 200 千克，原因待查。后与常州制糖厂联系，短缺系工厂少发，常州制糖厂同意退还货款。4 月 15 日收到常州制糖厂补来的红字增值税专用发票，并收到退还的货款。

【解析 12-10】短缺未查明原因前，财务部门应根据仓库转来的收货单、商品溢余短缺报告单等原始凭证编制会计分录如下：

借：库存商品——白砂糖　　8 400
　　待处理财产损益——待处理流通资产损益　　600
　　贷：在途物资——常州制糖厂　　9 000

原因查明后，财务部门应根据销货单位转来的红字增值税专用发票等编制记账凭证，会计分录如下：

借：银行存款　　702
　　应交税费——应交增值税(进项税额)　　(红字)102
　　贷：待处理财产损益——待处理流通资产损益　　600

五、进货退回的核算

企业购的商品在验收入库时可能因商品质量、规格等问题而发生进货退回业务。进货退回业务应视不同情况进行处理。

若企业进货后尚未支付货款且未做账务处理的，企业应将收到的专用发票退还给销货单位，无须做账务处理。

若企业进货后已支付货款或虽货款未付但已做账务处理的，企业在办理退货时，应取得当地税务部门开具的进货退出证明单，送交销货单位凭以开具红字专用发票作为扣减进项税额的凭证，并填制“进货退出发货单”随同商品发给销货单位。财会部门应根据上述凭证转销“库存商品”账户借方数额。

【例 12-11】浙江长征公司向福建凯胜制衣厂购入男衬衫 600 件，单价为 20 元，货款 12 000元，增值税 2 040 元，货款已承付，商品按整箱验收入库。事后拆箱时发现该批商品中有女衬衫 100 件，与合同规定不符，经与供货单位联系，同意退货。

【解析 12-11】财务部门应根据转来红字专用发票、进货退出发货单等编制记账凭证，会计分录如下：

借：应收账款——福建凯胜制衣厂　　2 340
　　应交税费——应交增值税(进项税额)　　(红字)340
　　贷：库存商品——女衬衫　　2 000

六、进货退、补价的核算

企业购进商品后，有时会出现由于销货单位计价错误，商品品种、等级错发或发货时按暂估价结算等原因，致使商品的进价与实际进价发生差异的情况。企业发生进货退补价业务时，应根据销货单位填制的增值税专用发票及“销货更正单”进行账务处理。

(一)进货退价的核算

进货退价，是指应计的进价低于已结算的进价，应由销货单位退还进货单位的差价款。在会计核算上，当收到退价款时，应区别以下两种情况：若商品尚未售出或虽已售出但尚未结转商品销售成本，企业根据销货单位的红字专用发票及“销货更正单”进行账务处理，借记“银行存款”等账户，贷记“库存商品”账户，同时冲减增值税进项税税额。若商品已售出，并已结转商品销售成本，企业根据销货单位的红字专用发票及“销货更正单”进行账务处理，借记“银行存款”等账户，贷记“主营业务成本”账户，同时冲减增值税进项税税额。

(二)进货补价的核算

进货补价，是指应计的进价高于已结算的进价，应由进货企业补付货款差额。在会计核算上，也有两种不同的账务处理：(1)若商品尚未售出，或已售出但尚未结转商品销售成本，企业根据销货单位专用发票及“销货更正单”补付货款时，借记“库存商品”“应交税费”账户，贷记“银行存款”等账户。(2)若商品已售出，并已结转商品销售成本，企业应根据销货单位的专用发票及“销货更正单”补付货款时，借记“主营业务成本”“应交税费”账户，贷记“银行存款”等账户。

【例 12-12】浙江长征公司 2 月 3 日从天津电器制造厂购进微波炉 200 台，单价 150 元，货款 30 000 元，增值税 5 100 元，商品已验收入库。3 月 12 日收到天津电器制造厂情况说明，由于结算人员失误，误将每台 155 元错记为 150 元，同时开来销货更正单及增值税专用发票，应补付货款 1 000 元，增值税 170 元。(1)假定该微波炉尚未出售，货款尚未支付；(2)假定该微波炉已售 100 台，并已结转销售成本。分别编制相应会计分录。

【解析 12-12】财务部门应根据天津电器制造厂转来的销货更正单、增值税专用发票等编制记账凭证，会计分录如下：

(1)借：库存商品——微波炉　　1 000
　　　应交税费——应交增值税(进项税额)　　170
　　　贷：应付账款——天津电器制造厂　　1 170

(2)借：库存商品——微波炉　　500
　　　主营业务成本　　500
　　　应交税费——应交增值税(进项税额)　　170
　　　贷：应付账款——天津电器制造厂　　1 170

七、拒付货款和拒收商品的核算

企业购进商品后发生拒付货款时，对采用托收承付或委托收款方式结算的，应在规定的期限内提出充分理由，填制“拒绝付款理由书”，拒付全部或部分款项。拒付货款和拒收商品一般有以下两种情况，应分别进行处理。

(一)货款未付的核算

货款未付可分两种情况：一是先拒付货款，后拒收商品。企业接到银行转来的托收凭证和发票联、结算联等单据，经核对与合同不符，拒付货款。后商品运达，再拒收商品。二是先拒收商品，后拒付货款。商品先到，企业验收时发现商品与合同不符，拒收商品。后收到银行转来托收凭证，再拒付货款。上述两种情况在核算上均不做处理。企业可向银行提出“拒绝付款理由书”，拒付全部或部分货款，拒收的商品由代销货单位暂行保管。

【例 12-13】浙江长征公司向上海纺织工厂购进 6 尺床单 2 000 条，单价 20 元，货款共计 40 000 元，增值税 6 800 元，销货单位代垫运费 200 元。商品运到时，发现其中有 4 尺床单 100 条，单价 16 元，与合同规格不符，拒绝收货。其余 1 900 条，均已验收入库，结算凭证尚未收到。

【解析 12-13】商品运到时，与合同规格不符，拒绝收货，暂作代管，记入代管商品物资备查簿。待收到银行转来托收凭证，向银行提出“拒绝付款理由书”，拒付部分货款，办理部分拒付手续。财务部门应根据收货单，专用发票、运输发票、结算凭证等编制记账凭证，会计分录如下：

借：在途物资——上海纺织工厂 38 186
　　应交税费——应交增值税(进项税额) 6 474
　　贷：银行存款 44 660

同时：

借：库存商品——6 尺床单 38 186
　　贷：在途物资——上海纺织工厂 38 186

(二)货款已承付的核算

企业接到银行转来托收凭证和发票联、结算联等单据，经与合同核对无误，已全数承付货款，并已入账。待商品到达后，在验收时发现商品与合同规定的品种、规格、数量、质量不符，可以向供货单位提出拒收全部或部分商品。在会计核算上，应将拒收商品的金额和运杂费，从“在途物资”和“应交税费”账户转入“应收账款”账户，同时将拒收商品做代管处理。

【例 12-14】浙江长征公司向上海纺织工厂购进羊毛毯 300 条，每条进价 250 元，货款 75 000 元，增值税 12 750 元。接到银行转来托收凭证及发票联、结算联等单据，经与合同核对无误，承付全部货款。

【解析 12-14】财务部门应根据银行转来托收凭证及发票联、结算联等原始凭证编制记账凭证，会计分录如下：

借：在途物资——上海纺织工厂 75 000
　　应交税费——应交增值税(进项税额) 12 750
　　贷：银行存款 87 750

【例 12-15】承例 11-14，商品运到后，验收发现其中 50 条质量不符合同规定要求，经与上海纺织工厂联系，同意退回拒收商品，其余 250 条验收入库。

【解析 12-15】财务部门根据收货单、红字专用发票等编制记账凭证，会计分录如下：

借：库存商品——羊毛毯　　62 500

　　应收账款——上海纺织工厂　　14 625

　　应交税费——应交增值税(进项税额)　　(红字)2125

　　贷：在途物资——上海纺织工厂　　75 000

第三节　批发企业商品销售的核算

批发企业商品销售业务主要包括发出商品和结算货款两个环节。同时商品销售业务程序与商品交接货方式和结算方式存在密切联系。

一、本地销售商品的核算

本地销售商品的交接方式一般采用送货制或提货制，货款一般采用支票、商业汇票、银行本票结算。

【例 12-16】浙江长征公司向杭州百货公司批发销售电饭煲 150 台，单价 300 元，货款 45 000 元，增值税 7 650 元，收到转账支票送存银行。该批电饭煲的进价为 35 000 元。

【解析 12-16】财务部门应根据转来的专用发票、进账单等编制记账凭证，做分录如下：

借：银行存款　　52 650

　　贷：主营业务收入　　45 000

　　　　应交税费——应交增值税(销项税额)　　7 650

同时，结转销售成本，会计分录如下：

借：主营业务成本　　35 000

　　贷：库存商品——电饭煲　　35 000

二、外地商品销售的核算

外地销售商品的交接方式一般采用发货制，货款一般采用托收承付、委托收款结算方式。

【例 12-17】浙江长征公司 3 月 3 日向上海和美百货公司销售化妆品一批，根据购销合同开出增值税专用发票，列明货款 60 000 元，增值税 10 200 元，商品委托杭州铁路局运送；10 日，收到杭州铁路局开来运费凭证 500 元，当即开出转账支票支付；16 日，接到银行转来上海和美百货公司承付货款、专用发票及运费的收账通知，共计 70 700 元。假定该批化妆品进价为 23 000 元。

【解析 12-17】财务部门应根据专用发票、运费单据、托收凭证、支票等编制记账凭证，做会计分录如下：

(1)3 月 3 日：

借：应收账款——上海和美百货公司　　70 500

　　贷：主营业务收入　　60 000

　　　　应交税费——应交增值税(销项税额)　　10 200

同时，结转成本：

借：主营业务成本　　23 000

　　贷：库存商品——化妆品　　23 000

(2)3 月 10 日：

借：应收账款——上海和美百货公司　　500

　　贷：银行存款　　500

(3)3 月 16 日：

借：银行存款　　70 700

　　贷：应收账款——上海和美百货公司　　70 700

三、预收货款销售的核算

批发企业采用预收货款销售商品，事先应与购货单位签订预收货款的销售合同或协议。在预收货款时先不确认收入的实现，待发出商品时才确认收入的实现。

【例 12-18】浙江长征公司 8 月 11 日采用预收货款方式向运达商场销售羊毛毯 600 件，销售单价 230 元，合同规定预收货款的 35%，在 10 日后交货时，再收取 65%货款余额。当天收到运达商场转来的转账支票一张，金额为 48 300 元。8 月 21 日发给运达商场羊毛毯 600 件，计货款 138 000 元，增值税 23 460 元。同时收到运达商场签发的转账支票一张，支付剩余 65%的货款。

【解析 12-18】财务部门应根据销售合同或协议，转账支票、专用发票等，编制会计分录如下：

(1) 8 月 11 日：

借：银行存款　　48 300

　　贷：预收账款——运达商场　　48 300

(2)8 月 21 日：

借：预收账款——运达商场　　161 460

　　贷：主营业务收入　　138 000

　　　　应交税费——应交增值税(销项税额)　　23 460

借：银行存款　　113 160

　　贷：预收账款——运达商场　　113 160

四、直运商品销售的核算

直运商品销售，是指批发企业购进商品后，不经过本企业仓库，直接将商品从企业运给进货单位的一种销售方式。采用直运商品销售方式，可以减少商品出入库手续，有利于加速商品流转，节约商品流通费用。

直运商品销售的核算具有以下特点：一是商品的购进和销售业务同时发生。这种情况下，会产生三种情况，即先承付进货款，后托收销货款；先托收销货款，后承付进货款；托收销货款与承付进货款同时进行。二是随时结转成本。三是可以不通过“库存商品”账户，直接以“在途物资”账户核算。四是运费由销货单位与进货单位共同承担。

【例 12-19】浙江长征公司向杭州天堂制伞厂购进折伞 2 000 把，进货单价为 20 元，进项税额为 6 800 元，直运给长沙百货公司，批发单价为 25 元，销项税额为 8 500 元，代垫运费 400 元。按合同规定，企业负担 120 元，购货单位负担 280 元。由驻销货单位采购员自办商品发运和货款结算手续。假定分别存在下列三种情况：(1)先承付进货款，后托收销货款；(2)先托收销货款，后承付进货款；(3)托收销货款与承付进货款同时进行。

【解析 12-19】

(1)先承付进货款，后托收销货款：财务部门应根据银行转来供货单位的托收凭证，专用发票及代垫运费等单据，承付货款及运费，做如下会计分录：

借：在途物资——杭州天堂制伞厂	40 111.6
应交税费——应交增值税(进项税额)	6 808.4
应收账款——长沙百货公司	280
贷：银行存款	47 200

同时，根据转来的向购货单位托收货款和运费的托收凭证回单联时，办理托收销货款入账手续，做会计分录如下；

借：应收账款——长沙百货公司	58 000
贷：主营业务收入	50 000
应交税费——应交增值税(销项税额)	8 500
借：主营业务成本	40111.6
贷：在途物资——杭州天堂制伞厂	40 111.6

收到银行转来向购货单位托收货款及运费的收款通知单时，做会计分录如下：

借：银行存款	58 280
贷：应收账款——长沙百货公司	58 280

(2)与(3)的账务处理，在内容上与(1)相同，只是在顺序上所有差异，在此不再赘述。

五、销货退回的核算

销货退回，是指企业商品售出后，由于品种、规格、质量不符合购销合同规定等原因而发生的购货单位退货。销货退货应视不同情况进行处理。

1. 对于为确认收入的售出商品发生退回的，企业应按计入“发出商品”账户的商品成本金额，借记“库存商品”账户，贷记“发出商品”账户。

2. 对于已确认收入的售出商品发生退回的，企业应在发生退回时冲减退回当期的商品销售收入，同时冲减退回当期的商品销售成本。

3. 已确认收入的售出商品发生销货退回属资产负债表日后事项的，应按照资产负债表日后事项的有关规定进行处理。

【例 12-20】浙江长征公司售给恒大商店 90 厘米圆领男汗衫 100 件，单价 5 元(不包括销项税额)，进价 3 元，因质量不好，同意全部退回，款项已付。销项税率为 17%。该批商品已结转商品销售成本。

【解析 12-20】财务部门应根据红字专用发票等编制记账凭证，会计分录如下：

借：主营业务收入	500
贷：应交税费——应交增值税(销项税额)	(红字)85
银行存款	585
借：库存商品——服装组(男式汗衫)	300
贷：主营业务成本	300

六、销货退、补价的核算

企业在商品售出后，由于商品规格错发、等级不符以及货款计算错误或先按暂定价结算后又正式定价等原因，需要向购货单位退还或补收货款。企业发生销售退、补价时，业务部门应填制红蓝字增值税专用发票，同时填制“销货更正单”，财务部门据此办理收款或付款手续(退、补价手续)。退、补价是销售金额的调整，不涉及商品数量，只须增加或减少“主营业务收入”账户和销项税的数额，不调整“库存商品”和“主营业务成本”账户的数额。

【例 12-21】浙江长征公司 10 月 3 日售给恒大商店舒肤佳香皂 1 000 盒(每盒 10 块)，售价每盒 15 元，货款为 15 000 元，增值税为 2 250 元，商品已发出，货款已收到。6 日，复核销售发票时，发现单价填写错误，每盒多开 5 元，随即开出红字增值税专用发票，退还恒大商店货款 5 000 元，增值税 850 元。

【解析 12-21】财务部门应根据红字专用发票和“销货更正单”将多收的货款退还给购货单位，会计分录如下：

借：主营业务收入	5 000	
贷：银行存款		5 850
应交税费——应交增值税(销项税款)		(红字)850

【例 12-22】承例 12-21，如每盒售价 25 元，误写为 15 元，少收货款 10 000 元，增值税 1 700 元。

【解析 12-22】财务部门应根据补开的蓝字专用发票和销货更正单向购货单位补收货款，做会计分录如下：

借：应收账款——恒大商店	11 700	
贷：主营业务收入		10 000
应交税费——应交增值税(销项税额)		1 700

七、购货单位拒付货款和拒收商品的核算

在商品销售中，购货单位发现商品的质量、品种、规格、数量等不符合合同规定时，或因计价、发货差错等原因，致使购货单位提出拒收商品和拒付货款时(接到购货单位拒绝付款理由书)，应及时与购货单位联系，协商解决。待查明原因后，分不同情况进行处理。若因商品计价错误造成的，应填制红字专用发票，据以做销货退价处理。若因少发货造成的，如果购货单位要求补发商品，在商品发运后，仍按原发票货款进行结算；如果购货单位不要求补发商品，则应填制红字专用发票，据以做销货退回处理。

【例 12-23】10 月 20 日浙江长征公司向华光商厦销售空调机 200 台，每台售价 2 000 元，货款共计 400 000 元，增值税 68 000 元。代垫运杂费 4 000 元。托收手续已办妥。24 日银行转来收账通知，华光商厦支付货款、增值税及运杂费 424 800 元。同时收到“拒绝付款理由书”，拒付其中 20 台的货款、增值税及运杂费 47 200 元。30 日查明 20 台空调为质量问题，已退回。

【解析 12-23】10 月 20 日，财务部门应根据托收凭证回单联和专用发票做销售入账，其会计分录如下：

借：应收账款——华光商厦　　472 000
　　贷：主营业务收入　　4 000 000
　　　　应交税费——应交增值税(销项税额)　　68 000
　　　　应收账款——代垫运费　　4 000

24 日，应根据银行转来收账通知及“拒绝付款理由书”，做收款分录处理，其会计分录如下：

借：银行存款　　424 800
　　贷：应收账款——华光商厦　　424 800

30 日，应根据转来的红字专用发票，做销货退回处理，会计分录如下：

借：主营业务收入　　40 000
　　销售费用　　400
　　贷：应收账款——华光商厦　　47 200
　　　　应交税费——应交增值税(销项税额)　　(红字)6 800

第四节　批发企业商品储存的核算

商品储存，是指商品流通企业购进的商品和被销售以前在企业的停留状态。商品存储是商品购进和商品销售的中间关节。商品流通企业商品储存包括库存商品、委托代销商品、受托代销商品、发出商品等。为了加强对商品储存的核算与管理，企业财务部门应与其他有关各部门密切配合，做到库存结构合理、商品保管完好、收发制度严谨、定期盘点商品，以达到账实相符，并正确计算和结转商品销售成本，以保证企业利润核算的准确性。

一、库存商品盘点及溢余、短缺的核算

批发企业储存的大量商品是保证市场供应、满足生产和人民生产需要的物质基础。但是，这些商品在储存过程中，由于自然条件或人为原因，可能会引起商品数量上的短缺或溢余以及质量上的变化，因此必须建立健全各项规章制度，采取财产清查措施，定期和不定期对商品进行盘点。盘点时，要根据商品的特点，采用不同的盘点方法和操作规程，避免发生重复盘、遗漏盘和错盘的现象。盘点结束后，由保管人员负责填制“商品盘存表”，如账存数与实存数如不相符，还应填制“商品溢余短缺报告单”。

库存商品清查盘盈的，在未查明原因或未经批准前，借记“库存商品”科目，贷记“待处理财产损益”科目；按照规定程序批准转销时，借记“待处理财产损益”科目，贷记“管理费用”科目。

库存商品清查盘亏的，在未查明原因或未经批准前，借记“待处理财产损益”科目，贷记“库存商品”科目；库存商品因管理不善造成的非正常损失，应按照税法规定应将增值税进项税额予以转出，借记“待处理财产损益”科目，贷记“应交税费——应交增值税(进项税额转出)”科目。短缺的库存商品按规定批准转销时，应先扣除残料价值、保险公司和过失人的赔款，借记“库存商品”“其他应收款”等科目；剩余净损失，属自然灾害造成的，借记“营业外支出”科目；属计量差错和管理不善等原因造成的，借记“管理费用”科目。

【例 12-24】5 月末，浙江长征公司对库存商品进行清查盘点，根据盘点结果填制“商品溢余短缺报告单”，如下表 12-1 所示。

表 12-1 商品溢余短缺报告单

××年 5 月 31 日

品名	计量单位	单位成本	账存数量	实存数量	短缺		溢余		原因
					数量	金额	数量	金额	
3.0 营养煲	台	300	250	270			20	6 000	待查
4.0 营养煲	台	200	400	360	40	8 000			待查
合计					40	8 000	20	6 000	

部门负责人： 会计主管： 监盘人： 实物负责人： 制单：

【解析 12-24】财务部门应根据商品溢余短缺报告单等，调整库存商品结存额，会计分录如下：

借：库存商品——3.0 营养煲 6 000

　　贷：待处理财产损益——待处理流动资产损益 6 000

借：待处理财产损益——待处理流动资产损益 8 000

　　贷：库存商品——4.0 营养煲 8 000

【例 12-25】承例 12-24，假定原因查明，溢余的 3.0 营养煲系销货单位多发货，双方协商后立即补付货款；短缺的 4.0 营养煲系保管员责任事故造成。

【解析 12-25】财务部门应根据销货单位补开的专用发票等，做转销处理，会计分录如下：

借：待处理财产损益——待处理流动资产损益 6 000

　　应交税费——应交增值税(进项税额) 1 020

　　贷：银行存款 7 020

借：其他应收款 8 000

　　贷：待处理财产损益——待处理流动资产损益 8 000

二、商品销售成本的计算和结转

商品流通企业在商品销售后，一方面要核算取得的商品销售收入；另一方面还要计算并结转商品销售成本。商品销售成本的计算和结转的正确与否，直接影响着企业库存商品的价值以及商品销售成本和当期经营成果的正确性。

(一)商品销售成本的计算

计算商品销售成本是一项重要而繁琐的工作，它直接关系到期末库存商品的价值及企业的经营成果是否正确。因此，就有必要根据各企业的特点，采用适当的方法，正确地计算商品销售成本。计算商品销售成本的方法，主要有个别计价法、加权平均法、移动加权平均法、先进先出法和毛利率推算法等。

1. 个别计价法

个别计价法，是指以是商品的成本流转与实物流转相一致为前提条件，按照各种商品，逐一辨认各批发出商品和期末商品所属的购进批别，分别按其购入时的单位成本作为计算各批发出商品和期末商品成本的方法。其计算公式如下：

商品销售成本＝商品销售数量×该件(批次)商品购进单价

采用个别计价法，对每件或每批购进的商品应分别存放，并分户登记库存商品明细账。对每次销售的商品，应在专用发票上注明进货件别或批次，便于按照该件或该批的实际购进单价计算商品销售成本。

【例 12-26】惠誉批发公司 3 月初结存 001 批次的石英挂钟 3 000 个，单价为 25 元，金额为 75 000 元，销售单价为 50 元。本月商品进销业务记录如表 12-2 所示。

表 12-2　3 月份石英挂钟进销业务记录

××年		业务号数	购进				销售			
月	日		批次	数量	单价	金额	批次	数量	单价	金额
3	1	3					001	1 100	50	55 000
	2	6	002	2 500	28	70 000				
	5	8					001	1 000	50	50 000
	8	12					001	400	50	20 000
							002	1 000	50	50 000
	12	15	003	4 000	35	140 000				
	18	56					002	1 000	50	50 000
							003	200	50	10 000
	31	合计		6 500		210 000		4 700		235 000

【解析 12-26】

3 月 1 日商品销售成本＝1 100×25＝27 500(元)

3 月 5 日商品销售成本＝1 000×25＝25 000(元)

3 月 8 日商品销售成本＝400×25＋1 000×28＝38 000(元)

3 月 18 日商品销售成本＝1 000×28＋200×35＝35 000(元)

3 月份商品销售成本合计：125 500(元)

采用个别计价法计算商品销售成本，可以逐日结转商品销售成本。这种方法计算的商品销售成本最为准确，但计算起来工作量最为繁重，适用于能分清进货件别或批次的库存商品、直运商品、委托代销商品和分期收款发出商品等。

2. 加权平均法

加权平均法也称全月一次加权平均，是指在一个计算期内(一般为一个月)，综合计算每种商品的加权平均单价，再乘以销售数量，计算商品销售成本的一种方法。其计算公式如下：

$$\text{加权平均单价}=\left(\text{期初结存商品金额}+\text{本期收入商品金额}-\text{本期非销售发出商品金额}\right)\div\left(\text{期初结存商品数量}+\text{本期收入商品数量}-\text{本期非销售发出商品数量}\right)$$

$$\text{本期商品销售成本}=\text{本期商品销售数量}\times\text{加权平均单价}$$

在计算公式中，本期非销售发出商品数量和金额，是指除销售以外其他的发出商品，包括分期收款发出商品、发出加工商品、盘缺商品等。这些非销售发出的商品，在发生时，即在库存商品账户予以转销，所以在期末计算加权平均单价时要剔除这些因素。

在日常工作中，由于计算加权平均单价往往不能整除，计算的结果必然会产生尾差，为了保证期末库存商品数额的准确性，可以采用下列公式计算商品销售成本，其计算公式如下：

$$\text{期末结存商品金额}=\text{期末结存商品数量}\times\text{加权平均单价}$$

$$\text{本期商品销售成本}=\text{期初结存商品金额}+\text{本期收入商品金额}-\text{本期非销售发出商品金额}-\text{期末结存商品金额}$$

【例 12-27】承例 12-26，采用加权平均法计算商品的销售成本，并登记“库存商品”明细账。

【解析 12-27】

加权平均单价＝(75 000＋210 000)÷(3 000＋6 500)＝30(元)

期末结存商品金额＝4 800×30＝144 000(元)

3 月份商品销售成本＝75 000＋210 000－144 000＝141 000(元)

表 12-3　库存商品明细账　　单位：元

××年		凭证号数	摘要	收入				发出				结存		
月	日			数量	其他	单价	金额	数量	其他	单价	金额	数量	单价	金额
3	1	略	期初									3 000	25	75 000
	1		销售					1 100				1 900		
	2		购进	2 500		28	70 000					4 400		
	5		销售					1 000				3 400		
	8		销售					1 400				2 000		
	12		购进	4 000		35	140 000					6 000		
	18		销售					1 200				4 800		
	31		结转成本					4 700		30	141 000			
	31		合计	6 500			210 000	4 700			141 000	4 800	30	144 000

采用加权平均法计算出来的商品销售成本较为均衡，也较为准确，但计算的工作量较大，一般适用于经营品种较少，或者前后购进商品的单价相差幅度较大，并定期结转商品销售成本的企业。

3. 移动加权平均法

移动加权平均法，是指以各次收入数量和金额与各次收入前的数量和金额为基础，计算出移动加权平均单价，乘以销售数量，计算商品销售成本的一种方法。其计算公式如下：

$$\text{移动加权平均单价}=(\text{本次收入前结存商品金额}+\text{本次收入商品金额})\div(\text{本次收入前结存商品数量}+\text{本次收入商品数量})$$

$$\frac{\text{商品销}}{\text{售成本}}=\frac{\text{商品销}}{\text{售数量}}\times\frac{\text{移动加权}}{\text{平均单价}}$$

【例 12-28】承例 12-26，采用移动加权平均法计算商品的销售成本，并登记“库存商品”明细账。

【解析 12-28】

3 月 2 日移动加权平均单价＝(47 500＋70 000)÷(1 900＋2 500)＝26.7(元)

3 月 12 日移动加权平均单价＝(53 400＋140 000)÷(2 000＋4 000)＝32.2(元)

3 月商品的销售成本＝(75 000＋210 000)－154 560＝130 220(元)

表 12-4 库存商品明细账 单位：元

××年		凭证号数	摘要	收入				发出				结存		
月	日			数量	其他	单价	金额	数量	其他	单价	金额	数量	单价	金额
3	1	略	期初									3 000	25	75 000
	1		销售					1 100		25	27 500	1 900	25	47 500
	2		购进	2 500		28	70 000					4 400	26.7	117 480
	5		销售					1 000		26.7	26 700	3 400	26.7	90 780
	8		销售					1 400		26.7	37 380	2 000	26.7	53 400
	12		购进	4 000		35	140 000					6 000	32.2	193 200
	18		销售					1 200		32.2	38 640	4 800	32.2	154 560
	31		合计	6 500			210 000	4 700			130 220	4800	32.2	154 560

采用移动加权平均法，计算出来的商品销售成本比加权平均法更为均衡和准确，但计算起来的工作量大，一般适用于经营品种不多，或者前后购进商品的单价相差幅度较大，并逐日结转商品销售成本的企业。

4. 先进先出法

先进先出法，是指根据先购进先销售的原则，以先购进商品的价格，先作为商品销售成本的一种计算方法。

【例 12-29】承例 12-26，采用先进先出法计算商品的销售成本，并登记“库存商品”明细账。

【解析 12-29】

3 月 1 日商品销售成本＝1 100×25＝27 500(元)

3 月 2 日商品结存成本＝47 500(1 900 个，25 元/个)＋70 000(2 500 个，28 元/个)
＝117 500(元)

3 月 5 日商品销售成本＝1 000×25＝25 000(元)

3 月 5 日商品结存成本＝22 500(900 个，25 元/个)＋70 000(2 500 个，28 元/个)
＝92 500(元)

3 月 8 日商品销售成本＝900×25＋500×28＝36 500(元)

3 月 12 日商品结存成本＝22 500(2 000 个，28 元/个)＋70 000(4 000 个，35 元/个)
＝196 000(元)

3 月 18 日商品销售成本＝1 200×28＝33 600(元)

3 月 18 日商品结存成本＝22 400(800 个，28 元/个)＋140 000(4 000 个，35 元/个)

＝162 400(元)

3 月份商品销售成本＝27 500＋25 000＋36 500＋33 600＝122 600(元)

表 12-5 库存商品明细账 单位：元

××年		凭证号数	摘要	收入				发出				结存		
月	日			数量	其他	单价	金额	数量	其他	单价	金额	数量	单价	金额
3	1	略	期初									3 000	25	75 000
	1		销售					1 100		25	27 500	1 900	25	47 500
	2		购进	2 500		28	70 000					4 400	25 28	117 500
	5		销售					1 000		25	25 000	3 400	25 28	92 500
	8		销售					1 400		25 28	36 500	2 000	28	56 000
	12		购进	4 000		35	140 000					6 000	28 35	196 000
	18		销售					1 200		28	33 600	4 800	28 35	162 400
	31		结转成本					4 700			122 600			
	31		合计	6 500			210 000	4 700			122 600	4 800	28 35	162 400

采用先进先出法计算商品销售成本，由于期末结存商品金额是根据近期进价成本计价的，因此，它的价值接近于市场价格，但每次销售要根据先购进的单价计算，工作量较大，一般适用于收、发货次数不多的商品。

5. 毛利率推算法

毛利率推算法，是指根据本期商品销售收入乘以上季度实际毛利率(上季毛利额与销售额的百分比)或本季度计划毛利率，推算出商品销售毛利，进而推算商品销售成本的一种方法。其计算公式如下：

本期商品销售毛利＝本期商品销售收入×上季度实际毛利率

本期商品销售成本＝本期商品销售收入－本期商品销售毛利

上列计算公式可简化为：

本期商品销售成本＝本期商品销售收入×(1－上季度实际毛利率)

采用毛利率推算法，不是按库存商品品名、规格逐一计算商品销售成本，而是按商品类别进行计算，大大简化了企业的计算工作。由于同一类别内商品的毛利率不尽相同，因此，计算出来的商品销售成本不够准确，一般适用于经营商品品种较多、按月计算商品销售成本有困难的企业。

【例 12-30】浙江长征公司营养煲类商品销售额 1 月份为 300 000 元，上季度实际毛利率为 12.3%。

【解析 12-30】用毛利率法推算 1 月份商品的销售成本。

1 月份商品销售成本＝300 000×(1－12.3%)＝263 100(元)

(二)商品销售成本的结转

商品销售成本的结转，是指将计算出来的已销商品进价成本，从“库存商品”账户转入“主营业务成本”账户。

商品销售成本的结转，按其结转时间的不同，可分为随时结转和定期结转；按其结转方式的不同，可分为分散结转和集中结转。

在实际工作中，随时结转主要适用于直运商品销售和成批进成批出的商品销售。定期结转则适用于日常的批发商品销售业务，而且多在月末时进行。

1. 分散结转

分散结转，是指按每一库存商品明细账逐户计算出商品销售成本和期末结存商品成本，逐户转销，然后将各户商品销售成本加总后作为类目账、总账结转商品销售成本的依据。采用这种方法。账簿记录清楚完整，有利于加强对各种商品的经营业绩进行分析考核，但工作量较大。

2. 集中结转

集中结转，是指期末在每一库存商品明细账上不计算每种商品的销售成本，只结出期末商品结存成本，把各户期末商品结存成本加总或按大类商品加总，计算出期末库存商品总成本或大类商品期末结存成本，然后根据总账或类目账的资料，倒挤出已销商品的成本。这种方法可以简化计算和记账手续，但账簿记录不够完整，只能按商品类别来考核分析其经营业绩。

【例 12-31】浙江长征公司采用按月集中结转方式结转营养煲类商品的销售成本。该类商品由 3.0 营养煲和 4.0 营养煲两种商品组成，按月末加权平均法计算库存商品结存金额，7 月份两种产品的进货和销货资料如表 12-6、表 12-7、表 12-8 所示。

表 12-6 库存商品明细账

类别：营养煲类　　数量单位：台

品名：3.0 营养煲　　规格：　　金额单位：元

××年		凭证号数	摘要	收入				发出				结存		
月	日			数量	其他	单价	金额	数量	其他	单价	金额	数量	单价	金额
7	1	略	期初									7 000	500	3 500 000
	3		购进	6 000		480	2 880 000					13 000		
	10		销售					6 000				7 000		
	20		购进	5 500		470	2 585 000					12 500		
	26		销售					5 500				7 000		
	30		结存									7 000	485	3 395 000

表 12-7 库存商品明细账

类别：营养煲类　　　　数量单位：台

品名：4.0 营养煲　　　　规格：　　　　金额单位：元

××年		凭证号数	摘要	收入				发出				结存		
月	日			数量	其他	单价	金额	数量	其他	单价	金额	数量	单价	金额
7	1	略	期初									3 000	200	600 000
	4		购进	7 500		205	1 537 500					10 500		
	9		销售					5 500				5 000		
	30		结存									5 000	204	1 020 000

表 12-8 库存商品类目账

数量单位：台

类别：营养煲类　　　　金额 单位：元

××年		凭证号数	摘　要	借方	贷方	借或贷	余额
月	日						
7	1	略	期初			借	4 100 000
	3		购进 3.0 营养煲	2 880 000		借	6 980 000
	4		购进 4.0 营养煲	1 537 500		借	8 517 500
	20		购进 3.0 营养煲	2 585 000		借	11 102 500

【解析 12-31】根据上述表提供的资料，计算商品销售成本，结果如表 12-9 所示。

表 12-9 商品销售成本计算表

单位名称：浙江长征公司　　　　××年 7 月 30 日　　　　金额单位：元

商品类别	库存商品类目账成本结转前余额	库存商品明细账结存金额合计	本期已销售商品的成本
营养煲类	11 102 500	4 415 000	6 687 500

根据计算结果，做会计分录如下：

借：主营业务成本——营养煲类　　　　6 687 500

　　贷：库存商品——营养煲类　　　　6 687 500

第十三章

零售企业商品流通会计核算

任务目标

1. 了解零售企业库存商品的核算方法。
2. 熟悉零售企业商品购进与销售的业务流程。
3. 掌握零售企业商品购进、销售和储存的会计核算。
4. 掌握零售企业商品销售成本的计算和结转。
5. 熟悉零售企业会计核算时账簿的设置。

第一节 零售企业库存商品核算方法及账户设置

一、零售企业库存商品核算方法

零售企业的业务经营特点是：以门市销售为主，经营的商品品种繁多，规格型号复杂；交易次数频繁且数量零星，销售对象一般为最终消费者；销售时一般采用现货交易，成交时间短，并不一定都要填制销货凭证；销售部门对其所经销的商品负有物资保管责任。为了适应其经营特点，简化记账工作，零售企业一般都采用售价金额核算法。

二、账户的设置

批发企业商品流通业务的核算涉及账户主要有：商品购进业务核算中的“在途物资”“库存商品”“商品进销差价”等账户；商品销售业务核算中的“主营业务收入”和“主营业务成本”等账户。

(一)“在途物资”账户

“在途物资”账户属资产类账户，用于核算已支付货款但尚未运抵验收入库商品的实际成本(一般为进价)。“在途物资”账户应按销售单位或商品品种设置明细账。

在途物资

借方	贷方
期初余额 购入并已取得发票，已支付货款但尚未运抵的商品实际成本	购入到达并验收入库的商品的实际成本
期末余额：购入但尚在途中的商品的实际成本	

(二)"库存商品"账户

"库存商品"账户属资产类账户，用于核算经实物负责人验收入库的商品含税售价。"库存商品"账户应按实物负责小组或营业柜组设置明细账。

库存商品

借方	贷方
期初余额 到达并验收入库商品的售价	结转已销商品的售价
期末余额：库存商品的实际成本	

(三)"商品进销差价"账户

零售商品实行售价金额核算法，购入商品在验收入库时，不是按照原来进价而是按照售价计入"库存商品"账户。为了真实地反映财产情况，在按售价计入"库存商品"账户的同时，还必须要将商品进价和售价之间的差额另设"商品进销差价"账户进行登记。

"商品进销差价"账户属资产类账户，用于核算库存商品含税售价与不含税进价之间的差额，是"库存商品"账户的调整账户，"商品进销差价"账户明细账的设置和"库存商品"一样，应按实物负责小组或营业柜组设置明细账。

商品进销差价

借方	贷方
月末分摊已销商品应分摊的进销差价；商品加工付出、出租转出应分摊的进销差价 商品调价减值以及商品短缺等而转销的差价	期初余额 购进、加工收回、销货退回商品售价大于进价的差额 商品调价以及商品溢余等因素增加的差价
期末余额：购入但尚在途中的商品的实际成本	期末余额：库存商品的进销差价

(四)"主营业务收入"账户

"主营业务收入"账户属损益类账户，用于核算零售企业确认的销售商品等主营业务的收入。"主营业务收入"账户应按实物负责小组或营业柜组设置明细账。

(五)"主营业务成本"账户

"主营业务成本"账户属损益类账户，用于核算零售企业确认的销售商品等主营业务收入时应结转的成本。"主营业务成本" 应按实物负责小组或营业柜组设置明细账。

主营业务成本

结转的已销商品的含税售价	计算结转的已销售商品应分摊的商品进销差价按进价成本数量转入“本年利润”账户
期末结转后应无余额	

除上述账户外，零售企业商品流通业务的核算还涉及“应交税费——应交增值税”“银行存款”“应付账款”等账户，在此不再赘述。

第二节 零售企业商品购进的核算

零售企业商品购进，一般由实物负责人根据商品库存和销售情况，自行组织进货。设有专职采购部门的零售企业，可由实物负责小组提出订货计划，由采购人员组织进货。零售企业购进商品，多数从当地的批发企业或生产企业单位购进。为了增加货源，也会从外地购进商品。

企业从本地购进商品，一般采用提货制或送货制，结算方式一般采用支票、银行本票和商业汇票等。从外地购进商品，一般采用发货制，结算方式可采用银行汇票、汇兑、委托收款和商业汇票等。企业购进商品并运达后，通常由实物负责人根据专用发票等所列内容，清点、检查和验收商品并填写零售商品收货单，财务部门根据收货单等进行账务处理。

一、本地商品购进的核算

本地商品购进，一般情况下购进和货款结算是同时办理的。财会部门应根据实物负责小组转来的商品入库验收单、专用发票和付款凭证入账。

【例 13-1】杭州星华大卖场为增值税一般纳税人，是以零售商品经营为主的企业，5月份发生以下经济业务：(1)3日，向本市鸿达公司购进电视机200台，每台进价为4 000元，共计800 000元，增值税为136 000元。财务部门签发支票一张承付货款。(2)上述电视机每台售价为8 500元，商品已由家电组验收入库。

【解析 13-1】财务部门根据销售单位的增值税专用发票、家电组转来的收货单及支票存根等原始凭证编制记账凭证，会计分录如下：

(1)借：在途物资——鸿达公司	800 000	
应交税费——应交增值税(进项税额)	136 000	
贷：银行存款		836 000
(2)借：库存商品——家电组(电视机)	1 700 000	
贷：在途物资——鸿达公司		800 000
商品进销差价——家电组(电视机)		900 000

二、外地商品购进的核算

由于采用发货制交接方式，商品的发运时间和结算凭证的传递时间不一致，通常会发生单货同到、单到货未到和货到单未到三种情况。

1. 单货同到

结算凭证已收到并已付款或开出商业汇票，商品同时验收入库。

【例 13-2】5 日，杭州星华大卖场向北京世达公司购进电饭煲 150 台，每台进价为 500 元，共计 75 000 元，进项税额为 12 750 元，世达公司代垫运费 1 000 元。货款已通过银行电汇给世达公司，当天收到家电组转来的收货单，验收入库电饭煲 150 台，每台售价为 800 元。

【解析 13-2】财务部门根据销售单位转来的增值税专用发票、运输发票、汇兑凭证存根联、家电组转来的收货单等原始凭证编制记账凭证，会计分录如下：

(1)借：在途物资——世达公司	75 930	
应交税费——应交增值税(进项税额)	12 820	
贷：银行存款		88 750
(2)借：库存商品——家电组(电饭煲)	120 000	
贷：在途物资——世达公司		75 930
商品进销差价——家电组(电饭煲)		44 070

2. 单到货未到(先付款，后验货)

结算凭证已收到并已付款或开出商业汇票，商品尚未收到。

【例 13-3】9 日，杭州星华大卖场向福建品茗茶庄购进茶叶 200 盒，每盒进价为 300 元，共计 60 000 元，增值税额为 10 200 元，同时供货方代垫运费 500 元。开出一张转账支票承付款项。13 日，收到食品组转来收货单，上述茶叶已如数验收入库，每盒售价为 600 元。

【解析 13-3】

(1)9 日：财务部门根据销售单位转来的增值税专用发票、运输发票、支票存根联等原始凭证编制记账凭证，会计分录如下：

借：在途物资——福建品茗茶庄	60 465	
应交税费——应交增值税(进项税额)	10 235	
贷：银行存款		70 700

(2)13 日：财务部门根据食品组转来的收货单等原始凭证编制记账凭证，会计分录如下：

借：库存商品——食品组(茶叶)	120 000	
贷：在途物资——福建品茗茶庄		60 465
商品进销差价——食品组(茶叶)		59 535

3. 货到单未到

商品先到并验收入库，但结算凭证尚未收到。

【例 13-4】20 日，杭州星华大卖场向江苏远华服饰厂购进一批男式西装，商品已验收入库，共验收男式西装 400 件，每件进价为 400 元，售价为 700 元。结算凭证未到。

【解析 13-4】

(1)20 日：因结算凭证未到，暂不入账，妥善保管收货单。

(2)31 日：若结算凭证仍未到，财务部门可根据服装组转来的收货单等原始凭证暂估入账，会计分录如下：

借：库存商品——服装组(男式西装)　　280 000
　贷：应付账款——暂估应付账款　　160 000
　　商品进销差价——服装组(男式西装)　　120 000

(3)6 月 1 日：红字冲销上项暂估入账分录，会计分录如下：

借：库存商品——服装组(男式西装)　　(红字)280 000
　贷：应付账款——暂估应付账款　　(红字)160 000
　　商品进销差价——服装组(男式西装)　　(红字)120 000

(4)6 月 13 日，收到江苏远华服饰厂转来的上批男式服装结算凭证，增值税专用发票上列明男式西装 400 件，每件进价为 400 元，增值税为 27 200 元，经审核无误后付款。

①借：在途物资——江苏远华服饰厂　　160 000
　应交税费——应交增值税(进项税额)　　27 200
　贷：银行存款　　187 200

②借：库存商品——服装组(男式西装)　　280 000
　贷：在途物资——江苏远华服饰厂　　160 000
　　商品进销差价——服装组(男式西装)　　120 000

三、预付货款购进商品的核算

零售企业为了扩大货源，可以向销货单位预付货款，订购商品。预付货款购进商品时，商品购进的确认标准与批发企业相同，即预付货款时不确认商品购进，只有收到单位发来的商品后，才能作为商品购进。

【例 13-5】杭州星华大卖场采用预付货款方式向，向日汉制造公司订购洗衣机 50 台。(1)1 月 8 日，按照合同规定向日汉制造公司预付货款 40 000 元，以电汇方式支付。(2)2 月4 日，日汉制造公司将预订的商品发运过来，实际进价每台 2 000 元，共计 100 000 元，增值税额 17 000 元，代垫运费 1 000 元。杭州星华大卖场以汇兑方式补交货款。洗衣机每台售价 3 000 元，商品已由家电组验收入库。

【解析 13-5】

(1)预付货款：财务部门根据汇兑凭证存根联等原始凭证编制记账凭证，会计分录如下：

借：预付账款——日汉制造公司　　40 000
　贷：银行存款　　40 000

(2)财务部门根据销售单位转来的增值税专用发票、运输发票、汇兑凭证存根联以及家电组转来的收货单等原始凭证编制记账凭证，会计分录如下：

①借：在途物资——日汉制造公司　　100 930
　应交税费——应交增值税(进项税额)　　17 070
　贷：预付账款——日汉制造公司　　118 000

②借：库存商品——家电组(洗衣机)　　150 000
　贷：在途物资——日汉制造公司　　100 930
　　商品进销差价——家电组(洗衣机)　　49 070

③借：预付账款——日汉制造公司 78 000
贷：银行存款 78 000

四、购进商品发生溢余短缺的核算

零售企业购进商品在验收过程中，发现商品数量有溢余或短缺时，应尽快与销货单位联系，查明原因。若一时难以查明原因，则应由验收柜组填制“商品购进溢余短缺报告单”，随同销售发票或商品验收单一并送财务部门进行账务处理。财务部门按进价将溢余或短缺的商品先计入“待处理财产损益”账户，并按实收商品数量的售价金额借记“库存商品账户”，按商品进价与售价的差额贷记“商品进销差价”账户。原因查明后，根据不同的原因从“待处理财产损益”账户转入各有关账户。

(一)购进商品发生溢余的核算

购进商品发生溢余，先按实收数量入库，将溢余数量按不含税进价转入“待处理财产损益”账户。待查明原因后，根据不同原因进行相应的账务处理。如果溢余是由销货单位多发货引起且企业同意补作购进的，收到发票后补付货款并作商品购进处理。如果是由销货单位多发货引起且企业不同意补作购进的，应将多收的商品退回给销货单位。

【例 13-6】杭州星华大卖场从华隆糖厂购入散装精制白糖 800 千克，每千克进价为 15 元，共计 12 000 元，增值税为 2 040 元，杭州星华大卖场以银行存款支付货款。白糖运到食品组验收时，发现溢余 40 千克，原因待查，该批白糖售价为 20 元。

【解析 13-6】财务部门应根据收货单、发票和商品购进溢余短缺报告单等编制记账凭证，会计分录如下：

(1)财务部门根据有关结算凭证、增值税专用发票等，填制承付货款的记账凭证。

借：在途物资——华隆糖厂 12 000
应交税费——应交增值税(进项税额) 2 040
贷：银行存款 14 040

(2)商品运到，财务部门根据食品组转来收货单及商品购进溢余短缺报告单等编制记账凭证。

借：库存商品——食品组(散装白糖) 16 800
贷：在途物资——华隆糖厂 12 000
待处理财产损益——待处理流动资产损益 600
商品进销差价——食品组(散装白糖) 4 200

【例 13-7】承例 13-6，经查明，商品溢余的原因是华隆糖厂多发货，且经协商后杭州星华大卖场同意补作购进，并立即汇付货款，对方补开增值税专用发票。

【解析 13-7】财务部门根据有关结算凭证、增值税专用发票及商品购进溢余短缺报告单等，做商品购进的记账凭证，会计分录如下：

借：待处理财产损益——待处理流动资产损益 600
应交税费——应交增值税(进项税额) 102
贷：银行存款 702

(二)购进商品发生短缺的核算

购进商品发生短缺，先按实收数量入库，将短缺数量按不含税进价转入“待处理财产损益”。待查明原因后，根据不同原因进行相应的账务处理。如果短缺由销货单位少发货引起，应由销货单位补发商品或做退货处理；如果短缺由责任事故引起，且责任人是销货单位或第三方，做其他应收款处理；如果短缺是由责任事故引起且属非正常损失的，应做营业外支出处理。

【例 13-8】承例 13-6，若验收白糖时，食品组发现短缺 40 千克，实收 760 千克。

【解析 13-8】财务部门根据食品组转来收货单及商品购进溢余短缺报告单等编制记账凭证，会计分录如下：

借：库存商品——食品组(散装白糖)　　15 200

　　待处理财产损益——待处理流动资产损益　　600

　　贷：在途物资——华隆糖厂　　12 000

　　　　商品进销差价——食品组(散装白糖)　　3 800

【例 13-9】承例 13-6，假设短缺商品系销货单位少发货引起，经协商后对方同意补发货。

【解析 13-9】商品运财务部门根据食品组转来收货单及商品购进溢余短缺报告单等编制记账凭证，会计分录如下：

借：库存商品——食品组(散装白糖)　　800

　　贷：待处理财产损益——待处理流动资产损益　　600

　　　　商品进销差价——食品组(散装白糖)　　200

【例 13-10】承例 13-6，假设短缺商品系销货单位少发货引起，经协商后对方不再补发货物。销货单位开来红字增值税专用发票，开列应退货款 600 元，应退增值税 102 元。

【解析 13-10】财务部门根据食品组转来收货单、增值税专用发票、商品购进溢余短缺报告单等编制记账凭证，会计分录如下：

借：在途物资——华隆糖厂　　(红字)600

　　应交税费——应交增值税(进项税额)　　(红字)120

　　贷：银行存款　　(红字)702

同时，冲减待处理财产损益，会计分录如下：

借：在途物资——华隆糖厂　　600

　　贷：待处理财产损益——待处理流动资产损益　　600

五、进货退回的核算

零售企业购进商品后，发现商品的品种、规格、数量等信息与专用发票上所列的内容不符，应及时与销货单位联系，由销货单位开出红字专用发票，办理退货手续，然后将商品退回给销货单位，做进货退回的处理。

【例 13-11】杭州星华大卖场 9 月 3 日从上海大华制造厂购进电水壶 300 个，单价 75 元，货款 22 500 元，增值税 3 825 元，单位售价为 120 元。收到上海大华制造厂开具的增值税专用发票，商品已验收入库，货款未付。16 日，发现电水壶质量不符合合同要求，经协商上海大华制造厂同意退货，退货手续已办妥，货款尚未收到。

【解析 13-11】财务部门根据家电组转来的红字收货单及销货单位转来的红字专用发票等编制记账凭证，会计分录如下：

借：库存商品——家电组(电水壶) (红字)36 000

　　贷：在途物资——上海大华制造厂 (红字)22 500

　　　　商品进销差价——家电组(电水壶) (红字)13 500

借：在途物资——上海大华制造厂 (红字)22 500

　　应交税费——应交增值税(进项税额) (红字)3 825

　　贷：应付账款 (红字)26 325

六、进货退、补价的核算

企业购进商品后，有时会由于销货单位计价错误，商品品种、等级错发或发货时按暂估价结算等原因，而发生进货退补价的情形。零售企业发生进货退补价业务时，应根据销货单位填制的增值税专用发票及"销货更正单"进行账务处理。

如果只更正购进价格，没有影响商品零售价格时，会计处理只调整"商品进销差价"账户，不调整"库存商品"账户。

如果既要更正购进价格，又要更正商品零售价格，应视不同情况进行会计处理。如销货单位应补收货款，企业应根据销货单位开具的更正发票增加商品购进成本和增值税进项税额，同时还要减少商品的进销差价。

【例 13-12】杭州星华大卖场 1 日从苏州衬衫厂购进女式衬衫 1 000 件，进价 50 元，售价 80 元，商品已验收入库。9 日收到厂方的更正发票，每件衬衫 40 元，应退货款 10 000 元，增值税 1 700 元。

【解析 13-12】财务部门应根据红字增值税专用发票冲减商品购进成本和增值税进项税额；同时还要变更商品的进销差价。会计分录如下：

借：在途物资——苏州衬衫厂 (红字)10 000

　　应交税费——应交增值税(进项税额) (红字)1 700

　　贷：应付账款 (红字)11 700

同时，调整商品进销差价，分录如下：

借：商品进销差价——服装组(女式衬衫) (红字)10 000

　　贷：在途物资——苏州衬衫厂 (红字)10 000

如因更正价格而销货单位应退还货款的，应根据红字增值税专用发票冲减商品购进成本和增值税进项税额；同时还要增加商品的进销差价。

【例 13-13】杭州星华大卖场 1 日从苏州衬衫厂购进女式衬衫 1 000 件，进价 50 元，售价 80 元，商品已验收入库。9 日收到厂方的更正发票，每件衬衫 40 元，每件衬衫售价 60 元，应退货款 10 000 元，增值税 1 700 元。

【解 13-13】杭州星华大卖场应根据红字增值税专用发票冲减商品购进成本和增值税进项税额；同时还要变更商品的进销差价。会计分录如下：

借：在途物资——苏州衬衫厂 (红字)10 000

　　应交税费——应交增值税(进项税额) (红字)1 700

　　贷：应付账款 (红字)11 700

同时，调整商品进销差价，分录如下：

借：库存商品——服装组(女式衬衫) (红字)20 000

贷：商品进销差价——服装组(女式衬衫)　　　　　　　　(红字)10 000
　　在途物资——苏州衬衫厂　　　　　　　　　　　　(红字)10 000

七、拒付货款和拒收商品的核算

拒付货款和拒收商品的核算与前述批发企业的处理相同，在此不再赘述。

第三节　零售企业商品销售的核算

一、零售企业商品销售的业务程序

零售企业通过设立营业柜组组成门市部销售自己所经营的商品。零售企业销售商品的过程是商品资金转为货币资金的过程。零售商品销售的业务程序，根据企业的规模、经营商品的特点以及经营管理的需要而有所不同。零售企业销售商品通常采用的结算方式有现金、信用卡、支票和汇兑等。

不论是哪种付货收款方式，每日营业结束后都应将销货款清点后缴存银行。解缴货款的方式有集中解缴和分散解缴两种。

集中解缴，是指每天营业结束后，由各实物负责人(柜组)或收银员根据所收的销货款总金额，填制“零售商品进销存日报表”(表 13-1)及“内部缴款单”(表 13-2)连同所收货款交企业财务部门的出纳人员，由其汇总销货款并填“缴款单”送存银行，取回缴款单回单。

分散解缴，是指每天营业结束后，由各实物负责人(柜组)或收银员根据所收的销货款总金额，填制“缴款单”，将货款直接缴存银行，取回缴款单回单。再根据回单填制“内部缴款单”及“零售商品进销存日报表”送交企业财务部门。

表 13-1　商品进销存日报表

柜组名称：　　　　　　年　　月　　日　　　　　　　　　编号：

<table>
<tr><td colspan="3">项目</td><td colspan="3">减少项目</td></tr>
<tr><td colspan="2">昨日库存</td><td>金额</td><td colspan="2">项目</td><td>金额</td></tr>
<tr><td rowspan="6">增加项目</td><td>本日购进</td><td></td><td rowspan="5">减少项目</td><td>本日销售</td><td></td></tr>
<tr><td>本日调入</td><td></td><td>本日调出</td><td></td></tr>
<tr><td>变价增值</td><td></td><td>变价减值</td><td></td></tr>
<tr><td>商品溢余</td><td></td><td>商品损耗</td><td></td></tr>
<tr><td></td><td></td><td></td><td></td></tr>
<tr><td>合计</td><td></td><td colspan="2">本日结存</td><td></td></tr>
<tr><td colspan="2">合计</td><td></td><td colspan="2">合计</td><td></td></tr>
</table>

柜长：　　　　　　　　复核：　　　　　　　　制单：

表 13-2　内部缴款单

缴款单位：　　　　　　　　　　　　年　　月　　日　　　　　　字第(　　)

项　目	摘　要	金　额		备　注
		应交	实收	
合计				
大写				

实物负责人：　　　　　　　复核：　　　　　　　制单：

二、零售企业商品销售账务处理的做法

零售企业库存商品采用售价金额核算法。"库存商品"账户按含税售价核算，其售价及销项税额与进价的差额在"商品进销差价"账户中反映。

(一)主营业务收入的核算

为简化核算，实行售价金额核算法的零售企业，商品销售后，平时在"主营业务收入"账户中反映的是含税销售收入，期末再将其调整为真正的商品销售额，即不含税销售额。因此，一般在每日营业结束时，各实物负责人(柜组)要清点当天销售款并送存银行或交财务部门集中送存银行。

(二)主营业务成本的核算

零售企业在确认销售收入的同时，应按售价随时结转已销库存商品的成本，反映实物负责人所经管商品的实存金额，明确其所承担的经济责任。由于零售企业库存商品是按售价反映的，因此，转销库存商品的金额同反映商品销售收入增加的金额是一致的。

(三)月末的账务处理

月末，零售企业要做两笔账务调整处理：一是销项税额的计算与商品销售收入的调整；二是已销商品进销差价的计算与商品销售成本的调整。

1. 销项税额的计算与商品销售收入的调整。

将平时含税销售收入分解为不含税销售收入，并将其中的销项税额转入"应交税费——应交增值税(销项税额)"账户，销项税额的计算公式为：

不含税销售额＝含税销售额÷(1＋增值税税率或征收率)

销项税额＝不含税销售额×增值税税率或征收率

2. 已销商品进销差价的计算与商品销售成本的调整

企业的库存商品是按售价反映的，其售价及销项税额与进价的差额在"商品进销差价"账户中反映。因此，当已销商品在"库存商品"账户中转销后，理应同时转销这部分已销商品的进销差价，从而求得商品的销售成本。但在实际工作中，为简化核算，平时不转销已销商品的进销差价，月末采用一定的方法计算出全月已销商品实现的进销差价额后，一次转销"商品进销差价"和"主营业务成本"账户。

三、零售企业商品销售的核算

(一)商品销售一般业务的核算

【例 13-14】10 月 20 日杭州星华大卖场各柜组商品销售及货款收入见下表 13-3，信用卡结算手续费为 2%。以现金结算的销货款已集中存入银行。

表 13-3 商品销售及货款收入汇总表

××年 10 月 20 日　　单位：元

柜　组	现　金	信用卡签单	转账支票	销售额合计
家电组	17 500	26 800	10 700	55 000
服装组	23 400	17 400	9 200	50 000
食品组	50 000	28 100	16 900	95 000
化妆品组	34 000	25 000	19 000	78 000
合计	124 900	97 300	55 800	278 000

【解析 13-14】财务部门应根据各柜组当日报来的商品进销存日报表、银行进账单回单等编制记账凭证，会计分录如下：

(1)借：银行存款　150 038
　　库存现金　124 900
　　财务费用——手续费　3 062
　　贷：主营业务收入——家电组　55 000
　　　　主营业务收入——服装组　50 000
　　　　主营业务收入——食品组　95 000
　　　　主营业务收入——化妆品组　78 000

(2)借：主营业务成本——家电组　55 000
　　主营业务成本——服装组　50 000
　　主营业务成本——食品组　95 000
　　主营业务成本——化妆品组　78 000
　　贷：库存商品——家电组　55 000
　　　　库存商品——服装组　50 000
　　　　库存商品——食品组　95 000
　　　　库存商品——化妆品组　78 000

(3) 借：银行存款　124 900
　　贷：库存现金　124 900

期末，再根据计算出的销项税额调整主营业务收入；并根据已销商品应分摊的商品进销差价调整主营业务成本。

【例 13-15】承例 13-14，月终杭州星华大卖场“主营业务收入”各明细账户中汇集的含税销售额为 22 230 000 元。其中，家电组 2 340 000 元；服装组 9 360 000 元；食品组 3 510 000元；化妆品组 7 020 000 元。

【解析 13-15】

(1)将含税销售额分解为不含税销售额，并计算其增值税。

家电组：2 340 000÷(1+17%)=2 000 000(元)

销项税额=2 000 000×17%=340 000(元)

服装组：9 360 000÷(1+17%)=8 000 000(元)

销项税额=8 000 000×17%=1 360 000(元)

食品组：3 510 000÷(1+17%)=3 000 000(元)

销项税额=3 000 000×17%=510 000(元)

化妆品组：7 020 000÷(1+17%)=6 000 000(元)

销项税额=6 000 000×17%=1 020 000(元)

根据计算出的增值税销项税额，调整主营业务收入，会计分录如下：

借：主营业务收入——家电组	340 000	
主营业务收入——服装组	1 360 000	
主营业务收入——食品组	510 000	
主营业务收入——化妆品组	1 020 000	
贷：应交税费——应交增值税(销项税额)		3 230 000

(2)假定杭州星华大卖场1月份商品进销差价率为23%，计算已销商品应分摊的进销差价：

家电组：2 340 000×23%=538 200(元)

服装组：9 360 000×23%=2 152 800(元)

食品组：3 510 000×23%=807 300(元)

化妆品组：7 020 000×23%=1 614 600(元)

根据计算出的已销商品应分摊的进销差价，调整主营业务成本，会计分录如下：

借：商品进销差价——家电组	538 200	
商品进销差价——服装组	2 152 800	
商品进销差价——食品组	807 300	
商品进销差价——化妆品组	1 614 600	
贷：主营业务成本——家电组		538 200
主营业务成本——服装组		2 152 800
主营业务成本——食品组		807 300
主营业务成本——化妆品组		1 614 600

(二)商品销售特殊业务的核算

1. 受托代销商品的核算

受托代销商品，是指接受他方委托代其销售的商品，受托方并没有取得商品所有权上的主要风险和报酬。受托代销商品主要包括视同买断和收取手续费两种方式。

(1)视同买断方式

视同买断，是指由委托方和受托方签订协议，委托方按协议价收取所代销的货款，实际售价可由受托方自定，实际售价与协议价之间的差额归受托方所有的一种销售方式。

受托方收到代销商品时，不做商品购进处理，待受托代销商品出售后才按实际售价确认收入，并结转成本。同时开具商品的“代销商品清单”给委托方，并按协议价支付销商品的价税款给委托方。

受托方收到代销商品时，按含税售价借记“受托代销商品”科目，按不含税售价贷记

"受托代销商品款"科目，按其差额贷记"商品进销差价"科目。代销商品售出后，按含税售价，借记"银行存款"等科目，贷记"主营业务收入"科目。结转商品销售成本时，按含税售价，借记"主营业务成本"科目，贷记"受托代销商品"科目。收到委托单位开来的增值税专用发票，借记"应交税费——应交增值税(进项税额)"科目，按不含税售价借记"受托代销商品款"科目，按不含税售价和税款之和贷记"应付账款"科目支付代销商品款时，借记"应付账款"科目，贷记"银行存款"科目。月末计算结转代销商品的销项税额时，借记"主营业务收入"科目，贷记"应交税费——应交增值税(销项税额)"科目。月末，已销代销商品应与自营商品一并分摊商品进销差价，借记"商品进销差价"科目，贷记"主营业务成本"科目。

【例 13-16】2 月 ABC 眼镜公司接受大光明眼镜公司的委托，代销某品牌隐形眼镜 200 对，协议价为 500 元/对，零售价为 702 元/对。本月售出 100 对。合同规定每月月末结算一次货款。

【解析 13-16】相关会计分录如下：

①收到 200 对隐形银镜时：

借：受托代销商品——大光明银镜公司　　140 400

　　贷：受托代销商品款——大光明银镜公司　　100 000

　　　　商品进销差价　　40 400

②本月售出 100 对，货款已送存银行：

借：银行存款　　70 200

　　贷：主营业务收入　　70 200

同时，结转成本：

借：主营业务成本　　70 200

　　贷：委托代销商品——大光明银镜公司　　70 200

③收到大光明银镜公司开来的增值税专用发票时：

借：受托代销商品款——大光明银镜公司　　50 000

　　应交税费——应交增值税(进项税额)　　8 500

　　贷：应付账款——大光明银镜公司　　58 500

④月末开出转账支票结算货款时：

借：应付账款——大光明银镜公司　　58 500

　　贷：银行存款　　58 500

(2)收取手续费方式

收取手续费方式，是指受托方根据所代销商品的数量向委托方收取手续费的销售方式。受托方在收到代销商品时，按代销商品的售价，借记"受托代销商品"科目，贷记"受托代销商品款"科目。代销商品出售后，受托方按价税合计收取的款项借记"银行存款"科目，按实现的销售收入贷记"应付账款"科目，按收取的增值税额贷记"应交税费"科目，同时，注销代销商品，借记"受托代销商品款"科目，贷记"受托代销商品"科目。收到委托方开具的增值税专用发票时，借记"应交税费"科目，贷记"应付账款"科目，按扣除手续费后的金额支付代销商品时，借记"应付账款"科目，贷记"银行存款"和"其他业务收入"科目。

【例 13-17】承例 13-16，假定双方签订委托代销合同，ABC 眼镜公司以每双含税价 702 元对外出售，并按不含税售价的 9%收取代销手续费。

【解析 13-17】相关会计分录如下：

(1)收到 200 双隐形银镜时：

借：受托代销商品——大光明银镜公司　　140 400

　　贷：受托代销商品款——大光明银镜公司　　140 400

(2)本月售出 100 双，货款已送存银行：

借：银行存款　　70 200

　　贷：应付账款——大光明银镜公司　　60 000

　　　　应交税费——应交增值税(销项税额)　　10 200

同时，结转成本：

借：受托代销商品款——大光明银镜公司　　70 200

　　贷：受托代销商品——大光明银镜公司　　70 200

(3)向大光明银镜公司开出代销清单及代销手续费发票时：

借：应付账款——大光明银镜公司　　5 400

　　贷：其他业务收入　　5 400

(4)收到大光明银镜公司开来的增值税专用发票时：

借：应交税费——应交增值税(进项税额)　　10 200

　　贷：应付账款——大光明银镜公司　　10 200

(5)月末开出转账支票结算货款时：

借：应付账款——大光明银镜公司　　64 800

　　贷：银行存款　　64 800

2. 分期收款销售的核算

分期收款销售是指商品已交付但货款分期收回的一种销售方式。在分期收款销售方式下，根据货款收回时间的长短，可分为非融资性质的分期收款销售和融资性质的分期收款销售。

(1)非融资性质的分期收款销售

非融资性质的分期收款销售的特点是：收款时间短、金额相对少、风险较小、不考虑货币时间价值，其实质是赊销，符合收入确认的条件。企业发出商品时，按售价借记“应收账款”等科目，贷记“主营业务收入”科目；同时，借记“主营业务成本”科目，贷记“库存商品”科目；月末计算增值税销项税额时，借记“主营业务收入”科目，贷记“应交税费——应交增值税(销项税额)”科目；结转商品进销差价时，借记“商品进销差价”科目，贷记“主营业务成本”科目；分期收到货款时，借记“银行存款”“库存现金”科目，贷记“应收账款”科目。

【例 13-18】红星公司电器组 1 月 4 日采用分期收款方式向顾客 A 销售笔记本电脑一台，售价 9 360(含税)，合同约定购买时付 60%的货款，余款分别于 2 月末、3 月末等额支付。该电器的进价为 6 000 元(不含税)，增值税税率为 17%。

【解析 13-18】相关会计分录如下：

(1)1 月 4 日销售商品时：

借：应收账款——顾客 A　　3 744

　　银行存款　　5 616

　　贷：主营业务收入——电器组　　9 360

同时：

借：主营业务成本——电器组　　9 360

　　贷：库存商品——电器组(笔记本电脑)　　9 360

(2)月末计算结转销项税额与商品进销差价时：

借：主营业务收入——电器组　　1 360

　　贷：应交税费——应交增值税(销项税额)　　1 360

借：商品进销差价——电器组　　3 360

　　贷：主营业务成本——电器组　　3 360

(3)按合同规定2月末、3月末收回货款时：

借：银行存款　　1 872

　　贷：应收账款——顾客A　　1 872

(2)融资性质的分期收款销售

融资性质的分期收款销售的特点是：销售商品的价值较大、收款期限较长、收取货款的风险较大、延期收取的货款具有融资性质，其实质是企业向购货单位提供信贷，企业应当按照应收的合同或协议价款的公允价值确定收入金额。应收的合同或协议价款与其公允价值之间的差额，应当在合同或协议期内，按照应收款项的摊余成本和实际利率计算确定的金额进行摊销，冲减财务费用。由于在会计实务中，零售企业采用分期收款方式销售价值较大的商品，其分期收款信贷一般由银行提供，企业在发出商品时，银行替购货单位垫付货款，其后，性质已转变为顾客与银行发生的消费贷款，而与零售企业没有实质的融资行为。

3. 其他销售业务的核算

(1)消费奖励积分的核算

企业在销售产品或提供劳务的同时授予客户奖励积分的，应将销售取得的货款或应收货款在商品销售或劳务提供产生的收入与奖励积分之间进行分配，与奖励积分相关的部分应先作为递延收益，待客户兑换奖励积分或失效时，结转入当期损益。

【例13-19】20×0年10月，华商超市进行促销活动，规定购物满100元送10个积分，未满100元不送积分，积分可在1年内兑换成与积分相等金额的商品。某顾客购买了价值3 510元(含增值税)的商品，积分为350分。该顾客于20×0年11月购买了价值351元(含增值税)的商品，用积分抵扣350元，余额用现金支付。

【解析13-19】相关会计分录如下：

(1)20×0年10月销售时：

借：库存现金　　3 510

　　贷：主营业务收入　　2 650

　　　　递延收益　　350

　　　　应交税费——应交增值税(销项税额)　　510

(2)20×0年11月顾客兑换积分时：

借：库存现金　　1

　　递延收益　　350

　　贷：主营业务收入　　300

　　　　应交税费——应交增值税(销项税额)　　51

(2)赠品促销、返券销售、有奖销售和组合销售的核算

①赠品促销的核算

企业以买一赠一等方式组合销售本企业的商品，不属于捐赠范畴，应将总的销售金额

按各项商品公允价值的比例来分摊确认各项销售收入。

【例 13-20】华商超市 10 月推出购买电饭煲一只赠送平底锅一只的买赠活动。电饭煲进价为 600 元/只，售价为 1 755 元/只(含增值税)；平底锅进价 200 元/只，售价为 5 850 元/只(含增值税)。促销当天共销售出去高压锅 70 只，同时赠送平底锅 70 只。

【解析 12-20】相关会计分录如下：

(1)销售正品高压锅时：

借：库存现金	122 850	
贷：主营业务收入		105 000
应交税费——应交增值税(销项税额)		17 850

同时结转成本：

借：主营业务成本	42 000	
贷：库存商品——家电组(电饭煲)		42 000

(2)赠送赠品时：

借：主营业务成本	16 380	
贷：库存商品		14 000
应交税费——应交增值税(销项税额)		2 380

②返券销售的核算

企业应在销售实现时将派发的购物券确认为“销售费用”，同时贷记“预计负债”；当顾客用购物券时，借记“预计负债”，贷记“主营业务收入”等科目，同时结转销售成本。若顾客逾期弃用购物券，冲销“销售费用”和“预计负债”科目。

【例 13-21】伟达商场 12 月 20 日至 26 日举行促销活动，促销期间凡在商场购物的顾客消费满 150 元将获得 80 元购物券，购物券只可在促销期间使用，逾期作废。促销当天实现销售收入 200 万元(现金收取)，当日发出购物券 100 万元，顾客实际使用购物券 81.9 万元。

【解析 13-21】相关会计分录如下：

(1)发出购物券时：

借：销售费用	1 000 000	
贷：预计负债		1 000 000

(2)顾客使用购物券时：

借：预计负债	819 000	
贷：主营业务收入		700 000
应交税费——应交增值税(销项税额)		119 000

(3)假定促销期满，未收回购物券 50 万元：

借：预计负债	500 000	
贷：销售费用		500 000

③有奖销售的核算

若赠品由厂家提供且未赠出的赠品也由厂家处理，则商家无须进行处理。若赠品由商家提供，则应将赠品价值计入“销售费用”，在赠品发出时，借记“销售费用”科目，贷记“库存商品”等科目。

有些赠品的取得还需要满足一定条件，如集齐某些数字或图案方可获得奖品等，赠品发出的不确定状态，在商品售出的同时对赠品做“预计负债”处理。当赠品发出时，应借记“销售费用”，贷记“预计负债”；领取赠品时，借记“预计负债”，贷记“库存商品”“应交税费——应交增值税(销项税额)”科目，若赠品没有发出，则做相反的会计分录，同时冲销“销售费用”和“预计负债”账目。

④组合销售的核算

组合销售是指消费者购买正品与赠品是组合在一起不可拆分，且相互之间有一定内在联系的，常见的情况有购买同一品牌的500克白酒送250克白酒或买牙膏送牙刷等情况。对于组合销售，企业应将总的销售金额按各项商品公允价值的比例来分摊确认各项的销售收入。

【例13-22】M商场2月份进行的促销活动规定：当月购买洗衣液买一送一，买4L的洗衣液送同品牌洗衣液2L。4L洗衣液和2L的洗衣液捆绑在一起销售。月末累计销售500套，4L洗衣液单位售价58.5元/瓶，2L洗衣液21.5元/瓶，即一套洗衣液售价58.5元，成本20元/瓶。

【解析13-22】相关会计分录如下：

借：库存现金	29 250	
贷：主营业务收入——日用品组(4L洗衣液)		18 281.25
主营业务收入——日用品组(2L洗衣液)		6 718.75
应交税费——应交增值税(销项税额)		4 250
借：主营业务成本——日用品组(4L洗衣液)	7 312.5	
主营业务成本——日用品组(2L洗衣液)	2 687.5	
贷：库存商品——日用品组(4L洗衣液)		7 312.5
库存商品——日用品组(2L洗衣液)		2 687.5

⑤联营商品流通的核算

联营商品流通，是指由企业与商品供应商合作，采取先销售后购货结算的一种商品销售组织形式。在联营方式下，企业对供应商的商品无须进行商品购进及验收入库业务的核算。

【例13-23】M商场对服装组商品采用联营方式进行经营，10月20日服装组商品实现收入360 000元，均为银行卡收款。银行按2%比例收取手续费。

【解析13-23】10月20日，财务部门应根据“销货日报表”“内部交款单”等，编制如下会计分录：

借：银行存款	352 800	
财务费用	7 200	
贷：主营业务收入——服装组		360 000

【例13-24】承例13-23，假定M商场服装组本月实现销售额819万元。M商场根据本月实现的服装组销售额编制“联营商品返款明细表”(略)，列明应返还供应商的金额共计600万元，供应商审核无误。

【解析13-24】

(1)月末，应根据本月实现的销售额调整本月的销售收入及应交增值税：

借：主营业务收入	1 190 000	
贷：应交税费——应交增值税(销项税额)		1 190 000

(2)财务部门应根据审核无误的“联营商品返款明细表”等编制制分录如下：

借：库存商品——服装组　8 190 000

　　贷：在途物资　6 000 000

　　　　商品进销差价——服装组　2 190 000

借：在途物资　6 000 000

　　贷：应付账款　6 000 000

借：主营业务成本　8 190 000

　　贷：库存商品　8 190 000

借：商品进销差价——服装组　2 190 000

　　贷：主营业务成本　2 190 000

【例 13-25】承例 13-23，M 商场 12 月 9 日通过银行转账支付应返还供应商的 600 万元，并取得供应商开来的专用发票。

【解析 13-25】财务部门应根据专用发票等编制会计分录如下：

借：应付账款　6 000 000

　　贷：银行存款　6 000 000

借：应交税费——应交增值税(进项税费)　1 020 000

　　贷：商品进销差价　1 020 000

四、已销商品进销差价的计算与结转

采用售价金额核算法，企业的商品销售成本是按售价(含税价)结转的，所以平时“主营业务成本”账户的借方发生额，并非是已销商品的进价成本。已销商品进价和售价的差额，反映在“商品进销差价”账户之中。这样，在月末，就须要运用一定的方法，计算和结转已销商品的进销差价，并调整“主营业务成本”和“商品进销差价”账户，以便确定已销商品的实际成本。

零售企业计算已销商品进销差价的方法主要有综合差价率推算法、分柜组差价率推算法和实际进销差价计算法三种。

(一)综合差价率推算法

综合差价率推算法，是指依据全部商品的库存和销售比例，推算本期销售商品应分摊进销差价的一种方法。具体的计算方法是：

第一步，计算出本期商品的综合差价率，将期末结转前的“商品进销差价”账户余额，除以期末“库存商品”账户余额、“受托代销商品”账户余额(视同买断方式)和本期商品销售收入之和。公式如下：

$$\text{综合差价率}=\text{结转前商品进销差价账户余额}\div(\text{期末“库存商品”账户余额}+\text{“受托代销商品”账户余额}+\text{本期商品销售收入})$$

第二步，计算出已销商品的进销差价，等于综合差价率乘以本期主营业务收入。公式如下：

$$\text{本期已销商品进销差价}=\text{本期商品销售收入}\times\text{综合差价率}$$

【例 13-26】杭州星华大卖场 11 月 30 日有关账户的资料如表 13-4 所示。

表 13-4　11 月 30 日有关账户余额表

单位：元

账户名称	账户余额
库存商品	608 900
受托代销商品	36 000
主营业务收入	745 000
商品进销差价(结转前)	341 200

试采用综合差价率计算并结转已销商品进销差价。

【解析 13-26】

综合差价率＝341 200÷(608 900＋36 000＋745 000)≈24.55％

本期已销商品进销差价＝745 000×24.55％＝182 897.5(元)

借：商品进销差价　　182 897.5

　贷：主营业务成本　　182 897.5

综合差价率推算法的计算与核算手续简便，但计算结果不够准确，一般适用于所经营商品的差价率较均衡的零售企业。

(二)分柜组差价率推算法

分柜组差价率推算法，是指按各营业柜组或门市部商品的存销比例，推算本期销售商品应摊进销差价的一种方法。这种方法要求按营业柜组分别进行计算，其计算方法与综合差价率推算法相同。

【例 13-27】鸿达商场采用分柜组差价推算法计算已销商品应分摊的商品进销差价，20×1 年12 月 31 日有关明细账户的资料如表 13-5 所示。

表 13-5　有关明细账户余额

20×1 年 12 月 31 日

单位：元

柜　组	月末商品进销差价余额	月末库存商品余额	本月主营业务收入发生额
服装组	17 560	59 800	32 900
日用品组	18 320	45 000	54 000
食品组	15 000	26 000	42 000
家电组	32 000	50 000	86 400
合计	82 880	180 800	215 300

试计算各柜组已销商品应分摊的商品进销差价。

【解析 13-27】在实际工作中，财务部门一般通过编制“已销商品进销差价计算表”计算已销商品应分摊的进销差价。计算结果如表 13-6 所示。

表 13-6　已销商品进销差价计算表

20×1 年 12 月 31 日　　单位：元

柜组	月末商品进销差价余额	月末库存商品余额	本月主营业务收入发生额	本期存销商品合计额	差价率	已销商品进销差价	期末商品进销差价
	①	②	③	④=②+③	⑤=①÷④	⑥=③×⑤	⑦=①−⑥
服装组	17 560	59 800	32 900	92 700	18.94%	6 232.19	11 327.81
日用品组	18 320	45 000	54 000	99 000	18.51%	9 992.73	8 327.27
食品组	15 000	26 000	42 000	68 000	22.06%	9 264.71	5 735.29
家电组	32 000	50 000	86 400	136 400	23.46%	20 269.79	11 730.21
合计	82 880	180 800	215 300	396 100	—	45 049.39	37 830.61

根据计算结果，编制会计分录如下：

借：商品进销差价——服装组　6 232.19
　　商品进销差价——日用品组　9 992.73
　　商品进销差价——食品组　9 264.71
　　商品进销差价——家电组　20 269.79
　贷：主营业务成本——服装组　6 232.19
　　　主营业务成本——日用品组　9 992.73
　　　主营业务成本——食品组　9 264.71
　　　主营业务成本——家电组　20 269.79

分柜组差价率推算法计算较为简单，与综合差价法相比较，其计算结果更为准确，但与实际相比较，仍有一定的偏差。这种方法适用于经营柜组间差价率不太均衡的零售企业，或者需要分柜组计算经营成果的零售企业。

（三）实际进销差价计算法

实际进销差价计算法，是指先计算出期末商品的进销差价，进而推算已销商品进销差价的一种方法。这种方式的具体做法是：

第一步，期末由各营业柜组或门市部通过商品盘点，编制“库存商品盘存表”和“受托代销商品盘存表”，财务部门据以编制“商品盘存汇兑表”。

第二步，根据各种商品的实存数量，分别乘以销售单价和购进单价，计算出期末库存商品的售价金额和进价金额及期末受托代销商品的售价金额和进价金额。计算公式如下：

$$\text{期末商品进销差价}=\text{期末库存商品售价金额}-\text{期末商品进价金额}+\text{期末受托代销商品售价金额}-\text{期末受托代销商品进价金额}$$

$$\text{已销商品进销差价}=\text{结账前商品进销差价账户余额}-\text{期末商品进销差价}$$

【例 13-28】华荣商厦采用实际进销差价计算法，20×1 年 10 月 31 日服装组、百货组和食品组商品盘存汇总如表 13-7 所示。

表 13-7 商品盘存汇总表

20×1 年 10 月 31 日　　　　单位：元

柜 组	库存商品销售金额	库存商品进价金额	受托代销商品售价金额	受托代销商品进价金额	盘存商品进销差价	结转前商品进销差价
服装组	7 528 500	6 967 500	370 000	317 580	613 420	892 301
百货组	3 450 502	2 904 420	250 000	198 546	597 536	683 390
食品组	2 808 200	2 633 310	——	——	174 890	265 400
合计	13 787 202	12 505 230	620 000	516 126	1 385 846	1 841 091

【解析 13-28】在实际工作中，财务部门一般通过编制“已销商品进销差价计算表”计算已销商品应分摊的进销差价。计算结果如表 13-8 所示。

表 13-8 已销商品进销差价计算表

20×1 年 10 月 31 日　　　　单位：元

柜组	结转前商品进销差价	盘存商品进销差价	已销商品应分摊的进销差价
	①	②	③=①-②
服装组	892 301	613 420	278 881
百货组	683 390	597 536	85 854
食品组	265 400	174 890	90 510
合计	1 841 091	1 385 846	455 245

根据计算结果，编制会计分录如下：

借：商品进销差价——服装组　　278 881
　　商品进销差价——百货组　　85 854
　　商品进销差价——食品组　　90 510
　　贷：主营业务成本——服装组　　278 881
　　　　主营业务成本——百货组　　85 854
　　　　主营业务成本——食品组　　90 510

实际进销差价计算法计算的结果准确，但计算的工作量很大，适用于经营商品品种较少的零售企业，或当零售企业需要反映期末库存商品实际价值时采用。

在实际工作中，为了做到既简化计算手续，又准确计算已销商品进销差价，通常在平时采取分柜组差价推算法，到年末采用实际进销差价计算法，以保证整个会计年度会计处理的准确性。

第四节 零售企业商品储存的核算

零售企业为了使商品流通正常进行以满足市场的需求，就要保持适当的商品储存，由于库存商品采用售价金额核算法，因此平时应加强对库存商品的管理和监督，以保护企业财产的安全与完整。

零售企业商品储存的核算包括商品的调价、削价、内部调拨、盘点溢缺以及库存商品储存商品明细分类会计处理等内容。

一、商品调价的核算

商品调价，是指商品流通企业根据市场供需状况或国家物价政策，对某些正常商品的价格进行适当调高或调低。

因售价金额核算法平时不计算商品的数量，所以零售企业应在调价前由核价人员、财会人员会同营业柜组对调价商品进行盘点，按照实际库存数量，由营业柜组填制"商品调价差额调整单"送交财务部门据以入账。

若是调高售价金额，应借记"库存商品"账户，贷记"商品进销差价"账户。若是调低售价金额，则做相反会计分录。

【例 13-30】杭州星华大卖场根据市场情况将衬衫从 20×1 年 7 月 1 日起调整零售价格，服装组经过盘点后，编制商品调价差额调整单如表 13-9 所示。

表 13-9　商品调价差额调整单

填报部门：服装组　　20×1 年 7 月 1 日　　单位：元

商品名称	盘存数量（件）	零售单价		调整单价差额		调高金额	调低金额
		新价	原价	增加	减少		
女式衬衫	450	68	80		12		5 400
男式衬衫	600	95	85	10		6 000	
合计						6 000	5 400

【解析 13-30】财务部门收到服装组转来的商品调价差额调整单，编制如下会计分录：

借：库存商品——服装组(男式衬衫)　　6 000
　　贷：商品进销差价——服装组(男式衬衫)　　6 000
借：商品进销差价——服装组(女式衬衫)　　5 400
　　贷：库存商品——服装组(女式衬衫)　　5 400

二、商品削价的核算

商品削价，是指商品流通企业对库存中呆滞、冷背、残损、变质的商品所做的降价处理。

零售企业由于采购过量可能会造成呆滞积压情况或残损，影响了商品内在与外观的质量。为了减少商品损失，报经批准后可进行削价处理。

残损变质商品削价时，一般由有关营业柜组盘点数量后，填制"商品削价报告单"，报经有关领导批准后，进行削价处理。

商品削价后不含增值税的新售价高于其可变现净值的，应调整商品价值。根据削价减值金额借记"商品进销差价"账户，贷记"库存商品"账户。

商品削价后不含增值税的新售价低于其可变现净值的，除了应调整商品价值外，还应计提存货跌价准备。根据削价减值金额，借记"商品进销差价"账户，贷记"库存商品"账户，同时计提存货跌价准备，借记"资产减值损失"账户，贷记"存货跌价准备"账户。

【例 13-31】20×1 年 3 月 30 日，杭州星华大卖场服装组发现 500 件男式西裤样式已陈旧，原零售单价为 170 元，经批准削价 100 元。该男式西裤原进价为 110 元/件，估计销售费用为 2 元/件，增值税税率为 17%。

【解析 13-31】

男式西裤削价后不含增值税售价＝100×500÷(1＋17%)＝42 735.04(元)

男式西裤可变现净值＝42 735.04－2×500＝41 735.04(元)

男式西裤可变现净值低于成本的差额＝55 000－41 735.04＝13 264.96(元)

财务部门应根据服装组转来的商品削价报告单，编制会计分录如下：

(1)调整商品账面价值

借：商品进销差价——服装组(男式西裤)　　35 000

　　贷：库存商品——服装组(男式西裤)　　35 000

(2)计提存货跌价准备

借：资产减值损失——存货减值损失　　13 264.96

　　贷：存货跌价准备　　13 264.96

三、商品内部调拨的核算

商品内部调拨，是指零售企业在同一独立核算单位内部各实物负责小组之间的商品转移。具体表现为：各营业柜组或门市部之间为了调剂商品余缺所发生的商品转移；或设有专职仓库保管员，对在库商品单独进行核算和管理的企业，当营业柜组或门市部向仓库提取商品时，所发生的商品调拨转移。

由于商品内部调拨只转移各实物负责小组对商品所承担的经济责任，也不办理结算，因此，会计上不作为商品销售进行处理。在调拨商品时，一般由调出部门填制“商品内部调拨单”，调出部门在内部调拨单上签章后，连同商品一并转交调入部门，调入部门验收无误后签章，内部调拨单交财务部门据以入账。

商品内部调拨，在会计处理时借记调入部门库存商品的明细分类账户，贷记调出部门库存商品的明细分类账户，“库存商品”账户的总额保持不变。采取分柜组差价率推算法分摊已销商品进销差价的企业，还应调整“商品进销差价”账户。

【例 13-32】20×1 年 5 月 11 日，杭州星华大卖场餐饮服务部从食品组调入商品，食品组填制的商品内部调拨单如表 13-10 所示。

表 13-10　商品内部调拨单

调入部门：饮食服务部　　20×1 年 5 月 11 日　　单位：元

商品名称	计量单位	数量	零售价格		购进价格		商品进销差价
			单价	金额	单价	金额	
摩卡咖啡	瓶	200	48	9 600	35	7 000	2 600
咖啡伴侣	瓶	200	27	5 400	22	4 400	1 000
曲奇饼干	盒	300	25	7 500	18	5 400	2 100
合计				22 500		16 800	5 700

【解析 13-32】财务部门收到食品组转来的商品内部调拨单，编制如下会计分录：

借：库存商品——饮食服务部　　22 500

　　贷：库存商品——食品组　　22 500

若企业采用分柜组差价率推算法分摊已销商品进销差价，还应调整商品进销差价，会计分录如下：

借：商品进销差价——食品组　　5 700
　　贷：商品进销差价——饮食服务部　　5 700

四、商品盘点短缺和溢余的核算

零售企业对库存商品采取售价金额核算法，库存商品明细分类账平时只反映各营业柜组或门市部商品进、销、存的售价金额，而不反映各商品的结存数量。因此，为了了解和控制各种商品的实际数量，确保账实相符，应对各商品进行盘点。零售企业应每月至少进行一次定期的全面盘点。在发生部门实物负责人调动、企业内部柜组调整、商品调价等情况时，可根据具体需要，进行不定期的全部盘点或局部盘点，以加强对库存商品的管理。

商品盘点发生账实不符时，营业柜组或门市部应填制“商品盘点短缺溢余报告单”，报有关领导审批并进行相应的账务处理。

商品盘点短缺或溢余是以商品的售价金额来反映的，在“商品盘点短缺溢余报告单”中，还需要将其调整为进价金额，财务部门在商品短缺或溢余原因尚未查明前，将短缺或溢余商品的进价金额先转入“待处理财产损益”账户，等原因查明后，再根据具体情况转入各有关账户。

零售企业在清查盘点中发现库存商品盘盈的，应先按该商品的市价或同类、类似商品的市场价格确定其实际成本，计入“待处理财产损益”账户，经批准后冲减管理费用。

零售企业在清查盘点中发现的库存商品盘亏或毁损的，应先按该商品的成本及不可抵扣的增值税进项税额，计入“待处理财产损益”账户。经批准处理后，将盘亏数额减去由过失人或者保险公司等的赔款和残料价值后，属于自然灾害造成的，计入“营业外支出”；属于其他情况的，计入“管理费用”。

【例 13-33】杭州星华大卖场服装组在财产清查中盘盈女式衬衫 4 件，商品进价为 80 元/件，商品售价为 120 元/件，经查系商品收发计量方面的错误。

【解析 13-33】财务部门应根据商品盘点短缺溢余报告单等，编制会计分录如下：

借：库存商品——服装组(女式衬衫)　　480
　　贷：待处理财产损益——待处理流动资产损益　　320
　　　　商品进销差价——服装组(女式衬衫)　　160
借：待处理财产损益——待处理流动资产损益　　320
　　贷：管理费用　　320

【例 13-34】杭州星华大卖场食品组在财产清查中盘亏曲奇饼干 200 盒，商品售价 25 元/盒，进价 18 元/盒。经查系保管员责任，已向其索赔 1 500 元，其余部门原因不清，经批准计入营业外支出。

【解析 13-34】财务部门应根据商品盘点短缺溢余报告单等，编制会计分录如下：

借：待处理财产损益——待处理流动资产损益　　3 600
　　商品进销差价——食品组(曲奇饼干)　　2 012
　　贷：库存商品——食品组(曲奇饼干)　　5 000
　　　　应交税费——应交增值税(进项税额转出)　　612
借：其他应收款　　1 500
　　营业外支出　　512
　　贷：待处理财产损益——待处理流动资产损益　　3 600

第十四章 进出口贸易业务的会计核算

●●●● 任务目标

1. 了解进出口贸易的种类和进出口贸易的程序。
2. 掌握自营进口商品购进和销售的核算。
3. 掌握代理进口业务的核算。
4. 掌握自营出口业务的核算。
5. 掌握代理出口业务的核算。
6. 掌握出口商品退税的核算。

第一节 进出口贸易业务的概述

进出口贸易业务是商品流通企业的一项重要业务。随着《中华人民共和国对外贸易法》的出台，国家对企业申请进出口权的政策也随之放开，只要企业营业执照等基本证件齐全，即可申请，民营企业与个体工商户也可以申请进出口权。企业可委托外贸企业进行进出口贸易，也可以自行进行进出口贸易。

一、进出口贸易业务的种类

(一)进口贸易业务的种类

进口贸易业务，是指企业以外汇在国际市场上采购商品，满足国内生产和人民生活需要的业务。进口贸易业务按其经营性质不同，主要可分为自营进口业务、代理进口业务和易货贸易业务三种类型。

1. 自营进口业务

自营进口业务，是指企业自己经营进口贸易并自己负担进口盈亏的业务。

2. 代理进口业务

代理进口业务，是指外贸企业代理国内委托单位与外商签订进口贸易合同，并负责对外改造合同的业务。代理进口业务时，外贸企业只收取一定比例的手续费。

3. 易货贸易业务

易货贸易业务，是指贸易双方订立易货贸易合同或协议，规定在一定时期内，用一种或几种出口商品交换另一种或几种进口商品的业务。

(二)出口贸易业务的种类

出口贸易业务，是指企业组织工农业产品在国际市场上销售，取得外汇的业务。它是外贸企业一项重要的业务。出口贸易业务按其经营的性质不同，可分为自营出口业务，代理出口业务和加工补偿出口业务等。

1. 自营出口业务

自营出口业务，是指企业自己经营出口贸易，并自己负责出口贸易盈亏的业务。

2. 代理出口业务

代理出口业务，是指外贸企业代理国内委托方办理对外洽谈、签约、托运、交单和结汇等全过程的出口贸易业务。

3. 加工补偿出口业务

加工补偿出口业务又称“三来一补”业务，即来料加工、来件装配、来样生产和补偿贸易业务。“三来”业务是指外商提供一定的原材料、零部件、元器件，必要时提供某些设备，由我方按对方的要求进行加工或装配成产品交给对方销售，我方收取外汇加工费的业务。

二、进出口贸易业务的程序

(一)进口贸易业务的程序

进口贸易业务程序包括进口贸易前的准备工作，签订进口贸易合同，履行进口贸易合同以及对内销售与结算四个步骤。

1. 进口贸易前的准备工作

企业应根据国内市场的需求情况、国际市场上商品的价格以及供应商的资信情况等来确定进口贸易业务。对于国家规定必须申请许可证的进口商品，企业必须按规定申请领取许可证，然后与国内客户签订供货合同，明确进口商品的名称、规格、质量、价格、交货日期、结算方式等内容，做到以销定进。

2. 签订进口贸易合同

企业在与国内客户协商签订供货合同的同时，还应与国外出口商通过询盘、发盘、还盘与反还盘、接受四个环节进行磋商，与国外出口商签订进口贸易合同。

3. 履行进口贸易合同

企业履行进口贸易合同可分为以下五个环节。(1)开立信用证。企业根据进口贸易合同上规定的日期，向其所在地的外汇银行申请开立信用证，信用证的内容必须与进口贸易合同的条款相一致。(2)督促对方及时发货和办理必要的手续。企业开立信用证后，在合同规定交货期前，应国外进口商要求及时备货，按时装船，办理租船定舱手续并办理货运保险手续。(3)审核单据和付款赎单。企业收到银行转来的国外出口商的全套结算单据后，应对照信用证，在“单证相符，单单相符”的情况下，才能凭全套结算单据向开证行办理进口付款赎单手续。(4)海关报关和货物接运。进口商品到达港口后，应及时办理海关报关和货物接运工作，计算缴纳税款和港口费用。(5)商品检验和索赔。企业应及时对进口商品进行检验，对发现商品数量、品种、质量等与合同或信用证不符的，由商检部门出具商品检验证明书，在合同规定的索赔期限内，根据损失的原因和程度向出口商等相关单位进行索赔。

4. 对内销售与结算

企业收到运输公司船舶到港通知及相关单据后，应根据合同向客户开出发票，办理结算。

(二)出口贸易业务的程序

出口贸易业务的程序有出口贸易前的准备工作，出口贸易的磋商，签订出口贸易合同和履行出口贸易合同四个步骤。

1. 出口贸易前的准备工作

为使出口贸易顺利进行，企业应围绕进口商所在国的自然条件、外贸政策、贸易管制状况、关税措施、贸易惯例、运输条件等情况进行调查研究，充分了解国外市场的情况。同时还应对进口商的资信情况、经营范围和经营能力情况等进行调研。

2. 出口贸易的磋商

企业在确定出口贸易对象后应进行询盘、发盘、还盘和反还盘、接受四个环节的磋商。

3. 签订出口贸易合同

企业与进口商磋商成功后，签订贸易合同。贸易合同通常由出口商填制，经双方核对无误并签字后，各执正本一份。

4. 履行出口贸易合同

企业履行出口贸易合同可分为以下五个环节：(1)组织出口资源。企业应根据贸易合同或信用证的规定准备好出口商品。出口商品的品种、质量、数量、包装及交货日期等都必须与合同相符。(2)催证、审证及通知派船或租船。外贸企业如未按时收到信用证，应及时催证，并对收到的信用证进行审查，如发现问题，应及时通知对方修改。审查或修改无误后，根据合同规定通知对方派船接运或租船托运。(3)办理托运手续。企业接到进口商派船通知后，应持全套出口单据办理托运手续，并向海关申报出口，海关放行后，出口商品才能装船出运。(4)交单收汇。企业办妥出口商品装运手续，取得正本提单或运单后，应立即持全套出口单据交银行审核确保及时收汇，并向进口商发出装船通知。(5)索赔与理赔。如果进口商未按合同规定履约，造成经济损失的，企业应向进口商提出索赔，反之如果进口商验收商品，发现有违反合同规定而提出索赔的，应根据其提供的合法证明，按照合同的条款进行处理。属企业责任的，企业应予以解决，对于不属企业责任范围，或不符合合同规定的索赔，应拒绝理赔。

三、进出口贸易业务涉及的单据

在国际贸易中，主要是采取信用证结算方式。进出口贸易的单据主要有发票和提单。发票和提单由出口商开具，而进口商则凭单付款。

1. 发票

发票是进口商取得的，由出口商开出的，描述商品价值的清单，发票是交易双方收付款的依据，既是交易双方记账的原始凭证，也是出口商在出口地和进口商在进口地报关交税的计算依据。进口商在审核发票时，首先要审核发票的内容是否与进口贸易合同及信用证的条款内容相符；其次要审核发票中有关项目的内容是否与其他有关的单据相符；最后审核发票上的总金额是否超过信用证规定的最大限额。

2. 提单

提单是指承运单位签发的承运商品收据，即商品装入船舱后签发的提单。它是出口商发货的证明，也是进口商提货的依据。如果是收讫备运提单，就应进一步审核是否有承运单位加注的"已装船"字样，否则不能轻易接受；核对提单上所列商品的毛重、净重与发票及重量单上所列的内容是否相符，有关装运港、目的港、运费支付情况与进口贸易合同及信用证的规定是否相符等。

第二节 进口贸易业务的核算

一、自营进口业务的核算

(一)自营进口商品成本的构成

自营进口商品的采购成本由国外进价和进口税金两部分组成。

1. 国外进价

进口商品的进价一律以 CIF 价格(Cost Insurance And Freight，到岸价)为基础，若与出口商以 FOB 价格(Free On Board，离岸价)或 CFR 价格(Cost And Freight)成交，则商品离开对方口岸后，应由企业负担的国外运费和保险费均应作为商品的国外进价入账。针对企业收到的进口商品佣金，若能够按商品直接确认的，应冲减相应商品的国外进价；若不能按商品直接认定的，应冲减"销售费用"账户。

2. 进口税金

进口税金是指进口商品在进口环节应缴纳的计入进口商品成本的各种税金，包括关税和消费税，但不包括进口环节应缴纳的增值税。

(二)自营进口商品购进的核算

自营进口商品购进核算时主要采用信用证结算方式。当收到银行转来的国外全套结算单据时，在"单证相符，单单相符"的情况下，企业才能付款赎单，借记"在途物资"账户，贷记"银行存款"账户。当支付国外运费和保险费时，应借记"在途物资"账户，贷记"银行存款"账户。

进口商品运抵我国口岸后，企业向海关申报进口关税、消费税和增值税时，应根据进口关税和消费税的合计数，借记"在途物资"账户，贷记"应交税费"账户。企业收到出口商付的佣金时，借记"银行存款"账户，贷记"在途物资"账户。如果是难以按商品直接认定的佣金，则借记"银行存款"账户，贷记"销售费用"账户。

当进口商品验收入库时，结转其成本时，借记"库存商品"账户，贷记"在途物资"账户。企业支付进口商品的关税，消费税和增值税时，借记"应交税费"账户，贷记"银行存款"账户。

【例 14-1】公司根据进口贸易合同从美国达高公司进口白酒一批，采用信用证结算。假设关税税率为20%，消费税税率为10%，海关完税凭证上注明增值税税率为17%。(1)6月4日，接到银行转来国外全套结算单据，列明白酒600箱，每箱160美元(FOB价格)，计货款96 000美元，审核无误后，购汇予以支付，当日美元汇率卖出价为1美元=6.10人民币。(2)6月6日，购汇支付进口白酒国外运费2 000美元，保险费150美元，当日美元汇率卖出价为1美元=6.10人民币。(3)6月8日，白酒运抵我国口岸，向海关申报白酒应交的关税、增值税和消费税。(4)6月16日，美国达高公司付来佣金1 800美元，当日美元汇率卖出价为1美元=6.20人民币，收到银行转来结汇单。(5)6月18日，600箱白酒验收入库，结转其采购成本。(6)6月28日，以银行存款支付进口白酒的关税、消费税和增值税。

【解析14-1】上述业务会计分录如下：

(1)6月4日支付货款时：

借：在途物资——美国达高公司(白酒)　　585 600

　　贷：银行存款——美元户(USD96 000×6.1)　　585 600

(2)6月6日支付运费，保险费时：

借：在途物资——美国达高公司(白酒)　　13 115

　　贷：银行存款——美元户(USD2 150×6.1)　　13 115

(3)6月8日向海关申报关税、消费税时：

关税完税价格=(96 000+2 000+150)×6.1=598 715(元)

关税=598 715×20%=119 743(元)

消费税完税价格=(598 715+119 743)÷(1-10%)=798 286.667(元)

消费税=798 286.667×10%=79 828.666 7(元)

借：在途物资——美国达高公司(白酒)　　199 571.666 7

　　贷：应交税费——应交进口关税　　119 743

　　　　　　　　——应交消费税　　79 828.666 7

(4)6月16日收到出口商付来的佣金时：

借：银行存款——美元户(USD1 800×6.2)　　11 160

　　贷：在途物资——美国达高公司(白酒)　　11 160

(5)6月18日白酒验收入库，结转成本时：

借：库存商品　　787 126.666 7

　　贷：在途物资——美国达高公司(白酒)　　787 126.666 7

(6)6月28日以银行存款支付关税、消费税和增值税时：

借：应交税费——应交进口关税　　119 743

　　　　　　——应交消费税　　79 828.666 7

　　　　　　——应交增值税(进项税额)　　135 708.733 3

　　贷：银行存款　　335 280.4

增值税税额=(598 715+119 743+79 828.666 7)×17%=135 708.733 3(元)

(三)自营进口商品销售的核算

企业应以开出进口结算凭证向国内客户办理货款结算的时间作为商品销售收入确认的时间。进口商品的结算时间有单到结算、货到结算和出库结算三种。

1. 单到结算的核算

单到结算，是指企业不论进口商品是否到达我国港口，只要收到银行转来的国外全套结算单据，经审核符合合同规定，即向国内客户办理货款结算，以确认销售收入的实现。采用这种方式，通常商品没有入库就进行销售。因此，进口商品采购的核算与销售的核算可以同时进行，进口商品的采购成本归集完毕，就结转商品销售成本，将归集的商品采购成本直接从“在途物资”账户转入“主营业务成本——自营进口销售成本”账户。

【例 14-2】公司根据进口贸易合同从日本美都公司进口钢锭 400 箱，采用信用证结算，并采用单到结算方式销售给山东一通公司。(1)1 月 5 日，接到银行转来的国外全套结算单据，列支钢锭 400 箱，每箱 450 美元(CIF 价格)，计货款 180 000 美元。关税税率 20%，增值税税率为 17%。当日美元汇率卖出价为 1 美元＝6.30 人民币。经审核无误后，购汇支付。(2)1 月 7 日，接到业务部门转来增值税专用发票，列支钢锭 400 箱，每箱 5 000 元，货款 2 000 000 元，增值税税额 340 000 元。山东一通公司以转账支票的形式支付款项，款项已存入银行。(3)1 月 12 日，进口钢锭采购完毕，结转其销售成本。

【解析 14-2】上述业务会计分录如下：

(1)1 月 5 日，购汇支付进口钢锭货款时：

借：在途物资——日本美都公司(钢锭)	1 360 800	
应交税费——应交增值税(进项税额)	231 336	
贷：银行存款		1 592 136

(2)1 月 7 日收到山东一通公司货款时：

借：银行存款	2 340 000	
贷：主营业务收入——自营进口销售收入		2 000 000
应交税费——应交增值税(销项税额)		340 000

(3)1 月 12 日，进口钢锭采购完毕，结转其销售成本时：

借：主营业务成本——自营进口销售成本	1 360 800	
贷：在途物资——日本美都公司(钢锭)		1 360 800

2. 货到结算的核算

货到结算，是指企业收到运输公司进口商品已运抵我国港口的通知后，即向国内办理货款结算，以确认销售收入的实现。

企业采取货到结算方式时，进口商品运抵我国港口后，进口商品采购成本的归集已经完成。因此，企业与国内客户办理货款结算后，在反映自营进口商品销售收入的同时，也可以结转销售成本，具体核算方法与自营进口商品销售采取单到结算的核算方法相同。

3. 出库结算的核算

出库结算，是指企业的进口商品到货后，先验收入库，等出库销售时，根据销售发票办理结算，以确认销售收入的实现。

企业采取出库结算方式，进口商品在验收入库时，借记“库存商品”账户，贷记“在途物资”账户。进口商品销售给国内客户时，借记“应收账款”等账户，贷记“主营业务收入——自营进口销售收入”和“应交税费——应交增值税”账户，同时结转销售成本，借记“主营业务成本——自营进口销售成本”账户，贷记“库存商品”账户。

二、代理进口业务的核算

(一)代理进口业务及结算内容

外贸企业经营代理进口业务时，需要根据进口商品金额(CIF价格)，按规定向委托单位收取代理手续费。委托单位必须预付采购进口商品的资金，企业只有在向委托单位收妥款项后，才能与进口商签订进口合同。企业不垫付进口商品的资金，不负担进口商品的国内外直接费用，也不承担进口业务的盈亏。委托单位负担因代理业务所发生的国内外直接费用和进口商品所产生的各项税收，并承担进口业务的盈亏。

当银行转来国外全套结算单据，经审核与合同无误后，就可以支付进口商品的货款，并向国内委托单位办理货款结算，确认代理进口商品的销售实现。与代理商结算进口商品的内容包括：

(1)国外货款，即按进口合同规定的进口商品货款；

(2)国外运保费，即以FOB价格成交的进口商品，按合同规定支付的国外运保费；

(3)进口税金，即进口商品应支付的进口关税、增值税、消费税等；

(4)银行财务费用，即在银行办理进口商品结算时收取的费用；

(5)外运劳务费，即外运公司办理商品国外运输的代办手续费；

(6)代理商手续费，即外贸企业办理进口业务收取的手续费，一般为CIF价格的3%～5%。

代理进口业务中，一律由代理方负责对外付汇和办理有关进口核销手续，进口货款由委托方及时向代理方支付。

(二)代理进口业务的核算

外贸企业代理进口业务通常要求委托单位预付货款，在收到委托单位的预付货款时，借记"银行存款"账户，贷记"预收账款"账户。收到银行转来国外全套结算单据时，将其与信用证或合同条款核对无误后，向国外出口商承付款项时，借记"预收账款"账户，贷记"银行存款"账户。同时，外贸企业收取代理手续费时，借记"预收账款"账户，贷记"其他业务收入"账户。

【例14-3】公司受力帆公司委托代理进口美国弗里德公司香水业务，以FOB价格成交，该批化妆品的进口关税税率为10%，消费税税率为10%，增值税税率为17%。(1)8月2日，收到力帆公司预付代理进口美国弗里德公司香水款600 000元。(2)8月13日，购汇支付美国弗里德公司香水的国外运费1 300美元，保险费200美元，当日美元汇率卖出价为1美元=6.30人民币。(3)8月17日，收到银行转来美国弗里德公司全套结算单据，共列支香水100箱，每箱FOB价格为500美元，计货款50 000美元，佣金400美元。审核无误，扣除佣金后支付货款，当日美元汇率卖出价为1美元=6.30人民币。(4)8月17日按照代理进口香水货款CIF价格的3%向力帆公司收取代理手续费，当日美元汇率卖出价为1美元=6.20人民币。(5)8月23日，美国香水运抵我国口岸，向海关申报应缴关税、消费税和增值税。(6)8月29日，按代理进口香水手续费收入的5%计提营业税。(7)8月29日，支付代理进口香水的关税、消费税和增值税。(8)8月30日，与力帆公司结算款项。

【解析14-3】上述业务会计分录如下：

(1)8月2日，收到力帆公司预付代理进口美国弗里德公司香水款时：

借：银行存款　600 000
　贷：预收账款——力帆公司　600 000
(2)8 月 13 日，购汇支付国外运费、保险费时：
借：预收账款——力帆公司　9 450
　贷：银行存款　9 450
(3)8 月 17 日，向美国美国弗里德公司支付货款时：
借：预收账款——力帆公司　312 480
　贷：银行存款　312 480
(4)8 月 17 日，收取代理手续费时：
借：预收账款——力帆公司　9 579
　贷：其他业务收入　9 579
进口香水货款 CIF 价格＝(1 300＋200＋50 000)×6.2＝319 300(元)
代理手续费＝319 300×3％＝9 579(元)
(5)8 月 23 日申报关税、消费税和增值税时：
借：预收账款——力帆公司　137 299
　贷：应交税费——应交进口关税　31 930
　　　　　　——应交消费税　39 025.555 6
　　　　　　——应交增值税(进项税额)　66 343.444 5
进口关税＝319 300×10％＝31 930(元)
消费税＝(319 300＋31 930)÷(1－10％)×10％＝39 025.555 6(元)
增值税＝(319 300＋31 930＋39 025.555 6)×17％＝66 343.444 5
(6)8 月 29 日计提营业税时：
借：营业税金及附加　478.95
　贷：应交税费——应交营业税　478.95
(7)8 月 29 日，支付代理进口香水的关税、消费税和增值税时：
借：应交税费——应交进口关税　31 930
　　　　　——应交消费税　39 025.555 6
　　　　　——应交增值税(进项税额)　66 343.444 5
　贷：银行存款　137 299
(8)8 月 30 日，与力帆公司结算款项时：
借：预收账款——力帆公司　131 192
　贷：银行存款　131 192

第三节　出口贸易业务的核算

一、自营出口业务的核算

自营出口业务，是指企业自己经营出口贸易，并自己负责出口贸易盈亏的业务。它是企业销售商品、出口创汇的主要来源。自营出口业务的核算内容主要包括：商品托运及出口销售收入的核算、支付国内费用的核算、支付国外费用的核算和预估国外费用的核算四个内容。

(一)商品托运及出口销售收入的核算

企业出口销售通常采用信用证结算，业务部门根据合同和信用证的规定，开具出库单，由储运部门凭出库单向运输单位办理托运，财务部门根据出库单，借记“发出商品”账户，贷记“库存商品”账户。出口商品装船后，财务部门根据业务部门转来的发票副本及银行回单，借记“应收账款——应收外汇账款”账户，贷记“主营业务收入——自营出口销售收入”账户。同时结转商品销售成本，借记“主营业务成本——自营出口销售成本”账户，贷记“发出商品”账户。收到货款时，借记“银行存款”账户，贷记“应收账款——应收外汇账款”账户。

【例 14-4】公司采用信用证结算方式，根据贸易合同向韩国酒业公司销售白酒 800 箱。(1)4 月 2 日，收到储运部门转来的出库单，列支出库白酒 800 箱，每箱 400 元，予以转账。(2)4 月 6 日，收到业务部门转来销售白酒的发票副本和银行回单，列支白酒 800 箱，CIF 价格每箱为 75 美元，共计货款 60 000 美元，当日美元汇率中间价为 1 美元＝6.40 人民币。(3)4 月6 日，同时根据出库单结转出口白酒的销售成本。(4)4 月 16 日，收到银行收汇通知，60 000 美元已收汇。银行扣除 100 美元手续费后将其余部分存入外汇存款账户，当日美元汇率中间价为 1 美元＝6.30 人民币。

【解析 14-4】上述业务会计分录如下：

(1)4 月 2 日，发出商品时：

借：发出商品——白酒	320 000	
贷：库存商品		320 000

(2)4 月 6 日，销售白酒确认收入时：

借：应收账款——应收外汇账款(韩国酒业公司)(USD60 000×6.4)	384 000	
贷：主营业务收入——自营出口销售收入		384 000

(3)4 月 6 日，结转白酒的销售成本时：

借：主营业务成本——自营出口销售成本	320 000	
贷：发出商品——白酒		320 000

(4)4 月 16 日，收到货款时：

借：银行存款——美元户 (USD599 000×6.3)	377 370	
财务费用——手续费(USD100×6.3)	630	
汇兑损益	6 000	
贷：应收账款——应收外汇账款(韩国酒业公司)(USD60 000×6.4)		384 000

(二)支付国内费用的核算

企业在商品出口贸易过程中，商品自所在地发运至边境、口岸的各项运杂费、装船费等费用，均应列入“销售费用”账户。

【例 14-5】4 月 4 日，公司签发转账支票支付运输公司将白酒运至港口的运杂费3 000元，并电汇给港口白酒的装船费 800 元。

【解析 14-5】上述业务会计分录如下：

借：销售费用——运杂费　　3 000

　　　　　　——装卸费　　800

　　贷：银行存款　　3 800

(三)支付国外费用的核算

国外费用主要包括运费、保险费和国外佣金三项。

1. 支付国外运费和保险费的核算

国外运费，是指国际贸易价格条件所规定的，应由出口商支付并负担的，从装运港到目的港的运输费用。

保险费，是指企业为转移商品在运输途中的风险，并在遭受损失时能得到必要的补偿，而向保险公司投保并支付的费用。

企业出口贸易有多种不同的价格条件，不同的价格条件所负担的费用是不同的。企业若以 FOB 价格成交，就不用承担国外运费和保险费；若以 CFR 价格成交，企业只承担国外运费；若以 CIF 价格成交，企业将承担国外运费和保险费。

由于自营出口商品销售收入是按 FOB 价格扣除佣金后计价，因此，企业负担的国外运费和保险费应冲减“主营业务收入——自营出口销售收入”账户。

【例 14-6】公司出口销售给美国华盛顿酒业公司白酒 1200 箱，发生国外运费和保险费如下：(1)5 月 2 日，收到外轮运输公司发票，金额 1600 美元，系 1200 箱白酒的运费，当即从外币账户汇付对方，当日美元汇率中间价为 1 美元＝6.50 人民币。(2)5 月 3 日，按白酒销售发票金额 90 000 美元的 11%向保险公司投保，保险费率为 2‰，签发转账支票并从外币账户支付，当日美元汇率中间价为 1 美元＝6.40 人民币。

【解析 14-6】上述业务会计分录如下：

(1)5 月 2 日，支付国外运费时：

借：主营业务收入——自营出口销售收入(国外运费)　　10 400

　　贷：银行存款——美元户（USD1 600×6.5)　　10 400

(2)5 月 3 日，支付保险费时：

借：主营业务收入——自营出口销售收入(保险费)　　1 267.2

　　贷：银行存款——美元户（USD90 000×110%×2‰×6.4)　　1 267.2

2. 支付国外佣金的核算

佣金是指价格条件或合同规定应支付给中间商的推销报酬。佣金有明佣、暗佣和累计佣金三种方式。

(1)明佣，是指在贸易价格条件中规定的佣金。采取明佣支付方式，出口商在销售发票上不但列明销售金额，而且还列明佣金率、佣金以及扣除佣金后的销售净额。企业在向银行办理交单收汇时，应根据发票中列明的销售净额收取货款，不再另行支付佣金，并根据银行回单和销售发票中的销售净额借记“应收账款——应收外汇账款”账户，根据佣金金额借记“主营业务收入——自营出口销售收入——佣金”账户，根据销售金额贷记“主营业务收入——自营出口销售收入”账户。

(2)暗佣，是指在贸易价格条件中未做规定，但在贸易合同中规定的佣金。采取暗佣支付方式，出口商在销售发票上只列明销售金额。企业在向银行交单收汇时，应根据发票中列明的销售金额收取货款，根据银行回单和销售发票借记“应收账款——应收外汇账款”账户，贷记“主营业务收入——自营出口销售收入”账户。同时，根据贸易合同中列明的佣金金额，借记“主营业务收入——自营出口销售收入”账户，贷记“应付账款——应付外汇账款”账户。收到货款汇付佣金时，借记“应付账款——应付外汇账款”账户，贷记“银行存款”账户。

(3)累计佣金，是指出口商与国外包销商。代理商订立协议，规定在一定时期内按累计销售金额及相应的佣金率定期计算的佣金。佣金率通常是累进计算，在到期汇付时入账。如果累计佣金能直接认定到具体出口商品，其核算方法与其他佣金一样，应直接冲减“主营业务收入——自营出口销售收入”账户。

【例 14-7】公司出口销售给美国华盛顿酒业公司白酒 1200 箱，共计货款 90 000 美元，采用暗佣支付方式，佣金率为 3%。(1)5 月 5 日，根据出口白酒 3%的佣金率，将应付客户暗佣入账，当日美元汇率中间价为 1 美元＝6.50 人民币。(2)5 月 10 日，货款已收到，将白酒佣金汇付给美国华盛顿酒业公司，当日美元汇率中间价为 1 美元＝6.50 人民币。

【解析 14-7】上述业务会计分录如下：

(1)5 月 5 日计付客户佣金时：

借：主营业务收入——自营出口销售收入(佣金)　　17 550

　　贷：应付账款——应付外汇账款(美国华盛顿酒业公司)　　17 550

其中，佣金＝90 000×3%×6.5＝17 550(元)

(2)5 月 10 日，汇付客户佣金时：

借：应付账款——应付外汇账款(美国华盛顿酒业公司)　　17 550

　　贷：银行存款　　17 550

(四)预估国外费用的核算

在企业出口贸易业务销售收入确认的时间与支付国外运费、保险费和佣金的时间不一致的情况下，为了正确核算会计期间的经营成果，在会计期末对于已做自营出口销售收入入账而尚未支付的国外费用应预估入账，冲减收入，借记“主营业务收入——自营出口销售收入”账户，贷记“应付账款——应付外汇账款”账户。实际支付时，再借记“应付账款——应付外汇账款”账户，贷记“银行存款”账户。实际支付金额与预估金额存在差异的，差额列入“主营业务收入——自营出口销售收入”账户。

【例 14-8】杭州土特产公司销售给日本百味公司干货一批，已入账。(1)8 月 31 日，预估干货国外运费 2 200 美元，保险费 180 美元，当日美元汇率中间价为 1 美元＝6.40 人民币。(2)9 月 7 日，签发转账支票支付运输公司国外运费 2 000 美元，支付保险公司保险费 150 美元，当日美元汇率中间价为 1 美元＝6.40 人民币。

【解析 14-8】上述业务会计分录如下：

(1)8 月 31 日预估国外运费时：

借：主营业务收入——自营出口销售收入(运费)　　14 080
　　　　　　　——自营出口销售收入(保险费)　　1 152
　贷：应付账款——应付外汇账款(预估国外运费)(USD2 380×6.4)　　15 232

(2)9 月 7 日，实际支付运费，保险费时：

借：应付账款——应付外汇账款(预估国外运费)(USD2 380×6.4)　　15 232
　贷：银行存款——美元户(USD2 150×6.4)　　13 760
　　　主营业务收入——自营出口销售收入　　1 470

二、代理出口业务的核算

代理出口业务，是指外贸企业代理国内委托方办理对外洽谈、签约、托运、交单和结汇等全过程的出口贸易业务。

外贸企业经营代理出口业务应遵循不垫付商品资金，不负担国内外直接费用，不承担出口销售业务盈亏的原则。外贸企业只按照出口销售发票金额及规定的代理手续费率，向委托单位收取外汇手续费。

代理出口业务发生的国内外直接费用，均由委托单位负担，费用的结算可以由受托的外贸企业垫付，然后向委托单位收取，也可以由委托单位预付，再进行清算。外贸企业经营代理出口业务之前，应与委托单位签订代理出口合同或协议，以明确各方的权利和责任。

(一)代理出口外汇货款结算的方法

外贸企业代理出口业务，外汇货款结算方法有异地收(结)汇法和全额收(结)汇法两种。

1. 异地收(结)汇法

异地收(结)汇法，是指受托外贸企业在商品出口销售向银行办理交单收汇时，办妥必要的手续，由银行在收到外汇货款时，向代理出口销售业务的受托外贸企业和委托单位分割收(结)汇的方法。采取这种方法时，银行在收到外汇时，如含有佣金的，在扣除应付佣金后，将外贸企业代垫的国内外费用和应收取的代理手续费向受托外贸企业办理收(结)汇，同时将外汇余额直接划拨委托单位。

2. 全额收(结)汇法

全额收(结)汇法，是指银行在收到外汇时，全额向受托外贸企业办理收(结)汇的方法。采取该方法时，受托外贸企业收汇后，扣除垫付的国内外费用和应收取的代理手续费后，将外汇余额通过银行转付委托单位。

(二)代理出口业务的核算

代理出口业务的核算内容主要包括：代理出口商品收发的核算、代理出口商品销售收入的核算、委托国内外直接费用的核算、代理出口收汇的核算和代理出口税金的核算五项内容。

1. 代理出口商品收发的核算

外贸企业根据合同规定收到委托单位发来代理出口商品时，借记“受托代销商品”账户，贷记“受托代销商品款”账户。代理商品出库后，借记“发出商品——受托代销商品”账户，贷记“受托代销商品”账户。

【例 14-9】艾美公司受乘风公司委托代理出口土豆业务，土豆已运到。(1)9 月 2 日，收到储运部门转来的代理业务入库单，列明土豆 600 吨，3 000 元/吨。(2)9 月 5 日，收到储运部门转来的代理业务出库单，列明土豆 600 吨，3 000 元/吨。

【解析 14-9】上述业务会计分录如下：

(1)9 月 2 日，收到土豆时：

借：受托代销商品——乘风公司　　1 800 000

　　贷：受托代销商品款——乘风公司　　1 800 000

(2)9 月 5 日，发出土豆时：

借：发出商品——受托代销商品　　1 800 000

　　贷：受托代销商品——乘风公司　　1 800 000

2. 代理出口商品销售收入的核算

代理出口商品交单办理收汇手续，取得银行回单时，可以确认委托单位的销售实现，借记“应收账款——应收外汇账款”账户，贷记“应付账款”账户。同时，结转代理出口商品的销售成本，借记“受托代销商品款”账户，贷记“发出商品”账户。

【例 14-10】承例 14-9，艾美公司根据代理出口合同将该批土豆销售给美国歌华公司。(1)9 月 7 日，收到业务部门转来的代理销售土豆的发票副本和银行回单，发票开列土豆 600 吨，3 000 元/吨，CIF 价格共计货款 40 000 美元，当日美元汇率中间价为 1 美元＝6.40 人民币。(2)9 月 7 日，同时根据代理业务出库单结转代理出口土豆的销售成本。

【解析 14-10】上述业务会计分录如下：

(1)9 月 7 日，确认代理出口商品销售收入时：

借：应收账款——应收外汇账款(美国歌华公司)(USD40 000×6.4)　256 000

　　贷：应付账款——乘风公司　　256 000

(2)9 月 7 日，结转代理出口土豆的销售成本时：

借：受托代销商品款——乘风公司　　1 800 000

　　贷：发出商品——受托代销商品　　1 800 000

3. 委托国内外直接费用的核算

外贸企业在垫付国内外费用时，应借记“应付账款”账户，贷记“银行存款”账户。

【例 14-11】承例 14-9，例 14-10，艾美代理销售土豆发生如下国内外直接费用：(1)9 月 9 日，付给运输公司将土豆运至港口的运杂费 2 300 元，汇付给港口土豆的装船费 500 元。(2)9 月 9 日，汇付外轮运输公司的运费 600 美元，支付保险公司的保险费 150 美元，当日美元汇率中间价为 1 美元＝6.50 人民币。

【解析 14-11】上述业务会计分录如下：

(1)9 月 9 日，支付运杂费、装船费时：

借：应付账款——乘风公司　　2 800

　　贷：银行存款　　2 800

(2)9 月 9 日，汇付运费、保险费时：

借：应付账款——乘风公司　　4 875

　　贷：银行存款——美元户(USD750×6.5)　　4 875

4. 代理出口收汇的核算

外贸企业代理出口收汇时，如果采取异地收(结)汇法，收到银行转来的垫付代理出口商品的国内外直接费用和代理手续费时，根据收到的金额，借记“银行存款”账户，贷记“应收账款——应收外汇账款”账户。根据业务部门转来的按代理出口销售收入金额的一定比例收取代理手续费发票的金额，借记“应付账款”账户，贷记“其他业务收入”账户。同时根据银行划拨给委托单位的金额。借记“应付账款”账户，贷记“应收账款——应收外汇账款”账户。

【例 14-12】公司受乘风公司委托代理销售小麦给美国歌华公司，采用异地结汇法。代理业务手续费率为 3.5%。(1)10 月 20 日，收到银行转来分割收结汇的收账通知，金额 5 000 美元，其中代理业务代垫国内运费 1200 元，装船费 800 元；代垫国外运费 800 美元，保险费 150 美元；代理手续费 2400 美元，款项全部存入外币存款户。当日美元汇率中间价为 1 美元＝6.50 人民币。(2)10 月 20 日，根据代理业务收取代理手续费 2400 美元。(3)10 月 20 日，根据银行转来分割结汇通知，划拨乘风公司收汇余额 195 000 美元，当日美元汇率中间价为 1 美元＝6.50 人民币。

【解析 14-12】上述业务会计分录如下：

借：银行存款——美元户(USD5 000×6.5)　　32 500

　　贷：应收账款——应收外汇账款(美国歌华公司)　　32 500

借：应付账款——乘风公司　　14 400

　　贷：其他业务收入(USD2 400×6.5)　　14 400

借：应付账款——乘风公司　　1 267 500

　　贷：应收账款——应收外汇账款(美国歌华公司)(USD195 000×6.5)

　　　　1 267 500

5. 代理出口销售业务税金的核算

外贸企业代理出口销售业务所取得的代理手续费收入，应按规定的税率缴纳营业税，借记“营业税金及附加”账户，贷记“应交税费——应交营业税”账户。次月月初向税务机关缴纳营业税时，借记“应交税费——应交营业税”账户，贷记“银行存款”账户。对于代理出口销售业务的退税，应该由委托单位自行办理。

【例 14-13】公司按代理出口销售收入 16 580 元的 5%计提营业税。

【解析 14-13】上述业务会计分录如下：

借：营业税金及附加　　829

　　贷：应交税费——应交营业税　　829

第四节　出口商品退税的核算

一、出口退税及相关政策

出口退税，是指对出口商品已征收的国内税收部分或全部退还给出口商的一种措施。出口退税，是一个国家税收的重要组成部分。出口退税主要是通过退还出口货物的国内已纳税款来平衡国内产品的税收负担，使本国产品以不含税成本进入国际市场，与国外产品在同等条件下进行竞争，从而增强竞争能力，扩大出口创汇。

《中华人民共和国增值税暂行条例》规定，纳税人出口商品的增值税税率为零，对于出口商品，不但在出口环节不征税，而且税务机关还要退还该商品在国内生产、流通环节已负担的税款，使出口商品以不含税的价格进入国际市场。同时条例中规定，企业产品出口后，再向海关办理报关出口手续，凭销售发票副本、出口报关单等有关凭证，向企业所在地的税务机关申报办理该项商品的进项税额的退税，即出口退税手续。

二、出口退税业务的核算

增值税在申报退税后，根据应退的增值税税额借记“其他应收款——应收出口退税”账户，根据出口商品购进时支付的增值税额贷记“应交税费”账户，两者的差额，也就是国家不予退税的金额，应列入“主营业务成本——自营出口销售成本”账户的借方。消费税在申报退税时，借记“其他应收款——应收出口退税”账户，贷记“主营业务成本——自营出口销售成本”账户。在收到增值税和消费税退税款时，借记“银行存款”账户，贷记“其他应收款——应收出口退税”账户。

【例 14-14】杭州市盛丰进出口贸易公司出口一批商品，协议按 FOB 价格成交，合同规定销售收入为 50 000 美元，该批商品的进价成本为 200 000 元。当日美元汇率为 1 美元＝6.40 人民币。(1)业务部门开出商品出库凭证，连同出口发票等通过储运部门向外运公司办妥托运手续，并向银行办理交单，货物已发出。(2)假定退税率为 17%，按规定向税务机关申请办理上述出口商品增值税的退税业务。(3)收到退税款。(4)收到银行转来的出口商品的销售结汇单，货款 50 000 美元已按当日汇率 1 美元＝6.40 人民币结汇，收妥入账。

【解析 14-14】上述业务会计分录如下 ：

(1)出口商品确认收入，结转成本：

借：应收账款——应收外汇账款(USD50 000×6.4)	320 000	
贷：主营业务收入——自营出口销售收入		320 000
借：主营业务成本——自营出口销售成本	200 000	
贷：库存商品		200 000

(2)申报出口退税：

借：其他应收款——应收出口退税	34 000	
贷：应交税费——应交增值税(出口退税)		34 000

(3)收到退税款：

借：银行存款　　　　34 000

　　贷：其他应收款——应收出口退税　　　　34 000

(4)收取出口商品货款：

借：银行存款——美元户　　　　320 000

　　贷：应收账款——应收外汇账款(USD50 000×6.4)　　　　320 000

【例 14-15】承例 14-14，假设退税率为 9%，其他资料不变。

【解析 14-15】

(1)会计分录同例 14-14

(2)申报出口退税：

借：其他应收款——应收出口退税　　　　18 000

　　贷：应交税费——应交增值税(出口退税)　　　　18 000

(3)会计分录同例 14-14

(4)收到退税款：

借：银行存款　　　　18 000

　　贷：其他应收款——应收出口退税　　　　18 000

【练习题】

一、单项选择题

1. 零售商品流通是商品流通过程的(　　)。

A. 起点　B. 中间环节　C. 起点和中间环节　D. 最终环节

2. (　　)是指商品流通企业将商品送到购货单位指定的仓库或其他地点，由购货单位入库的一种方式。

A. 送货制　B. 厂商就地保管制　C. 发货制　D. 提货制

3. 从本地购进商品，如果商品先到并已验收入库，而货款尚未支付，则月末暂作购进商品入账，(　　)再用红字冲加。

A. 次月初　B. 本月末　C. 次月末　D. 年末

4. 数量进价金额核算法下，“库存商品”明细账反映各种商品的实物数量和(　　)。

A. 进价金额　B. 售价金额　C. 协议价格　D. 进价或售价金额

5. 采用数量售价金额核算法和售价金额核算法时，对于记载售价金额和进价金额之间的差额，需要设置(　　)账户

A. 其他应付款B. 材料成本差异　C. 在途物资　D. 商品进销差价

6. (　　)一般适用于除鲜活商品，贵重商品以外的零售商品流转业务的核算。

A. 进价金额核算法　B. 售价金额核算法

C. 数量进价金额核算法　D. 数量售价金额核算法

7. 企业在购进商品时，如遇月末商品先到，货款结算凭证尚未到达则(　　)。

A. 近实际价入账 按暂估价入账　C. 不入账　D. 退回

8. 某企业经营商品少，进货次数少，进货单价前后相差大，该企业应采用的成本计算方法是(　　)。

A. 移动加权平均法　　B. 月末加权平均法

C. 移动加权法　　D. 先进先出法

9. 期末结存商品金额比较接近市场价格的计算方法是(　　)。

A. 个别计价法　　B. 月末加权平均法

C. 移动加权法　　D. 先进先出法

10. 购进商品短缺，如果查明属于运输单位失职，就列作(　　)。

A. 销售费用　B. 其他应收款　C. 营业外支出　D. 其他应付款

11. 购入商品在验收入库时发现实收数多于应收数，应将多收商品记入(　　)贷方账户。

A. 物资采购　B. 库存商品　C. 待处理损益　D. 销售费用

12. 售价金额核算法下，以不含税进价核算的账户有(　　)。

A. 在途物资　B. 库存商品　C. 应交税费　D. 主营业务成本

13. 零售企业向购买者销售商品并收取销项税额时，平时应将发生的销项税额计入(　　)账户核算。

A. 预收账款　B. 主营业务收入　C. 待处理损益　D. 销售费用

14. 自营进口商品的国外进价一律以(　　)为基础。

A. 成本加运费、保险费价格　　B. 成本加运费价格

C. 船上交货价格　　D. 成交价格

15. 自营进口商品销售采取(　　)时，进口商品采购的核算与销售的核算几乎同时进行。

A. 货到结算　B. 单到结算　C. 单货同到结算　D. 出库结算

16. 外贸企业经营代理业务，负担(　　)。

A. 国内直接费用　　B. 国外运费

C. 国外保险费　　D. 国内外间接费用

17. 出口商品时进项税额与退税额的差额应结转到(　　)账户。

A. 主营业务成本　　B. 主营业务收入

C. 库存商品　　D. 营业外支出

二、多项选择题

1. 从每个商品流通企业来看，其组织商品流通活动的具体环节包括(　　)。

A. 购进　B. 销售　C. 运输　D. 储存

2. 批发环节是整个商品流通的(　　)

A. 起始环节　B. 中间环节　C. 销售环节　D. 最终环节

3. 商品购进必须同时具备的条件有(　　)。

A. 为卖而买　　B. 取得实物

C. 通过货币结算而取得商品所有权　D. 为企业自用

4. 作为商品销售的入账时间有(　　)。

A. 付出商品同时收到货款的时间

B. 付出商品的时间

C. 付出商品并得到收取货款权利的时间

D. 预收货款的时间

5. 在商品购销业务活动中，商品的交接方式一般有(　　)。

A. 送货制　B. 提货制　C. 发货制　D. 厂商就地保管制

6. 商品流通企业库存商品的核算方式有以下几种(　　)。

A. 数量进价金额核算法　B. 数量售价金额核算法

C. 售价金额核算法　D. 进价金额核算法

7. 商品流通企业可能发生的采购费用有(　　)。

A. 包装费　B. 运输费

C. 运输途中的合理损耗　D. 购买价格

8. 发运商品时，由于运输环节的问题，结算单证与商品到达购货单位的时间不可能完全一致，因此可能出现的三种情况有(　　)。

A. 单货同到　B. 单货未到　C. 单到货未到　D. 货到单未到

9.“库存商品”账户借方登记的是(　　)。

A. 购入并已验收入库的商品　B. 委托加工完成验收入库的商品

C. 商品盘盈　D. 销货退回

10. 企业财务部门一般设置的“库存商品”账户有(　　)。

A.“库存商品”类目账　B.“库存商品”明细账

C.“库存商品”总账　D. 商品保管账

11. 批发企业“库存商品”明细账的设置方法有(　　)。

A. 以单代账　B. 三账分设　C. 两账合一　D. 三账合一

12. 商品销售成本按其结转时间的不同可分为(　　)。

A. 随时结转　B. 分散结转　C. 定期结转　D. 集中结转

13.“三账分设”是指(　　)部门各设一套“库存商品”明细账。

A. 财务部门　B. 业务部门　C. 人力资源部门　D. 储运部门

14. 进口贸易业务按其经营性质不同，可以分为(　　)两种。

A. 自营进口业务　B. 代理进口业务

C. 委托进口业务　D. 受托进口业务

15. 自营进口商品常用的计算时间有(　　)。

A. 货到结算　B. 单到结算　C. 签订合同　D. 出库结算

16. 以 CIF 价格成交的，商品的采购成本应当包括(　　)。

A. 国外运费　B. 国外保险费　C. 进口关税　D. 消费税

17. 佣金是指价格条件或合同规定应支付给中间商的推销报酬，有(　　)三种支付方式。

A. 明佣　B. 暗佣　C. 累计佣金　D. 一次佣金

三、业务核算题

1. 资料：杭州世达公司是服装的批发企业，增值税税率为17%。5月份发生下列经济业务：

(1)5 日，业务部门转来杭州西服厂开来的增值税专用发票，列明女式套裙 300 套，每套 300 元，计货款 90 000 元，增值税税额 15 300 元，经审核无误，当即签发转账支票付讫。

(2)5 日，储运部门转来收货单的入库联，向杭州西服厂购进女式套裙 300 套，每套 300 元，已全部验收入库，结转女式套裙的采购成本。

(3)7 日，业务部门转来北京服装厂开来的增值税专用发票，列明男装 600 件，每件 400 元，计货款 240 000 元，增值税税额 40 800 元，经审核无误，当即以商业承兑汇票支付。

(4)12 日，储运部门转来收货单的入库联，向北京服装厂购进男装 600 件，每件400 元，已全部验收入库，结转男装的成本。

(5)15 日，银行转来广州服装厂的托收凭证，附增值税专用发票的发票联和抵扣联，列明服装 200 件，每件 250 元，计货款 50 000 元，增值税税额 8 500 元，运费凭证列明 800 元，经审核无误后，当即承付货款。

(6)16 日，银行转来河北服装厂的托收凭证，附增值税专用发票的发票联和抵扣联，列明牛仔服 800 件，每件 60 元，计货款 48 000 元，增值税税额 8 160 元，运费凭证计 600 元，经审核无误，当即承付货款。

(7)20 日，储运部门转来收货单的入库联，向广州厂购进服装 200 件，每件 250 元，已全部验收入库，结转其采购成本。

(8)25 日，储运部门转来收货单的入库联，向河北服装厂购进牛仔服 800 件，每件 60 元，已全部验收入库，结转牛仔服的采购成本。

要求：假设运费凭证可做 7%增值税进项税额抵扣，编制上述业务的会计分录。

2. 资料：苏州食品公司 4 月份发生下列有关经济业务：

(1)1 日，银行转来南京糖厂的托收凭证，附增值税专用发票，列明散装白糖 700 千克，价格为 10 元/千克，计货款 7 000 元，增值税税额 1 190 元 ，运费凭证 400 元，查验与合同相符，当即承付货款。

(2)7 日，北京糖厂的散装白糖运抵公司，验收时散装白糖 600 千克，短缺 100 千克，储运部门送来商品购进短缺报告单，原因待查。

(3)10 日，业务部门查明 7 日短缺 100 千克散装白糖，价格为 10 元/千克，其中，40 千克是运输途中的自然损耗、50 千克系供货单位少发商品，经联系后，已开来退货的红字增值税专用发票，应退货款 500 元，增值税税额为 85 元，10 千克是储运部门提货人员失职造成的。

(4)15 日，银行转来常州食品公司的托收凭证，随货附来增值税专用发票，列明干人参 200 千克，价格为 500 元/千克 ，计货款 100 000 元，增值税税额 17 000 元，运费凭证 900 元，查验与合同相符，当即承付货款。

(5)23 日，常州食品公司发来干人参，验收时实收干人参 220 千克，溢余 20 千克，储运部门送来商品购进溢余报告单，原因待查。

(6)25 日，业务部门查明 23 日溢余的 20 千克干人参中，有 4 千克是运输途中的自然升溢，16 千克系对方多发，经联系后同意作购进，已由对方补来增值税专用地票，同时，汇出货款 8 000 元，增值税税额为 1 360 元。

要求：假设运费凭证可做7%增值税进项税额抵扣，编制上述业务的会计分录。

3. 资料：龙口公司是一家家电批发企业，商品销售成本采用月末加权平均法，7月份发生下列销售业务：

(1)2日，销售LG牌洗衣机给百佳百货公司，开出增值税专用发票，发票注明单价3 000元，数量200台，计货款600 000元，增值税税额102 000元，收到支票，办妥进账手续。

(2)6日，销售奔腾牌电磁炉给利民商场，开了增值税专用发票，发票注明单价1 500元，共200个，计货款300 000元，增值税51 000元，收到面值为351 000元的银行汇票，当即办妥进账手续。

(3)8日，销售乐帮牌榨汁机给利民商场，开出增值税专用发票，发票注明单价700元，数量100个，计货款70 000元，增值税税额11 900元，收到支票一张，款项已存入银行。

(4)18日，销售长虹电视机给日照家电商场，开出增值税专用发票，数量200台，单价为8 000元，计货款1 600 000元，增值税税额272 000元，采用托收承付结算方法，商品已由龙口铁路部门运输，签发转账支票代垫运费800元，当日办妥托收手续。

(5)25日，银行转来托收承付收款通知，日照家电商场货款已收妥。

要求：根据资料编制会计分录。

4. 华为商厦7月份发生下列经济业务：

(1)4日，收到业务部门转来本市红旗服装厂的增值税专用发票，发票列明女式羊毛衫200件，单价220元，计货款44 000元，增值税税额7 480元，经审核无误，当即签发转账支票。当天收到毛衫组转来的收货单，上述女式羊毛衫如数验收入库，每件售价为320元。

(2)7日，收到银行转来天津服装厂的托收凭证，附增值税专用发票，发票列明连衣裙180件，单价为240元，计货款57 600元，增值税税额9 792元，运费凭证800元，经审核无误，当即承付货款。

(3)9日，向苏州皮包厂购进女皮皮包80个，每个350元，合同规定先预付30%货款，余款于收到商品时由财务部门开出转账支票付清。

(4)14日，收到服装组转来收货单，7日购进的连衣裙180件已如数验收入库，该连衣裙每件售价为320元。

(5)23日，向湖南润达食品厂购进绿豆糕400盒，食品组根据随货同行的发货单验收入库，每盒进价20元，售价32元。结算单据未到。

(6)31日，23日业务结算单据仍未到，财务部门根据食品组转来的收货单等凭证暂估入账。

(7)8月1日，冲销上月暂估入账业务。

要求：假设运费凭证可作7%增值税进项税额抵扣，编制上述业务的会计分录。

5. 南方商厦采用实际进销差价计算法，8月31日根据各营业柜组的库存商品盘存表和受托代销商品盘存表编制商品盘存汇总表，如下表所示。

商品盘存汇总表

8月31日　　　　单位：元

营业柜组	库存商品售价金额	库存商品进价金额	受托代销商品售价金额	受托代销商品进价金额	商品进销差价
服装组	200 000	160 000	80 000	70 000	50 000
百货组	260 000	240 000	40 000	30 000	30 000
家具组	256 000	216 000	——	——	40 000
合计	716 000	616 000	120 000	100 000	120 000

服装组、百货组、家具组结转前商品进销差价账户余额分别为60 000元、36 000元和52 000元。

要求：根据上述资料，编制南方商厦的会计分录。

6. 福州烟酒进出口公司采用信用证结算方式向美国德克公司进口卷烟一批，采取出库结算方式，6月份发生下列经济业务：

(1)5日，接到银行转来的美国德克公司全套结算单据，列明卷烟500箱，每箱FOB价格为80美元，共计货款40 000美元，审核无误，购汇予以支付。当日美元汇率卖出价为1美元＝6.30元人民币。

(2)7日，购汇支付进口卷烟国外运费1 500美元，保险费150美元，当日美元汇率卖出价为1美元＝6.30元人民币。

(3)15日，卷烟运抵我国口岸，向海关申报应纳的进口关税、消费税和增值税。

(4)21日，美国德克公司汇来佣金1 500美元，当日美元汇率卖出价为1美元＝6.30元人民币，予以结汇。

(5)23日，从美国德克公司运来的500箱卷烟已验收入库，结转其采购成本。

(6)25日，以银行存款支付进口卷烟的进口关税、消费税和增值税。

(7)27日，销售给大安酒品公司本月23日入库的卷烟250箱，每箱1 500元，计货款375 000元，增值税税额为63 750元。收到转账支票，货款已存入银行。

(8)30日，结转250箱进口卷烟的销售成本。

要求：根据资料编制会计分录。

7. 上海市进出口贸易公司受润华工厂委托代理出口涂料，代理手续费为5%。采用异地收(结)汇。10月份发生下列经济业务：

(1)1日，收到储运部门转来的代理业务入库单，列明涂料1 200桶，每桶50元。

(2)4日，收到储运部门转来的代理业务出库单，列明涂料1 200桶，每桶50元。

(3)7日，收到业务部门转来的代理销售涂料给韩国福田公司的发票副本和银行回单，发票列明涂料1 200桶，每桶CIF价格为15美元，共计货款18 000美元，明佣1 500美元，当日美元汇率中间价为1美元＝6.30元人民币，并结转代理出口涂料成本。

(4)9日，签发转账支票两张，分别支付云天运输公司将涂料运至港口的运杂费600元盒港口装船费350元。

(5)14日，签发转账支票两张，分别支付外轮运输公司的国外运费900美元，保险费

130 美元，当日美元汇率中间价为 1 美元＝6.30 元人民币。

(6)21 日，收到银行转来分割收汇的收账通知，金额为 2 000 美元，款项全部存入外币存款户。当日美元汇率中间价为 1 美元＝6.30 元人民币。

(7)23 日，将代理业务手续费收入的 800 美元入账。

(8)28 日，收到银行转来分割结汇通知，划拨润华工厂收汇余额。

(9)30 日，按代理出口销售手续费收入的 5％计提营业税。

要求：根据资料编制会计分录。

第四篇　旅游饮食服务业会计

◇ **本篇知识点简介**

本篇是关于旅游饮食服务业会计核算体系的介绍。

本篇的主要内容包括：

一、概述部分。主要介绍旅游饮食服务业的行业特征、旅游饮食服务业会计的核算特点和核算范围、旅游饮食服务企业的会计机构及工作组织形式。

二、旅游经营业务的核算。主要介绍旅游经营业务的主要内容和特点、旅游业会计的核算特点、旅游业营业收入和营业成本的确认、组团社主营业务收入和成本的核算以及接团社主营业务收入和成本的核算。

三、饮食经营业务的核算。包括饮食经营业务的内容和特点、饮食经营业会计的核算特点、饮食业营业收入的核算和饮食业营业成本的核算。

四、服务经营业务的核算。概述部分主要介绍了服务经营业务的具体内容及其特点以及服务经营业会计核算的特点。服务经营业务的核算具体介绍了旅店经营业务的核算和其他服务业的会计核算，其他服务业包括娱乐业、美容业、浴池业、洗染业、照相业和修理业等。

第十五章

旅游饮食服务业会计概述

任务目标

1. 了解旅游饮食服务业的特点。
2. 了解旅游饮食服务业会计核算的特点。
3. 熟悉旅游饮食服务企业的会计机构及工作组织形式。
4. 掌握旅游饮食企业会计科目。

旅游、饮食服务业具体包括旅游业、饮食业和服务业，从产业结构方面看，都属于第三产业。旅游业是国民经济的一个重要部门，它凭借旅游资源，以旅游设施为条件，为人们的旅游游览提供服务，是一个资金周转快、换汇成本低的行业。饮食业是利用一定的设施，通过职工的烹饪技术，将主、副原材料加工为菜肴或食品，同时提供消费设施、场所和服务，满足消费者的需要，直接为消费者服务的行业。服务业是利用企业的场所和设施，由职工提供服务和具有特殊技术的劳动，达到满足消费者住宿、卫生美容、精神文化生活及衣着等方面的需要，直接为消费者服务的行业。

旅游业、饮食业和服务业是第三产业的重要组成部分，它们均是以服务设施为条件，以向消费者提供劳动服务为特征的服务性行业。旅游饮食服务业包括旅行社、饭店(宾馆、酒店)、度假村、游乐场、歌舞厅、餐馆、酒楼、旅店、理发、浴池、照相、洗染、修理、咨询等各类服务企业。

旅游饮食服务业会计是旅游、餐饮、服务企业管理的重要组成部分，是以货币为主要计量单位，对各单位的经济活动进行连续、系统、全面、综合地核算，提供会计信息，并在此基础上对经济活动进行监督，以提高经济效益为目标的一种经济管理活动。

第一节 旅游饮食服务业会计的核算特点

一、旅游饮食服务业的特点

(一)业务种类的系统性和配套性

旅游饮食服务业经营的业务一般具有系统性和配套性，如旅游业，除了旅游业务外，还兼营客房、餐饮、售货、娱乐及其他业务；饮食业除了餐饮业务外，也兼营娱乐、售货及其他业务；服务业也能经营客房、餐饮、娱乐、美容、售货、洗染、照相等多种业务。

(二)生产、零售和服务“三位一体”

旅游活动是一种新型高级综合消费，相应的，旅游企业则是一种新兴的综合性社会服务企业。为了满足旅游者食、住、行、游、买多方面的需求，旅游业经营涉及旅行社、旅游饭店、旅游商场、旅游娱乐场以及各种旅游服务企业，也涉及民航、铁路、文物、园艺、工艺美术等部门和行业。因此，许多旅游企业兼有生产、销售和服务职能。

饮食业同样执行生产、零售和服务三种职能，即一方面从事菜肴和食品的烹制；另一方面将烹制品直接供应消费者，并在供应过程中为消费者提供消费场所、用具和服务。

(三)业务的涉外性

主要指旅游企业和大饭店。例如，旅游企业的接待工作主要有三种类型：一是组织国内旅游者在国内进行旅游活动；二是组织国内旅游者出国进行游览活动；三是接待国外旅游者到国内进行游览活动。后两种业务活动都是涉外性质业务。

二、旅游饮食服务业会计的特点

(一)核算范围

《旅游、饮食服务企业会计制度》规定，旅游、饮食服务企业包括旅行社、饭店(宾馆、酒店)、度假村、游乐场、歌舞厅、餐馆、酒楼、旅店、理发、浴池、照相、洗染、修理、咨询等各类服务企业，但不包括旅游车船公司、旅游商贸公司等。

(二)旅游饮食服务企业会计的特点

旅游饮食服务企业的经营特征决定其会计核算的特点。由于旅游饮食服务企业属于第三产业，其经营特点为以服务为中心，辅之以生产和商品流通，直接为消费者服务。与工业企业和商品流通企业相比，在会计核算上表现为以下特点：

1. 核算内容和核算方法的多样性

旅游饮食服务业经营业务的广泛性决定了其会计核算内容上具有多样性。由于旅游饮食服务企业同时执行生产、零售和服务三种职能，在会计核算上就必须分不同业务结合工业企业、流通企业的会计核算方法分别进行核算。此外，饮食制品的质量标准和技艺要求复杂，在会计核算上也很难像工业企业那样，按产品逐次逐件进行完整的成本计算，一般只能核算经营单位或经营种类耗用原材料的总成本，以及营业收入和各项费用支出。

2. 成本核算的特殊性

旅游饮食服务业会计成本核算具有特殊性，一般不设置成本类科目。就餐饮服务业而言，由于它是集生产、服务、零售为一体，生产过程往往就是销售甚至消费过程，在成本核算上很难按业务性质进行准确划分，分别计算其生产、销售、服务成本。同时，由于旅游饮食服务企业提供的服务往往是综合性的，很难确认某种劳务花费的时间，应负担多少人工费，因此人工费也不计入营业成本。所以，饮食服务企业一般只按耗用材料成本或商品进价成本来计算直接成本。

此外，为了分别考核有些旅游饮食服务业经营的自制商品与外购商品，加强对自制商品的管理与核算，需要对自制商品和外购商品分别进行核算。

3. 货币核算的涉外性

对涉外业务进行会计核算时，应采用复币记账，核算原币和人民币，计算汇兑损益。同时，应按照外汇管理条例和外汇兑换管理办法，办理外汇存入、转出和结算业务。

第二节　旅游饮食企业会计科目的设置

旅游饮食服务业会计核算的特殊性，一般不设置成本类科目。现结合新企业会计准则，根据一般旅游、饮食服务企业的特点，将旅游、饮食业设置的会计科目，列示为表15-1。

表 15-1 旅游饮食服务企业会计科目

顺序号	编号	名称	顺序号	编号	名称
		一、资产类			二、负债类
1	101	库存现金	22	201	短期借款
2	102	银行存款	23	203	应付账款
3	109	其他货币资金	24	209	其他应付款
4	111	短期投资	25	211	应付工资
5	113	应收账款	26	214	应付福利费
6	114	坏账准备	27	221	应交税金
7	119	其他应收款	28	223	应付利润
8	121	原材料	29	229	其他应交款
9	122	燃料	30	231	预提费用
10	124	低值易耗品	31	241	长期借款
11	126	物料用品	32	251	应付债券
12	128	库存商品	33	261	长期应付款
13	131	待摊费用			三、所有者权益类
14	141	长期投资	34	301	实收资本
15	151	固定资产	35	311	资本公积
16	155	累计折旧	36	313	盈余公积
17	156	固定资产清理	37	321	本年利润
18	159	在建工程	38	322	利润分配
19	161	无形资产			四、损益类
20	171	递延资产	39	501	营业收入
21	181	待处理资产损益	40	502	营业成本
			41	503	营业费用
			42	504	营业税金及附加
			43	511	管理费用
			44	512	财务费用
			45	521	投资收益
			46	531	营业外收入
			47	532	营业外支出

第十六章
旅游经营业务的核算

任务目标

1. 了解旅行社的分类。
2. 熟悉旅游经营业务的内容。
3. 掌握旅游业营业收入和营业成本的内容。
4. 掌握旅游业营业收入确认的原则。
5. 掌握组团社营业收入和营业成本的核算。
6. 掌握接团社营业收入和营业成本的核算。

第一节 旅游经营业务概述

旅游经营业务，是指旅行社组织旅游者外出旅游并同时为之提供饮食、住宿、交通、导游等业务。旅行社是为旅游者提供服务的中介机构，是以营利为目的，从事旅游业务的企业。旅游经营业务往往通过旅行社进行开展。由于经营旅游业务企业的经营对象、经营范围、经营内容与其他行业有着不同的特点，因此具有特殊性。

一、旅行社的分类

(一)国际旅行社和国内旅行社

旅行社按经营业务范围的不同，可分为国际旅行社和国内旅行社。国际旅行社主要经营入境旅游业务、出境旅游业务和国内旅游业务，国内旅行社主要经营国内旅游业务。

(二)组团社和接团社

旅行社按其为旅游者提供服务形式的不同，可分为组团社和接团社。组团社，是指从国内或国外组织旅游团队，为旅游者办理出入境手续、保险，安排游览计划，选派翻译导游人员随团为旅游者提供服务。接团社，是指为旅游者在某一地区提供翻译导游，安排旅游者的游览日程，并为之订房、订餐及订机票、车票，为去下一站旅游做好安排。

二、旅游经营业务的内容

无论是国内旅行社还是国际旅行社，组团社还是接团社，在开展旅游业务的过程中，必然与提供旅游产品的旅游服务单位、招揽旅游者的客源地旅行社、接待旅游者的目的地旅行社发生费用结算业务。同时，也发生了营业收入和成本支出的核算。图 16-1为一个旅行经营业务的关系图。

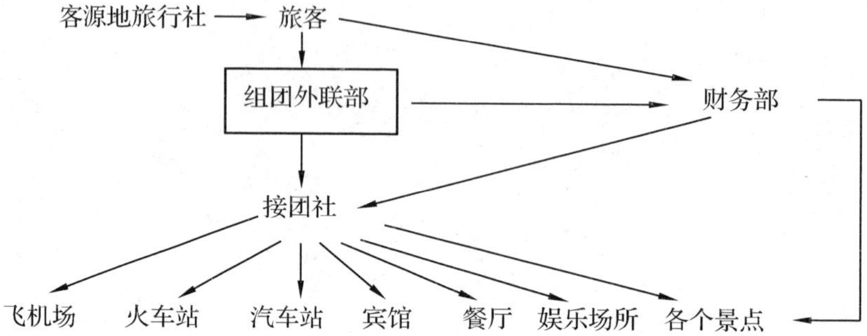

图 16-1 旅行经营业务的关系图

第二节 旅游业营业收入和营业成本的确认

一、旅游业务营业收入的确认

旅游、饮食服务企业的营业收入是指企业在销售商品或提供劳务等经营业务中实现的收入，包括基本业务收入和其他业务收入。旅游、饮食服务企业的营业收入主要是提供劳务取得的收入，它是企业经营取得的总成果，亦称劳动总成果。该类企业大多具有功能多、经营项目繁杂、收入结算方法较多的特点，必须合理确认营业收入的实现，并将已实现的劳务收入按时入账。

(一)旅游品种销售价格的确定

旅游经营业务收入是旅游企业为旅游者提供服务所取得的收入，制定合理的旅游品种价格是维持企业生存、提高企业竞争能力的关键所在。由于旅游景点、旅游天数、提供的膳食、住宿、交通工具的不同，其价格也不同。一般旅行社的销售价格是由购入成本和利润两部分组成。实务中常见的销售价格有以下几种：

(1)组团包价，是指由组团社根据组团人数、等级、路线、时间和提供服务的质量等制定的价格。一般包括综合服务费、住宿费、餐饮费、车费、保险费、文娱活动费、城市间交通费和专项附加费等。(2)半包价，是指不包含午餐、晚餐费用的综合包价。(3)小包价，是指仅包括住宿费、早餐费、保险费、接送服务费、国内城市间交通费及手续费。(4)单项服务价格，是指旅行社接受旅客的委托，提供单项旅游服务的收费标准，每个单项服务的价格通常根据旅行社的购入成本加毛利组成。(5)特殊形式的旅游收费是指旅行社开展的新婚旅游、生态旅游、森林旅游、体育旅游、学术交流旅游等特殊旅游形式构成的的旅游收费。

(二)旅游业务营业收入的内容及分类

旅行社按其为旅游者提供服务形式的不同可分为以下7类收入：

1. 组团外联收入。是指旅行社自组团外联而收取的旅游者的住宿、用餐、交通、文娱活动费等收入。

2. 综合服务收入。是指接团社包括市内交通费、导游翻译费、住房、用餐、文娱活动费、杂费等费用在内的应向组团社收取的服务费。

3. 零星服务收入。是指旅行社承接零星散客旅游或承办委托服务事项所取得的收入，包括委托收入、导游接送收入、车费收入、托运服务费收入等。

4. 劳务收入。是指旅行社向其他旅行社提供当地或全程导游翻译人员所取得的收入。

5. 票务收入。是指旅行社代办国际联运客票和国内客票的手续费收入。

6. 地游及加项收入。是指旅行社接待旅游者某地一日游、二日游的小包价和为旅游者提供额外服务而取得的加项收入。

7. 其他服务收入。是指不属于以上各项的服务收入。

(三)营业收入的确认

营业收入的确认，一般应以提供了劳务，收到货款或收取货款凭据时确认营业收入的实现。

旅行社(不论是组团社还是接团社)组织境外旅游者到国内旅游应以旅行团离境(或离开本地)时确认营业收入的实现；旅行社组织国内旅游者到境外旅游，应以旅行团旅行结束返回时确认营业收入的实现；旅行社组织国内旅游者在国内旅游，也应以旅行团旅行返回时确认营业收入的实现。饮食业以收到货款或取得货款凭据时确认营业收入；先服务后收款的服务业，以提供劳务时确认营业收入；照相、洗染业等服务业，以接受服务时确认营业收入，期末扣减未完成作业部分。

二、旅游业务营业成本的分类与确认

旅游经营企业的营业成本，按其为旅游者提供服务所发生的支出项目，可以分为以下7类：

1. 组团外联成本。组团外联成本是指各组团社组织的外联团，按规定开支的住宿费、餐饮费、综合服务费、国内城市间交通费等。

2. 综合服务成本。综合服务成本是指接待由组团社组织的包价旅游团(者)，按规定开支的住宿费、餐饮费、车费、组团费和接团费等。

3. 零星服务成本。零星服务成本是指接待零星散客、委托代办事项等，按规定开支的委托费、手续费、导游接送费、车费、托运服务费及其他支出。

4. 劳务成本。劳务成本是指非组团旅行社为组团社派出的翻译导游人员全程陪同，按规定开支的各项费用。

5. 票务成本。票务成本是指各地旅行社代办国际联运客票和国内客票等，按规定开支的各项手续费、退票费等。

6. 地游及加项成本。地游及加项成本是指各地旅行社接待的小包价旅游，或因游客要求增加游览项目而按规定开支的综合服务费、超公里费、游江费和风味费等。

7. 其他服务成本。其他服务成本是指不属于以上各项成本的支出。

第三节 组团社营业收入和营业成本的核算

一、组团社营业收入的核算

组团社营业收入是组团社根据组团报价为旅游者提供服务所取得的收入。

(一)组团社业务核算的一般程序

先由外联部与客源地旅行社签订组团协议，确定接待人数、时间、等级、内容、价格等，然后给有关接待单位或部门下达接待计划，根据各接待单位或部门填报的“旅行团(者)费用拨款结算通知单”拨付款项，并根据客源地旅行社确认的函电和接待计划及审核的“旅行团(者)费用拨款结算通知单”填制结算账单(如表 16-1 所示)，及时向客源地旅行社收款。

表 16-1 旅行社结账单

<table>
<tr><td colspan="2">致
To: 填发日期:
Date: 编号:
NO:</td></tr>
<tr><td>国别/地区
Country/Area:</td><td>旅行人数
Number of Tourists:</td></tr>
<tr><td rowspan="2">旅行团(者)名称
Name of Group or Tourists:</td><td>旅行等级
Tour Class:</td></tr>
<tr><td>旅行起讫日期
Tour Period:</td></tr>
<tr><td>费用内容
Items:
1. 包价
Package Rates:
2. 附加费用 Additional Charge:</td><td>金额(美元)
Amount(in USA):
USD ________</td></tr>
<tr><td colspan="2">应付我公司总数
The Sum Total Payable to ＊＊T. S.   USD ________</td></tr>
<tr><td>已收到
Payment Received:</td><td>折合 USD
Equivalent to</td></tr>
<tr><td>尚欠(余)款项
Balance Due to ＊＊T. S.</td><td>USD ________</td></tr>
<tr><td>备注
Remarks:</td><td></td></tr>
<tr><td>银行账号和开户银行
Bank Account Number:</td><td>＊＊TRAVEL SERVICE
B35C25971642801
BANK OF CHINA</td></tr>
</table>

(二)组团社营业收入的具体核算

在一定时期内实现的各项营业收入，应通过设置“主营业务收入”账户来总括反映。该账户属于损益类账户，贷方登记企业确认的各项营业收入，借方登记冲减的收入和期末转入“本年利润”账户的净收入，结转后该账户无余额。“主营业务收入”总账账户下可设置“组团外联收入”“综合服务收入”“零星服务收入”“劳务收入”“票务收入”“地游及加项收入”“其他服务收入”等明细账。

组团社组织国内旅客到国外或在国内旅游，一般遵循先收款后接待的原则。旅行社若不设“预收账款”账户，那么预先收取的旅费可以通过“应收账款”进行核算。收到预付旅费时借记“银行存款”科目，贷记“应收账款”科目；根据结算通知单确认收入时借记“应收账款”科目，贷记“主营业务收入”科目，旅行团返回旅游结束时，按照应收旅费总金额与预收旅费的差额，多退少补。

【例 16-1】ABC 国际旅行社与美国 G 旅行社签订协议，旅费总金额为 32 000 美元。由 ABC 国际旅行社组织 XI25013 团来华旅游事宜。20×7 年 8 月 15 日，收到美国 G 旅行社汇款单金额为 8 000 美元，当日美元汇率为 1 美元＝6.50 人民币。8 月 31 日，XI25013 旅行团返回旅游结束，结算账单总计应收综合服务费等 251 200 元，9 月 15 日，ABC 国际旅行社收到的其余旅费 24 000 美元，当日美元汇率为 1 美元＝6.40 人民币。

【解析 16-1】上述业务相关分录如下：

(1)8 月 15 日收到旅费：

借：银行存款——美元户(USD8 000×6.5)	52 000	
贷：应收账款——美国 G 旅行社		52 000

(2)8 月 31 日，根据结算账单：

借：应收账款——美国 G 旅行社	251 200	
贷：主营业务收入——组团外联收入		251 200

(3)9 月 15 日收到其余旅费：

借：银行存款——美元户(USD24 000×6.4)	153 600	
财务费用	2 400	
贷：应收账款——美国 G 旅行社(USD24 000×6.5)		156 000

【例 16-2】ABC 旅行社组织 15 人 M 旅游团于国内旅游，旅程 7 天，总报价 20 000 元，相关业务如下：(1)20×7 年 10 月 1 日，预收 40%旅费。(2)10 月 7 日，M 旅游团游程结束返回，外联部门根据各接团社报送的“结算拨款通知单”填制“结算账单”，经审核无误后入账。有下列收入：综合服务收入 95 000 元，劳务收入 42 000 元，城市间交通费收入 38 000元，地游及加项收入 25 000 元。(3)10 月 10 日，收到 M 旅游团其余 60%旅费的入账单。

【解析 16-2】上述业务相关分录如下：

(1)10 月 1 日，预收旅费时：

借：银行存款	80 000	
贷：应收账款——M 旅游团		80 000

(2)10 月 7 日，确认收入时：

借：应收账款——M 旅游团	200 000	

贷：主营业务收入——组团包价收入　　200 000

(3)10 月 10 日，收取剩余旅费时：

借：银行存款　　120 000

贷：应收账款——M 旅游团　　120 000

二、组团社营业成本的核算

组团社的营业成本由两部分构成：一部分是拨付支出，即拨付给接团社的综合服务费、住宿费、餐费、车费等支出，属于代收代付；另一部分是为组团而发生的外联费用和全陪人员的部分费用支出，属于组团社的服务性支出。

(一)核算方式

一般情况下，组团社是先收费后接待，接团社则是先接待后向组团社收费。这样，两者之间就形成了一个结算期，这种结算期经常是跨月份甚至跨几个月的，这就给旅行社准确、及时的核算带来了困难。为了实现营业收入与营业成本相互配比的原则，应按计划成本先行结转。

待收到接团社报来的“旅行团(者)费用拨款结算通知单”时，再做相应的调整、补提或冲减。“旅行团(者)费用拨款结算通知单”的格式如表 16-2 所示。

表 16-2　旅行团(者)费用拨款结算通知单

年　　月　　日

<table>
<tr><td>计划号</td><td></td><td>国别</td><td></td><td>旅行者名称</td><td></td><td>人数</td><td></td></tr>
<tr><td>旅游团名</td><td colspan="3"></td><td>旅行团类型</td><td></td><td></td><td></td></tr>
<tr><td>旅行等级</td><td colspan="3"></td><td>全陪姓名</td><td></td><td></td><td></td></tr>
<tr><td>旅客到离时间</td><td></td><td></td><td></td><td></td><td></td><td></td><td></td></tr>
<tr><td colspan="4">项目</td><td colspan="4">拨款结算</td></tr>
<tr><td rowspan="11">旅行团综合服务费</td><td colspan="3">综合服务费</td><td>天数</td><td>单价</td><td>人数</td><td>金额</td></tr>
<tr><td colspan="3">住宿费</td><td></td><td></td><td></td><td></td></tr>
<tr><td colspan="3">午餐费</td><td></td><td></td><td></td><td></td></tr>
<tr><td colspan="3">晚餐费</td><td></td><td></td><td></td><td></td></tr>
<tr><td colspan="3">派出全程陪同劳务费</td><td></td><td></td><td></td><td></td></tr>
<tr><td colspan="3">游江费</td><td></td><td></td><td></td><td></td></tr>
<tr><td colspan="3">风味费</td><td></td><td></td><td></td><td></td></tr>
<tr><td colspan="3">特殊门票费</td><td></td><td></td><td></td><td></td></tr>
<tr><td colspan="3">附加费</td><td></td><td></td><td></td><td></td></tr>
<tr><td colspan="3">其他</td><td></td><td></td><td></td><td></td></tr>
<tr><td colspan="3">综合服务费合计</td><td></td><td></td><td></td><td></td></tr>
</table>

续表

全陪费用	交通费				
	共餐费				
	住宿费				
	全程陪同费合计				
旅游者交通费、行李托运费					
拨款结算总计					

（二）核算方法及实例

旅游企业在一定时期所实现的各项营业支出，在会计核算上通过设置“主营业务成本”账户来总括反映，借方登记企业确认的各项营业支出；贷方登记期末转入“本年利润”账户的净支出，结转后该账户无余额。“主营业务成本”总账账户下可设置“组团外联成本”“综合服务成本”“零星服务成本”“劳务成本”“票务成本”“地游及加项成本”“其他服务成本”等明细账。

【例 16-3】ABC 组团社到了规定的结算日，仍没接到有关接团社报来的“旅行团（者）费用拨款结算通知单”，(1)按计划成本预提 106 400 元，其中：综合服务成本 68 000 元，劳务成本 24 000 元，地游及加项成本 11 000 元，其他成本 3 400 元。(2)接到接团社报来“旅行团（者）费用拨款结算通知单”时，经审校无误，办理支付手续。其收费内容分别为：综合服务费 69 000 元，全程陪同劳务费 24 500 元，地游及加项费 10 200 元和其他费用 3 800 元。(3)支付接团社上述款项。

【解析 16-3】上述业务会计分录如下：

(1)按计划成本预提营业成本：

借：主营业务成本——综合服务成本　　68 000
　　　　　　　　——劳务成本　　24 000
　　　　　　　　——地游及加项成本　　11 000
　　　　　　　　——其他成本　　3 400
　贷：应付账款——接团社　　106 400

(2)接到接团社报来“旅行团（者）费用拨款结算通知单”时，经审校无误，办理支付手续：

借：主营业务成本——综合服务成本　　1 000
　　　　　　　　——劳务成本　　500
　　　　　　　　——地游及加项成本　　（红字）800
　　　　　　　　——其他成本　　400
　贷：应付账款——接团社　　1 100

(3)支付接团社款项时：

借：应付账款——接团社　　107 500
　贷：银行存款　　107 500

第四节 接团社营业收入和营业成本的核算

一、接团社营业收入的核算

接团社是先接待后向组团社收费的。接团社营业收入是根据组团社下达的接待计划为旅游者提供服务，并应向组团社收取的款项。接团社和组团社的费用和收入有着紧密的联系，组团社的拨付成本就是接团社的营业收入。

(一)接团社业务核算的一般程序

接团社业务核算的一般程序是：根据组团社发来的接待计划，制订当地接待计划，打印出日程表，分发到当地饭店、交通部门、旅游景点等接待单位；结合各旅行团不同特点和要求，配备合适的全陪和地陪；旅行团离开当地后，根据陪同人员填写的“旅行团(者)费用结算报告表”，编制“旅行团(者)费用结算通知单”报组团社办理款项结算；另外与提供服务的单位实行定期或不定期的结算。

接团社一般以向组团社发出“旅行团(者)费用拨款结算通知单”时确认营业收入的实现。对于业务量较多的旅行社，可以根据“旅行团(者)费用拨款结算通知单”，汇总填写“旅行社旅游费用汇总表”(如表 16-3)进行核算。

表 16-3 旅游费用汇总表

年 月 日

项 目	金 额		
	团体	其他	合计
综合服务费			
零星服务费			
劳务费			
票务费			
地游及加项费			
其他			
合计			

(二)具体核算

接团社的收入在会计核算上通过设置“主营业务收入”账户来总括反映。该账户属于损益类账户，贷方登记企业确认的各项营业收入，借方登记冲减的收入和期末转入“本年利润”账户的净收入，结转后该账户无余额。

【例 16-4】ABC 旅行社(接团社)根据组团社下达的计划，为 LP1540—C 团(共 21 人，包括全程陪同 1 人)提供服务。具体旅游活动为：游程 10 天，住宿 10 个晚上。综合服务费每人 200 元，酒店住宿费双人房每晚 500 元，早餐每人 10 元，午餐加晚餐每人分别 50 元，特殊门票每人 100 元，航班返程机票的手续费每人 50 元；另全陪人员 1 人的住房每晚 300 元，餐费标准与旅客同。根据以上“拨款结算通知单”的内容报组团社办理结算。

【解析 16-4】相关业务及会计分录如下：

(1)根据“旅行团(者)费用拨款结算通知单”办理结算时：

借：应收账款——组团社　　70 250

　　贷：主营业务收入——综合服务收入　　67 100

　　　　　　　　　　——票务收入　　3 150

(2)当收到组团社拨来的款项时：

借：银行存款　　70 250

　　贷：应收账款——组团社　　70 250

二、接团社营业成本的核算

接团社营业成本是指为了给旅行团(者)提供服务而由各饭店、餐馆、车队等接待单位发生的实际支出，这些支出是付给各接待单位的。

接团社的成本在会计核算上通过设置“主营业务成本”账户来总括反映，借方登记企业确认的各项营业支出，贷方登记期末转入“本年利润”账户的净支出，结转后该账户无余额。“主营业务成本”总账账户下可设置“综合服务成本”“零星服务成本”“劳务成本”“票务成本”“地游及加项成本”“其他服务成本”等明细账。

一家接待单位有可能为不同旅行团提供相同服务。因此接团社在与各接待单位办理结算时，要按成本的核算对象加以归集，计入成本明细账。

【例 16-5】ABC 旅行社(接团社)月末结账时，LP1540—C 团 20 人的实际支出为：综合服务费每人 180 元，酒店住宿费双人房每晚 450 元，早餐每人 8 元，午餐加晚餐每人 45 元，特殊门票每人 90 元；航班返程机票的手续费每人 45 元。另全陪人员 1 人的住房和餐费由酒店全免。

【解析 16-5】相关会计分录如下：

借：主营业务成本——综合服务成本　　59 380

　　　　　　　　——票务成本　　2 835

　　贷：银行存款　　62 215

同样，各接待单位先提供服务，后与接团社办理结算，因此对于结算期较长的款项，接团社应按计划成本入账，具体核算方法与组团社相同，这里不再重复。

第十七章
饮食经营业务的核算

任务目标

1. 了解饮食业的经营特点。
2. 了解饮食业的会计核算特点。
3. 掌握饮食经营业营业收入的核算。
4. 掌握饮食经营业营业成本的核算。

第一节 饮食经营业会计概述

饮食业又称餐饮业，它是指从事加工烹制、出售饮食品并为顾客提供消费设施、场所和服务的行业，直接为消费者服务。如各种规模的中餐厅、西餐厅、酒馆、面馆、咖啡馆、小吃店、冷饮店等，是一个分布面广、影响面大、涉及千家万户的行业。其业务主要由三项内容组成：一是加工烹饪食品出售；二是经营各种饮料、烟酒等；三是提供场所、用具及其他服务。

一、饮食业的经营特点

饮食业具有生产、零售和服务三种职能，但又明显区别于工业、零售业。饮食业与商业、工业相比较，具有其独有的经营特点。

(一)生产阶段

从饮食制品的生产阶段看，饮食业既类似工业企业又不同于工业企业：

1. 工业企业生产的产品一般不直接与消费者见面，而饮食制品则是产销直接见面；

2. 工业企业的产品是成批生产的，其机械化、电气化、自动化程度高，而饮食业的产品是单件、小批生产的，且大多是手工操作，对制作者的技艺要求高。

(二)销售环节

从将饮食制品直接卖给消费者看，饮食业具有零售商业企业的性质，但又不同于零售商业企业。具体区别包括以下两点：

1. 饮食业当场制作和销售的是能直接食用的商品，对饮食制品质量标准的技艺要求复杂；

2. 饮食业既要提供商品又要提供顾客消费的场所。

(三)服务环节

与工业企业和商业企业相比，饮食业还须提供必要的服务，而且随着消费层次的提高，服务的规格正逐步走向高档化、规范化，这点类似于服务业。

二、饮食业会计的核算特点

饮食业独特的经营特点决定了其会计核算与工业、零售业会计不同。

(一)饮食制品的价格确定

饮食制品比较特殊，随着季节的变化、采购成本的不同，同一品种不同时令价格变化也较大。一般要求根据配料定额成本和规定的毛利率，由企业自行制定价格。

(二)成本计算

由于饮食制品质量要求高，规格复杂，技艺要求不一，不能像工业企业那样，按产品逐次逐件进行完整的成本计算；而且，由于产销直接见面，饮食制品生产周期短，其生产成本与营业费用划分不清，因此不要求掌握每种产品成本，一般只要求核算经营单位或经营类别耗用的原材料成本

此外，饮食业经营过程短，投入产出快，产品一般不需要入库管理，因此，资金周转也快。饮食业的营业收入大多是现金收入，这样就形成了饮食业核算上的特殊性。

第二节　饮食经营业营业收入的核算

餐馆部作为饮食业的唯一生产产品的部门，它的产品是直接入口的食品，并且通过销售和服务直接供应给客人就地消费。为了核算营业收入，餐饮企业要正确计算每种食品的销售价；为了提高收入，餐饮企业还要考虑众多因素，如餐饮制品本身质量的好坏、服务方式、餐厅的环境布局、舒适程度等。企业应根据实际情况确定合理的食品价格，既能为顾客接受，又能为企业带来较大的收益。

一、饮食制品售价的制定

(一)销售毛利率法

销售毛利率法又称内扣毛利率法。它是在饭店事先确定的餐饮食品平均毛利率(毛利额占售价的百分比)的基础上，计算确定每种饮食制品售价的一种方法。其计算公式如下：

某种饮食制品售价＝该饮食制品的定额成本÷(1－销售毛利率)

【例 17-1】某饭店餐厅生产一份宫保鸡丁的定额成本为 5 元，饭店规定餐饮食品平均毛利率为 50%。

【解析 17-1】宫保鸡丁售价＝5÷(1－50%)＝10(元)

(二)成本加成率法

成本加成率法亦称外加毛利率法。它是在饭店规定的餐饮食品成本加成率的基础上，

计算确定每种饮食制品售价的一种方法。成本加成率即成本毛利率。其计算公式如下：

某种饮食制品售价＝该饮食制品的定额成本×(1＋成本加成率)

＝该饮食制品的定额成本×(1＋成本毛利率)

成本加成率＝成本毛利率＝销售毛利率÷(1－销售毛利率)×100％

【例 17-2】某饭店餐厅生产一份宫保鸡丁的定额成本为 5 元，饭店规定餐饮食品成本加成率为 100％。

【解析 17-2】宫保鸡丁售价＝5×(1＋100％)＝10(元)

二、餐饮企业的结算方式

采用合理的结算方式对提高餐饮企业的服务质量和工作效率有重要意义。餐饮企业的结算方式通常有以下几种：

(一)柜台统一售票

顾客在用餐前先到柜台购买专用的定额小票，或者购买固定品名的小票或者筹码，然后凭筹码或专用定额小票领取食品，也可由服务员根据小票的编号和顾客手中的副联票签对号后送至桌上。定额小票系一次性使用，而筹码可循环使用，因此，要完善回收和领用手续。营业结束后，柜台收款员要填制售货日报表，经服务员核对签章后，连同营业款交财会部门。

(二)先就餐后结算

顾客入座点菜后，由服务员填写小票一式两联，顾客不立即付款。小票的第一联交厨房作为取菜凭证留存，顾客进餐后，服务员按小票算账，然后凭第二联向顾客收款。营业结束后，收款台、厨房、服务员分别结算销售额和发菜额，三方核对相符后共同在汇总表上签字证明。

(三)转账结算

对有往来关系的单位和个人，在用完餐后，由服务员开具收款单据，用餐人在收款单据上签字，由服务员将收款单据和营业款交财会部门。

(四)信用卡结算

企业与有关银行签订使用信用卡合同后，客人凭信用卡用餐支付，企业根据信用卡结算单入账。

(五)一手钱一手货

顾客直接以货币到柜台购买饮食制品。此法适用于经营品种简单且规格化生产的产品。这种方式手续简便，仅须进行数量登记。食品交服务员销售的，由产销双方登记数量；业务终了，由服务员进行盘存核对，其计算公式如下：

销售数量＝上班结存数量＋本班生产或提货数量－班末结存数量

应收回的销售金额＝销售数量×单价

应收回的销售金额应与实收金额进行对比，确定盈亏，编制产销核对表，其格式如表 17-1所示。

表 17-1　收款核对表

年　　月　　日

品　名	应收账款	实收账款	盈(+)亏(-)	备　注
合计				
生产人员：		销售人员：		

三、餐饮企业营业收入的核算

(一)餐饮企业普通营业收入的核算

餐饮企业在当天营业结束后，由收款员根据“收款核对表”“收款登记表”和“产销核对表”等凭证，汇总编制“营业收入日报表”与所收现金一并交财会部门。“营业收入日报表”的格式如表 17-2 所示，或由收款人自行填写现金解款单存至银行，凭银行解款单回单向财会部门报账。

【例 17-3】某饭店营业部门转来“营业收入日报表”(表 17-2)，列明中餐和西餐的营业收入情况，现金已解存银行。

表 17-2　营业收入日报表

20×7 年 2 月 18 日　　　　单位：元

项　目	现　金	支　票	签　单	合　计	备　注
1. 中餐	25 600	15 000	3 000	43 600	
2. 西餐	4 850	2 500	1 200	8 550	
合计	30 450	17 500	3 200	52 150	

【解析 17-3】

(1)根据营业收入日报表，相关账务处理如下：

借：库存现金　　30 450

　　银行存款　　17 500

　　应收账款　　3 200

　　贷：主营业务收入——中餐　　43 600

　　　　　　　　　　——西餐　　8 550

(2)根据解款单回单联，编制分录如下：

借：银行存款　　30 450

　　贷：库存现金　　30 450

注意：销售收入的现金，不得坐支，如有长短款，应在“营业收入日报表”中分别填列，不得以长补短。发生现金长短款，须通过“待处理财产损益——待处理流动资产损益”

账户进行处理。查明原因后再从“待处理财产损益——待处理流动资产损益”账户里转出，增加或减少当期“管理费用”的金额。

【例 17-4】某饭店营业部门转来“营业收入日报表”(表 17-3)，列明中餐和西餐的营业收入情况，现金已解存银行。

表 17-3 营业收入日报表

20×7 年 2 月 18 日 单位：元

项　目	应收金额	实收金额	长(+)短(−)	备　注
1. 门市收入	8 250	8 250	0	
2. 外卖收入	1 485	1 480	−5	
合计	9 735	9 730	−5	

【解析 17-4】相关账务处理如下：

(1)根据营业收入日报表

借：库存现金　9 730

　　待处理财产损益——待处理流动资产损益　5

　　贷：主营业务收入——门市收入　8 250

　　　　　　　　　　——外卖收入　1 485

(2)根据解款单回单联，编制分录如下：

借：银行存款　9 730

　　贷：库存现金　9 730

(3)经查明，现金短缺 5 元系工作中差错引起，经批准由企业列支，计入当期损益：

借：管理费用　5

　　贷：待处理财产损益——待处理流动资产损益　5

(二)预收款方式营业收入的核算

预收款方式营业收入，是指餐饮企业先预收部分款项，而后提供服务的一种方式。比如餐饮企业经常承办宴席，餐饮企业在承办宴席时，先要填制定单，注明时间、人数和桌数，并应附上菜单。定单一式两份，餐厅与顾客双方签字后各执一份。预订宴席一般要预先收取定金，以免因顾客取消宴席而遭受不必要的损失。宴席的销售价格以桌为计算单位，烟、酒、饮料等按实用数量另行收费，或者顾客自备。还有就是学生餐厅，往往是学生先将现金存入饭卡，然后再进行消费，这对餐厅来说也属以预收款方式取得营业收入。

【例 17-5】A 酒楼接受客户预订包厢宴席共 5 桌，每桌 2 000 元，计 10 000 元。(1)预收定金 3 000 元，收到转账支票，存入银行。(2)宴席结束，5 桌宴席价款 10 000 元，外加烟酒、饮料 1 500 元，共计 11 500 元，扣除定金后，收到现金 8 150 元。

【解析 17-5】上述业务会计分录如下：

(1)预收定金时：

借：银行存款　3 000

贷：预收账款——宴席定金　　3 000

(2)结算款项时：

借：库存现金　　8 150

预收账款——宴席定金　　3 000

贷：主营业务收入——宴席收入　　10 000

——酒水收入　　1 500

【例 17-6】20×7 年 12 月 10 日，某大学学生食堂当日存入现金 420 000 元，当日营业额发生数为 95 000 元，退还押金 3 000 元。编制“现金收支日报表”如表 17-4：

表 17-4　现金收支日报表

20×7 年 12 月 10 日　　单位：元

上日存款余额	本日存入	本日营业额	本日退款	本日余额
2 504 280	420 000	95 000	3 000	2 921 280

【解析 17-6】相关会计分录如下：

(1)根据本日存入数：

借：库存现金　　420 000

贷：预收账款　　420 000

(2)根据本日营业额：

借：预收账款　　95 000

贷：主营业务收入　　95 000

(3)根据本日退款：

借：其他应付款　　3 000

贷：库存现金　　3 000

第三节　饮食经营业成本的核算

餐饮业营业成本从理论上讲应该是餐饮部门加工烹制食品的生产费用和营业费用的总和，包括原材料、燃料、机器设备和人工的耗费等。但是，由于餐饮企业的营业特点是边生产边销售，生产周期短，生产成本和营业费用很难划分，且饮食制品品种繁多，数量零星，各种成本难以一一计算，一般不能按食品逐次逐件进行计算，所以，产品成本的计算方法应与企业的生产特点和管理要求相适应。根据现行制度规定，餐饮营业成本只核算餐饮制品的原材料成本、商品进价成本，其他费用如工资等列入有关费用中进行核算。

一、原材料的分类

(一)按原材料用途分类

1. 粮食类。指制作主食品的大米、面粉和杂粮等原材料，这是人们赖以生存的基本物质条件。

2. 副食类。指肉、禽、蛋、水产、豆制品及各种蔬菜等原材料。副食类的品种繁多，价格高低悬殊。由于副食类材料属鲜活商品，容易变质，应做到随时采购，随时消耗。

3. 干货类。指木耳、香菇、贡菜、发菜、干海参、干贝、红枣、听装食品等。它们一般不易变质，可以储存，采购时可适当考虑保有一定的库存。

4. 其他类。指除粮食类、副食类、干货类以外的各种材料，如食油、盐、酱、醋、糖、味精、香料等。

(二)按原材料存放地点分类

1. 入库材料

入库材料适用于购进量大、能较长时间储存的材料。例如，粮食类、干货类和其他类材料，在购进时应办理验收入库的手续，由专人保管，设置材料明细账，建立领料制度，保持合理的储备数量。

2. 不入库材料

不入库材料是指购进量少、不能长时间储存的材料，如副食类鲜活商品，应采取随购随用，购入时直接交厨房验收后使用。

二、原材料的核算

为了正确核算原材料的成本，应该先对原材料进行合理的计价，原材料的计价方法一经选用，就要保持稳定，不能随意改变。

(一)原材料增加的核算

外购原材料成本按原始进价加企业可直接认定的运杂费和缴纳的税金等计价；自制原材料成本指自制过程中发生的实际支出，包括耗用的材料、工资、其他费用，一般不包括管理费用；委托外部加工材料的实际成本，由被加工材料成本、加工费和往返运费以及相关税金构成。

企业购进原材料，通常有两种做法：一种是根据使用部门(厨房、生产加工车间)提出的“原材料申购单”，采购员购进后将原材料直接交生产部门，由其验收签字后，交采购员转财会部门入账；另一种是由仓库保管员按照定额管理要求，提出“原材料申购单”，采购员采购后交仓库验收，填写“入库单”后交财会部门入账。企业购入原材料并已验收入库的，借记“原材料”账户，贷记“银行存款”“应付账款”“应付票据”等有关账户；购入原材料直接交生产加工部门耗用的，则不通过“原材料”账户核算，可直接借记“主营业务成本”账户，贷记有关账户。

【例 17-7】某饭店 11 月 1 日发生以下业务：(1)向市第一粮店购进大米 500 公斤，单价为 1.80 元，金额 900 元，货款尚未支付，大米已验收入库。(2)购进虾仁共 10 公斤，单价为 40 元，金额 400 元，以现金支付，虾仁已由厨房直接领用。

【解析 17-7】上述业务相关分录如下：

借：原材料——粮食类	900	
贷：应付账款——第一粮店		900
借：主营业务成本——餐饮部	400	

贷：库存现金　　400

其他增加的核算与工业企业原材料核算基本相同，不再赘述。

(二)原材料减少(发出)的核算

发出原材料时应先确定其单价。饮食企业的各种材料一般都是多批购进，每批购进的单价常会因为季节、调价等原因而各不相同。通常发出材料的计价方法和一般工业企业相同，有个别计价法、加权平均法、先进先出法等。

1. 总分类核算

由于饮食制品是产销直接见面的，因此饮食企业发出原材料进行加工时，直接借记“主营业务成本”账户，贷记“原材料”账户。

2. 原材料的明细分类核算

对原材料进行明细分类核算，有利于对原材料进行管理，可以使管理者清楚地了解、掌握各种材料的收入、发出和结存情况，便于进行账实核对，保证原材料的安全。因此，各饮食企业无论其规模大小或采取何种管理方式，都必须设置数量金额式的明细账。根据各饮食企业的自身条件，材料明细账的设置可分为两种。

一种是将整套明细账设置在仓库，由仓库保管员根据材料出入库单登记材料收发的数量和金额，并负责在月底结出各种材料的余额。财会部门则可按仓库设立的原材料二级明细账，对仓库的数量、金额明细账起到控制和监督的作用。

另一种是因条件限制，仓库仅设置原材料数量明细账，而不设原材料金额明细账。采用这种方法同样由保管员登记材料收发数量账，并结出库存数量，同时由财会部门平行地设置一套原材料数量金额式明细账。但因为是两个部门共同完成材料明细账，故而账簿重叠，手续烦琐，一般不建议采用。

三、饮食制品的原材料消耗成本的核算

饮食业的产品成本与工业企业的产品成本构成的区别在于：饮食成本只包括所耗用的原料，而燃料、工资和其他费用则列入营业费用，不作为饮食成本。饮食产品的销售价格是根据烹调过程所耗原材料成本加上一定的毛利而计算出来的。成本核算一方面是为精确地计算原料成本的耗用和成本的形成；另一方面是根据销售策略和物价政策确定产品销售的毛利，因此它是核算财务成果的必要前提。由于饮食制品品种繁多、数量零星、现做现卖、生产和销售紧密相连，一般不能按食品逐次逐件进行成本计算，所以，产品成本的计算方法应与生产特点和管理要求相适应。

计算饮食制品的原材料消耗成本的现行方法有三种：实耗法(永续盘存制)、盘点计耗法(实地盘存制)和标准计耗法。

(一)实耗法(永续盘存制)

此法适用于实行领料制的餐饮企业。所谓领料制，是指企业把当月领用的原材料成本全部计入当月的“主营业务成本”账户。但当月所领用的原材料月末不一定全部被耗用，还会有一些在制品和未出售的制成品；同样，月初也会有已领未用的原材料、在制品及尚未出售的制成品。若不考虑这些因素，则会影响成本计算的准确性。实耗法就是通过对未耗

用的原材料、在制品和未售出的制成品进行盘点，编制厨房原材料、在制品、制成品盘存表(格式如图表)，并以此作为退料的依据来计算原材料的实际耗用额凭以结转成本的一种方法。其计算公式如下：

耗用原材料成本＝厨房月初结存额＋本月领用额－厨房月末盘存额

厨房月初结存额和本月领用额，可以从“原材料”或“主营业务成本”账户的有关项目中求得，厨房月末盘存额按盘存表计算，对在制品、制成品，有的要按配料定额和账面价值折合计算，财会部门用“月末剩余半成品和待售产成品盘存表”代替“退料单”，不移动厨房实物，做假退料处理。

【例 17-8】某饮食店实行领料制。厨房 20×7 年 6 月份为生产甲、乙两种饮食制品分别领用的原材料汇总如表 17-5 所示：

表 17-5　原材料发出汇总表

20×7 年 6 月

原材料名称	数量(千克)	单价(元)	金额(元)
大米	100	3	300
鸡蛋	50	8	400
猪肉	40	30	1 200
合计	190		1 900

【解析 17-8】编制会计分录如下：

借：主营业务成本　　1900

　　贷：原材料　　1900

【例 17-9】6 月 30 日编制“月末剩余原材料、半成品和待售产成品盘存表”如表 17-6 所示。

表 17-6　月末剩余原材料、半成品和待售产成品盘存表

编表部门：厨房　　20×7 年 6 月 30 日　　金额单位：元

原材料名称	单位	单价	剩余数量	半成品及未出售的制成品						合计	
				甲半成品			乙半成品				
				数量	消耗定额	定额消耗量	数量	消耗定额	定额消耗量	材料数量	金额
		①	②	③	④	③×④	⑤	⑥	⑤×⑥	⑦	①×⑦
大米	千克	3		20	2	40				40	120
鸡蛋	千克	8					5	4	20	20	160
猪肉	千克	30	10							10	300
合计											580

【解析 17-9】根据“月末剩余原材料、半成品和待售产成品盘存表”编制分录如下：

借：主营业务成本　　(红字)580

　　贷：原材料　　(红字)580

下月初根据“月末剩余原材料、半成品和待售产成品盘存表”再填制领料单，编制分录如下：

借：主营业务成本　　580

　　贷：原材料　　580

(二)盘点计耗法(实地盘存制)

此法适用于没有条件实行领料制的餐饮企业。在平时领用原材料时，不填写领料单，不进行账务处理，月末将厨房剩余材料、在制品、制成品的盘点金额加上库存原材料的盘存金额，而后倒挤出耗用的原材料成本。计算公式如下：

$$\text{本月耗用材料成本}=\text{原材料月初仓库和厨房结存}+\text{本月购入总额}-\text{月末仓库和厨房盘存总额}$$

【例 17-10】某餐馆“原材料”账户的月初余额(包括仓库和厨房)为 800 元，本月购进原材料总额为 15 000 元，月末根据盘存表计算仓库和厨房结存总额为 560 元。

【解析 17-10】

耗用材料成本＝800＋15 000－560＝15 240(元)

借：主营业务成本　　15 240

　　贷：原材料　　15 240

采用这种方法，虽手续简便但因平时材料出库无据可查，会将一些材料的丢失、浪费、贪污计入主营业务成本，不利于加强企业管理，所以此法应结合实物负责制进行使用。相比之下，采用“永续盘存制”计算产品成本虽然手续烦琐，却因材料出库有据可查，对耗费材料的成本计算比较准确，有利于加强企业管理，降低产品成本。

(三)标准计耗法

标准计耗法只根据不同饮食制品对主料、配料和调料等的标准耗用量确定单位成本，进而计算综合餐饮成本的一种方法。

【例 17-11】某饮食店制作鲜肉包子，每 100 个的标准耗用量为：精面粉 10 斤，单价 1.5 元；鲜猪肉 3 斤，单价 10 元；混合油 1 斤，单价 5 元；干笋、香菇、葱、姜等配料计标准成本 6 元；盐、碱、味精等调料计标准成本 2 元。当月该店共出售鲜肉包子35 000个。该店的燃料等材料成本另计。

【解析 17-11】当月鲜肉包子的食用材料成本计算如下：

主营业务成本＝(10×1.5＋3×10＋1×5＋6＋2)×(35 000÷100)＝ 20 300(元)

借：主营业务成本　　20 300

　　贷：原材料　　20 300

标准计耗法主要适用于现做现卖、用料较为固定且能准确测定的饮食品成本计算。

四、原材料内部调拨的核算

企业内部不独立核算的单位之间进行原材料的调拨是原材料的内部移库，在核算上原材料总账的金额不发生增减变动，仅在明细账上反映此增彼减的会计分录。

1. 内部仓库之间的调拨，须调整原材料保管部门的明细账户。

【例 17-12】某饮食企业因经营需要从中餐厅仓库调拨给快餐厅仓库一批原材料，计价 6 200 元。

【解析 17-12】根据内部调拨单，编制分录如下：

借：原材料——快餐厅　　6 200

　　贷：原材料——中餐厅　　6 200

2. 内部厨房之间的调拨。因厨房的原材料已从“原材料”账户转入“主营业务成本”账户，因此对“原材料”所属明细账不做调整，仅调整“主营业务成本”所属明细账。

【例 17-13】某饮食店因生产须要从第一厨房拨给第二厨房副食品一批，计 4 500 元。

【解析 17-13】会计分录如下：

借：主营业务成本——第二厨房　　4 500

　　贷：主营业务成本——第一厨房　　4 500

五、主配料的成本计算

餐饮食品成本构成有三个主要因素，即主料、配料、调料。主料是食品的主要组成部分；配料是为了配合同一主料制作不同食品所必备的原料；调料则是为食品增加色、香、味所需要的原料，三者缺一不可。构成食品成本的主、配料既有无须加工处理，可按实际用量直接计入成本的原料，又有必须经过清理、宰杀、拆卸、涨发、初熟等加工处理，从毛料变为净料后才构成成本因素的原料。因此计算成本时，应该首先计算出所用原料的净料成本。净料成本的高低，直接影响着食品成本的高低。影响净料成本有三个，一是原料进货价格；二是原料进货质量和加工前的损耗；三是净料率的高低。

(一)一料一档的计算方法

一料一档是指原材料经初加工后，只有一种半成品。一料一档的下脚料分为两种：一种是不可作价利用的；另一种则是可作价利用的。

1. 下脚料不可作价利用的半成品单位成本计算公式如下：

单位半成品成本＝购进原材料总成本÷加工后半成品总重量

2. 若有可作价利用的下脚料，则其半成品的单位成本计算公式如下：

单位半成品成本＝(购进原材料总成本—下脚料余额)÷加工后半成品总重量

【例 17-14】某餐厅购进冬笋 100 千克，每千克 20 元，经加工后得净笋 40 千克，下脚料不计价。求净笋的单位成本。

【解析 17-14】净笋单位成本＝2 000÷40＝50(元/千克)

【例 17-15】某餐厅厨房购进冻牛肉 50 千克，每千克购进价为 22 元，经加工后得净牛肉 30 千克，牛筋 15 千克，损耗 5 千克，牛筋作价为每千克 8 元。求净牛肉的单位成本。

【解析 17-15】净笋单位成本＝2 000÷40＝50(元/千克)

净牛肉单位成本＝(1 100—120)÷30＝32.67(元/千克)

(二)一料多档的计算方法

一料多档是指原材料经初加工后，产生几种半成品，须分别计算各半成品的价格。各半成品价格的总和应等于加工前原材料购进的总价。其中质量好的成本较高，质量较差的成本略低。其计算公式如下：

$$\text{某半成品单位成本}=\frac{\text{原材料的购进总价值}-\text{其他半成品价值之和(包括下脚料价款)}}{\text{该项半成品重量}}$$

【例 17-16】某餐厅购进冻牛肉 100 千克，每千克 16 元，经加工后得：牛筋 15 千克，每千克 5 元，下脚料 10 千克，每千克 2 元，净牛肉 75 千克。求净牛肉的单位成本。

【解析 17-16】净牛肉单位成本＝(100×16—15×5—10×2)÷75＝20.07(元/千克)

第十八章
服务经营业务的核算

任务目标

1. 了解旅店经营业务核算特点。
2. 熟悉客房业务收入的确认与计量原则。
3. 掌握客房业务收入的会计核算。
4. 掌握其他服务业会计核算。

服务业同前述的旅游业、饮食业同属于第三产业，是国民经济中不可缺少的一个行业，一般是指利用一定的场所、设备和工具提供服务劳动的行业。它的经营方式多样，服务项目繁多，包括住宿、美容、沐浴、照相、洗染、娱乐、修理等。发展服务业对于满足人民群众日常的生活需要，推动家务劳动逐步社会化，减轻家庭劳动，丰富美化人民生活，扩大就业，提高人民生活水平都有重要的意义。

服务经营业务的特点是为消费者提供服务，而且所提供的往往带有一定技艺的服务性劳动，并辅以相适应的服务性设备来满足消费者的需要。服务过程就是消费过程，例如，美容、理发、沐浴使人们得以达到修饰整洁的目的，服务结束，消费也随之终止。有些服务业，例如照相、洗染、修理等行业，除了具有服务的职能之外，还有加工生产的职能。但是，这些服务行业又区别于常规的一般性生产加工企业，它是边生产边销售，其生产经营过程短，且生产者直接同消费者见面，因此，服务经营同时具有生产、服务、销售三项职能。

第一节　旅店经营业务的核算

一、旅店经营业务核算的特点

旅店的主要经营业务是客房服务。客房业务具有三个特点：

第一，客房是一种特殊的商品，不出售所有权，只出售使用权，即将同一件产品的使用权在不同时期内反复销售，客人买到的仅是某一时期的使用客房的住宿权。客房可以出租但不能储存，如在规定时间内不出租，其效用就自然消失，销售就无法实现。

第二，由于客房出租率的高低主要受到旅游季节变换的影响，旅游旺季，客房供不应求，而旅游淡季，客房供过于求，从而使客房的出租价格有很大的弹性。

第三，旅店业务的服务过程和消费过程在时间上和空间上都是统一的。

旅店经营业务除客房业务外，还附有餐厅、小卖部、美容部、洗衣部、健身房等，旅店业收入的核算包括以上各种经营项目所取得收入的核算。

二、客房业务收入的确认与计量

客房业务收入是指旅店通过出租客房而取得的收入，因此，客房销售以客房实际出租时间作为入账时间。即客房一经出租，不论房租收到与否，都作为已销售处理。

客房的出租有旺季与淡季之分，因此客房的出租价格往往随着供求关系的变化而上下波动。通常客房的出租价格有标准房价、旺季价、淡季价、团队价、合同价、优惠价等多种形式，而客房实际出租的价格才是客房收入的入账价格。

客房租金收入按现行通用的做法，按天数分时段计算，自旅客人住客房之日起，至次日中午 12 时止，收取一天租金；至次日中午 12 时以后，傍晚 6 时以前止，加收半天租金；至次日傍晚 5 时以后，则加收一天租金。

旅店的客房业务是由总台办理的。总台通常设在旅店的大堂内，负责办理客房的预订、接待、入住登记、查询、退房、结账及营业日记簿的登记等工作。

三、客房业务收入的核算

客房营业收入的核算是根据总台结账处每个营业日结束后的“营业日报表”来进行的。具体做法是：总台结账处的所有账经过夜间审核员审核后，做出“营业日报表”，然后把结过账的原始凭证、营业收入日报表等经营收入再审核后，送交财会部门入账。饭店客房收入的核算方法根据房费收款方式不同而有所区别。饭店客房营业收入核算主要有应收和预收两种方式。

应收制收款方式是指先住店、定期或离店时结算并收款，预收制指先收款后住店，无论采用哪种方式收款，旅客住店，首先在总台登记“旅客住宿登记表”，第一联留存总台，第二联交服务员安排床位。

(一)应收制收款方式(先住店后结算方式)的核算

应收制是指客人入住饭店后，先不支付房费，在饭店为客人提供服务后，定期或离店时一次性向客人结清账款。采用这种收款方式，每天应根据总台结账处编制的“客房营业日报表”按实际应收客房租金计入“主营业务收入”账户，即借记“应收账款——客房欠款”账户，贷记“主营业务收入——客房收入”账户。待实际结算房费时，核销应收账款，即借记“银行存款”“现金”账户，贷记“应收账款——客房欠款”账户。

采用应收制收款方式核算客房收入，可采用相应的“营业日记簿”，其格式如表 18-1 所示。

表 18-1 营业日记簿

年 月 日

<table>
<tr><td rowspan="2">房号</td><td rowspan="2">姓名</td><td rowspan="2">住店日期</td><td rowspan="2">已住天数</td><td colspan="4">本日营业收入</td><td colspan="4">应收房金</td><td rowspan="2">备注</td></tr>
<tr><td>房金</td><td>食品</td><td>其他</td><td>合计</td><td>上日结欠</td><td>本日应收</td><td>本日交付</td><td>本日结欠</td></tr>
<tr><td></td><td></td><td></td><td></td><td></td><td></td><td></td><td></td><td></td><td></td><td></td><td></td><td></td></tr>
<tr><td></td><td></td><td></td><td></td><td></td><td></td><td></td><td></td><td></td><td></td><td></td><td></td><td></td></tr>
<tr><td></td><td></td><td></td><td></td><td></td><td></td><td></td><td></td><td></td><td></td><td></td><td></td><td></td></tr>
<tr><td></td><td></td><td></td><td></td><td></td><td></td><td></td><td></td><td></td><td></td><td></td><td></td><td></td></tr>
<tr><td></td><td></td><td></td><td></td><td></td><td></td><td></td><td></td><td></td><td></td><td></td><td></td><td></td></tr>
<tr><td colspan="4">合计</td><td></td><td></td><td></td><td></td><td></td><td></td><td></td><td></td><td></td></tr>
</table>

出租客房间数： 空置客房间数： 记账： 审核：

注：(1)“上日结欠”栏中数额为截止到上日累计结欠房金的数额。

(2)本日结欠＝上日结欠＋本日应收－本日交付

当天总台根据“营业日记簿”填列“营业收入日报表”与现金一并送交会计部门入账。“营业收入日报表”格式如表 18-2 所示。

表 18-2 营业收入日报表

年 月 日

<table>
<tr><td colspan="5">营业收入</td><td>应收房金</td><td>备注</td></tr>
<tr><td>项目</td><td>单人间</td><td>标准房</td><td>套房</td><td>合计</td><td>上日结欠：</td><td></td></tr>
<tr><td>房金</td><td></td><td></td><td></td><td></td><td>本日应收：</td><td></td></tr>
<tr><td>食品</td><td></td><td></td><td></td><td></td><td rowspan="3">本日交付：
其中：现金
信用卡</td><td></td></tr>
<tr><td>其他</td><td></td><td></td><td></td><td></td><td></td></tr>
<tr><td>合计</td><td></td><td></td><td></td><td></td><td></td></tr>
<tr><td colspan="5" rowspan="2">出租客房间数：
空置客房间数：</td><td>本日结欠：</td><td></td></tr>
<tr><td>长款： 短款：</td><td></td></tr>
</table>

收款人： 交款人： 制表：

【例 18-1】某宾馆采用应收制核算方式，根据 20×7 年 9 月 5 日营业情况，总台交来现金等有关结算单据，其中，“营业收入日报表”如表 18-3 所示。

表 18-3　营业收入日报表

20×7 年 9 月 5 日

营业收入					应收房金	备注
项目	单人间	标准房	套房	合计	上日结欠：　55240	
房金	2500	12800	5600	20900	本日应收：　21620	
食品	120	400	200	720	本日交付：　23 900 其中：现金　7 500 信用卡　16 400	
其他						
合计	2 620	13 200	5 800	21 620		
出租客房间数： 空置客房间数：					本日结欠：　52 960	
					长款：　短款：	

收款人：　　　　交款人：　　　　制表：

【解析 18-1】

(1)根据“营业收入日报表”中“营业收入”栏的数额，编制分录如下：

借：应收账款　21 620

　贷：主营业务收入——房金　20 900

　　　——食品　720

(2)根据“营业收入日报表”中旅客结欠房金栏的“本日交付”各项目中的数额和进账单回单，编制分录如下：

借：库存现金　7 500

　银行存款　16 400

　贷：应收账款　23 900

【例 18-2】某酒店财务部 12 月 5 日收到总台结账处转来的“客房营业日报表”，当日应收房费 60 000 元；当日已收款包括现金 40 000 元，支票 10 000 元。

【解析 18-2】财会部门根据有关凭证编制会计分录如下：

借：应收账款——客房欠款　60 000

　贷：主营业务收入——客房收入　60 000

同时，编制如下会计分录：

借：库存现金　40 000

　银行存款　10 000

　贷：应收账款——客房欠款　50 000

(二)预收制收款方式的核算

预收制是指为客人提供服务前，根据客人预期的住店天数，预收部分或全部房费。当财务部门根据总台结账处报来的“营业收入日报表”及有关凭证，并按预收金额和银行进账单回单做账时，借记“库存现金”或“银行存款”账户，贷记“预收账款”或“应收账款”账户；将日报表中属于客人每天应付房费部分列作当日营业收入，并在核销预收款时，借记“预收账款”或“应收账款”账户，贷记“主营营业收入”账户。如果客人已住满预订天数尚不离店时，应续付房费。

采用预收制方式核算客房收入，采取相应的“营业日记簿”和“营业收入日报表”对旅客住店、离店进行记录，以此提高客房利用率。“营业日记簿”和“营业收入日报表”的格式分别如表18-4、表18-5所示。

表18-4　营业日记簿

年　　月　　日

<table>
<tr><td rowspan="2">房号</td><td rowspan="2">姓名</td><td rowspan="2">住店日期</td><td rowspan="2">已住天数</td><td colspan="4">本日营业收入</td><td colspan="4">预收房金</td><td rowspan="2">备注</td></tr>
<tr><td>房金</td><td>食品</td><td>其他</td><td>合计</td><td>上日结存</td><td>本日应收</td><td>本日交付</td><td>本日结存</td></tr>
<tr><td></td><td></td><td></td><td></td><td></td><td></td><td></td><td></td><td></td><td></td><td></td><td></td><td></td></tr>
<tr><td></td><td></td><td></td><td></td><td></td><td></td><td></td><td></td><td></td><td></td><td></td><td></td><td></td></tr>
<tr><td></td><td></td><td></td><td></td><td></td><td></td><td></td><td></td><td></td><td></td><td></td><td></td><td></td></tr>
<tr><td></td><td></td><td></td><td></td><td></td><td></td><td></td><td></td><td></td><td></td><td></td><td></td><td></td></tr>
<tr><td></td><td></td><td></td><td></td><td></td><td></td><td></td><td></td><td></td><td></td><td></td><td></td><td></td></tr>
<tr><td colspan="4">合计</td><td></td><td></td><td></td><td></td><td></td><td></td><td></td><td></td><td></td></tr>
</table>

出租客房间数：　　空置客房间数：　　记账：　　审核：

注：(1)“本日营业收入合计”栏中的数额应与“本日应收”栏中的数额相等。

(2)“上日结存”栏中数额为截止到上日累计结存房金的数额。

(3)本日结存＝上日结存＋本日交付－本日应收

当天总台根据“营业日记簿”填列“营业收入日报表”与现金一并送交会计部门入账。“营业收入日报表”格式如表18-5所示。

表18-5　营业收入日报表

年　　月　　日

<table>
<tr><td colspan="5">营业收入</td><td>应收房金</td><td>备注</td></tr>
<tr><td>项目</td><td>单人间</td><td>标准房</td><td>套房</td><td>合计</td><td>上日结存：</td><td></td></tr>
<tr><td>房金</td><td></td><td></td><td></td><td></td><td>本日应收：</td><td></td></tr>
<tr><td>食品</td><td></td><td></td><td></td><td></td><td rowspan="3">本日交付：
其中：现金
信用卡</td><td></td></tr>
<tr><td>其他</td><td></td><td></td><td></td><td></td><td></td></tr>
<tr><td>合计</td><td></td><td></td><td></td><td></td><td></td></tr>
<tr><td colspan="5" rowspan="2">出租客房间数：
空置客房间数：</td><td>本日结存：</td><td></td></tr>
<tr><td>长款：　　短款：</td><td></td></tr>
</table>

收款人：　　交款人：　　制表：

总台应在每日业务终了时，将“营业日记簿”各栏加计“本日合计数”。将收进现金和房金收据的存根与“本日交付”栏内数额相核对，并编制“营业收入日报表”，连同现金送交会计部门入账。

【例 18-3】某旅店采用预收制核算方式，收到总台交来现金等有关结算单据，并交来“营业收入日报表”如表 18-6 所示。信用卡结算手续费率为 0.3%。

表 18-6　营业收入日报表

20×7 年 8 月 15 日

<table>
<tr><td colspan="5">营业收入</td><td>应收房金</td><td>备注</td></tr>
<tr><td>项目</td><td>单人间</td><td>标准房</td><td>套房</td><td>合计</td><td>上日结存：34 000</td><td></td></tr>
<tr><td>房金</td><td>1 600</td><td>8 200</td><td>4 500</td><td>14 300</td><td>本日应收：14 590</td><td></td></tr>
<tr><td>食品</td><td>50</td><td>160</td><td>80</td><td>290</td><td rowspan="3">本日交付：24 000
其中：现金 18 000
信用卡 6 000</td><td></td></tr>
<tr><td>其他</td><td></td><td></td><td></td><td></td><td></td></tr>
<tr><td>合计</td><td>1 650</td><td>8 360</td><td>4 580</td><td>14 590</td><td></td></tr>
<tr><td colspan="5" rowspan="2">出租客房间数：50 间
空置客房间数：5 间</td><td>本日结存：43 410</td><td></td></tr>
<tr><td>长款：　短款：</td><td></td></tr>
</table>

收款人：　　　　　交款人：　　　　　制表：

【解析 18-3】

(1)根据“营业收入日报表”中“营业收入”栏的数额，编制分录如下：

借：预收账款　　14 590

　　贷：主营业务收入——房金　　14 300

　　　　　　　　　　——食品　　290

(2)根据“营业收入日报表”预收房金栏“本日交付”中各项目的数额，以及信用卡签购单、计汇单回单和进账单回单。编制分录如下：

借：库存现金　　18 000

　　银行存款　　5 982

　　财务费用　　18

　　贷：预收账款——预收房金　　24 000

【例 18-4】某大酒店财务部 12 月 5 日预收房费 20 000 元，其中现金 12 400 元，支票 7 600元。12 月 6 日的营业收入日报表中显示，当日的应收房费为 20 000 元。

【解析 18-4】根据有关凭证编制如下会计分录：

(1)预收房费时：

借：库存现金　　12 400

　　银行存款　　7 600

　　贷：预收账款——预收房费　　20 000

(2)根据当日(6日)应收房费作营业收入处理时：

借：预收账款——预收房费　　20 000

　　贷：主营业务收入——客房收入　　20 000

【练习题】

一、单项选择题

1. 由于旅游饮食服务业会计核算的特殊性，一般不设置(　　)科目。

A. 损益类　　B. 成本类　　C. 收入类　　D. 费用类

2. 一般采用先收款后接待的原则进行旅游服务的是(　　)。

A. 国内旅行社　　B. 国际旅行社　　C. 接团社　　D. 组团社

3. 如果组团社到了规定的结算日，仍没有接到相关接团社报来的“费用拨款通知单”，则(　　)。

A. 不进行结转成本

B. 可按计划成本先行结转

C. 等接到“费用拨款通知单”再进行成本结转

D. 按上月实际成本金额进行成本结转

4. 某餐厅规定西湖醋鱼每盆配料价18元，规定销售毛利率为40%，则每盆西湖醋鱼售价为(　　)元。

A. 30　　B. 45　　C. 25.2　　D. 28.8

5. 某餐厅每盆酱排骨成本为16元，如核定其成本加成率是50%，则每盆酱排骨的单价为(　　)元。

A. 8　　B. 24　　C. 32　　D. 36

二、多项选择题

1. 旅行社按其为旅游者提供的服务形式的不同，分为(　　)。

A. 组团社　　B. 接团社　　C. 国际旅行社　　D. 国内旅行社

2. 旅行社在核算营业收入和营业成本应根据的原始凭证有(　　)。

A. 增值税专用发票　　B. 旅行团(者)费用拨款结算通知单

C. 旅行社结账单　　D. 旅游费用汇总表

3. 饮食制品的原材料消耗成本的核算方法有(　　)。

A. 权责发生制　　B. 实耗法　　C. 盘点计耗法　　D. 标准计耗法

4. 饮食业主配料的成本计算方法有(　　)。

A. 一料一档　　B. 一料多档　　C. 多料一档　　D. 多料多档

三、业务题

1. 中国东方国际旅行社与美国西尔旅行社签订协议，由中国东方国际旅行社承办该社组织的C3018团30人20×7年11月来华旅游事宜。按协议规定该团应在入境前预付旅费USD12 000的40%，计USD4 800。具体业务如下：

(1)11月15日，收到美国西尔旅行社汇来的C3018团的旅费USD4 800，当日美元汇率为7.7。

(2)11月30日，C3018团的游程结束，已离境回国。外联部根据各接团社填报的“结算通知单”及有关资料进行审核，经核实后有下列收入：综合服务收入 45 000 元，劳务收入 12 000 元，城市间交通费 31 000 元，地游及加项收入 11 240 元。

(3)12 月 10 日，收到美国西尔旅行社上述 C3018 团的其余 60%旅费计 USD7 200，当日美元汇率为 7.5。

2. 杭州西湖旅行社(接团社)根据广州花城旅行社(组团社)下达的计划，为澳门东华旅行社 YP123—C 团提供服务。该团共 20 人，全程陪同 1 人。在当地活动内容如下：6 月 3 日乘 CA7380 航班上午 9：30 抵达杭州新华酒店，至 7 日下午 14：30 乘 CA2495 航班离开。期间，住宿费双人房每晚 500 元；早餐每人 10 元，午餐每人 20 元，晚餐每人 30 元；特殊门票每人 180 元；综合服务费每人 300 元；7 日 CA2495 航班返程机票的手续费每人 100 元。全陪人员住房每天 300 元，餐费标准与旅客相同。根据以上“拨款结算通知单”的内容报组团社办理结算。

杭州西湖旅行社(接团社)月末结账时，澳门东华旅行社 YP123—C 团 20 人的实际支出为：酒店住宿双人房每晚 480 元，早餐每人 9 元，午餐每人 15 元，晚餐每人 25 元；特殊门票每人 150 元；综合服务费每人 250 元；CA2495 航班返程机票的手续费每人 80 元。全陪人员住房和餐费由酒店和餐馆全免。

要求：对杭州西湖旅行社(接团社)的旅游经营业务进行核算。

3. 某饮食店 20×7 年 8 月的原材料发出汇总表如下：

材料名称	数量(公斤)	单价(元)	金 额	备 注
大米	6 200	4		
面粉	3 500	3		
色拉油	800	15		
肉	1 200	30		
鱼	960	20		
合计				

月末操作间原材料结存表

材料名称	数量(公斤)	单价(元)	金 额	备 注
大米	400	4		
面粉	260	3		
色拉油	80	15		
肉	20	30		
鱼	10	20		
合计				

已知：月初操作间原材料结存数为：大米 300 公斤，面粉 120 公斤，色拉油 90 公斤，肉 18 公斤，鱼 8 公斤。

要求：(1)如果该饮食店采用领料制核算，请做相关账务处理。

(2)如果该饮食店采用“以存计耗”法核算，请做相关账务处理。

4. 紫云饭店7月份发生如下经济业务：

(1)1日，营业部门转来营业收入日报表如下：

项　目	应收金额	实收金额	长短款	备　注
一楼	4 900	4 900		
二楼	7 620	7 600	－20	长短款原因待查
三楼	8 400	8 450	＋50	
合计	20 920	20 950	＋30	

(2)1日，将实收金额收存银行。

(3)2日，查明昨日营业款溢缺系服务员工作差错造成，报经批准由企业列支。

(4)3日，受顾客李某委托，预订宴席10桌，每桌2 500元，预收定金1 000元。

(5)4日，市教育集团预订宴席4桌，每桌3 500元，预收定金500元。

(6)5日，顾客李某如期开席，每桌加烟酒400元，扣除定金外，补付余款。

(7)6日，市教育集团因故取消宴席，没收定金。

要求：进行相关的账务处理。

5. 某餐厅发生如下经济业务：

(1)5月1日，购入条虾20千克，每千克50元，经加工后得净虾16千克。

(2)5月2日，购入冬笋200千克，每千克10元，经加工后得净笋90千克。

(3)5月3日购进肉鸡100千克，每千克24元，经加工后得鸡头重1千克，共50只，每只0.4元；鸡身重63千克，每千克26元；鸡翅膀10千克，每千克30元；无价值下脚料10千克；鸡腿9千克。

(4)5月4日，购进冻牛肉100千克，每千克32元，总计3200元。经加工后得牛筋15千克，每千克6元；下脚料8千克，每千克4元；净牛肉72千克，其余为损耗。

要求：分别计算净虾、净笋、鸡腿和净牛肉的单位成本。

6. 某酒店推出清蒸甲鱼上等名菜一只，每盘清蒸甲鱼用甲鱼一只重0.5千克，每千克250元；其他调配料2元。

要求：(1)如果销售毛利率为40%，计算菜肴价格。

(2)如果成本毛利率为65%，计算菜肴价格。

参考文献

[1] 小企业会计准则(2011). 财政部 2001 年颁布，2013 年 1 月 1 日起施行.
[2] 企业会计准则(2006). 财政部 2006 年 2 月 15 日颁布，2007 年 1 月 1 日起施行.
[3] 企业会计准则——应用指南(2006). 财政部 2006 年 10 月 30 日颁布，2007 年 1 月 1 日起施行.
[4] 施工企业会计制度. 财政部. 1993 年 3 月颁布.
[5] 施工企业会计核算办法. 财政部. 2003 年发布.
[6] 房地产开发企业会计制度. 1993 年 1 月颁布.
[7] “财税〔2013〕37 号”营改增新文件. 财政部、国家税务总局 2013 年 5 月 24 日颁布，对 2013 年 8 月 1 日起在全国范围内开展交通运输业和部分现代服务业营改增试点工作做出规定.
[8] 李海波. 新编商业会计. 上海：立信会计出版社，2011.
[9] 徐艳. 外贸会计实务. 北京：中国人民大学出版社，2012.
[10] 江锋. 常见行业会计. 杭州：浙江大学出版社，2005.
[11] 傅胜. 行业会计比较. 大连：东北财经大学出版社，2003.
[12] 赵玉霞. 工程成本会计. 北京：科学出版社，2004.
[13] 丁元霖. 旅游饮食服务业会计. 上海：立信会计出版社，2003.
[14] 刘志翔. 行业比较会计. 北京：首都经济贸易大学出版社，2005.